O ESPELHO E A MESA

Roberto Pompeu de Toledo

O espelho e a mesa
Memórias de infância e juventude

Copyright © 2021 by Roberto Pompeu de Toledo

*Grafia atualizada segundo o Acordo Ortográfico da Língua Portuguesa de 1990,
que entrou em vigor no Brasil em 2009.*

Capa
Victor Burton e Alceu Chiesorin Nunes

Imagem de capa
Intervenção sobre fotografia *Mesa e retratos na parede,* de Cristiano Mascaro, Cuiabá, 1980

Preparação
Fernanda Mello

Revisão
Ana Maria Barbosa
Paula Queiroz

Dados Internacionais de Catalogação na Publicação (CIP)
(Câmara Brasileira do Livro, SP, Brasil)

Toledo, Roberto Pompeu de
    O espelho e a mesa : Memórias de infância e juventude / Rober-
to Pompeu de Toledo. — 1ª ed. — Rio de Janeiro : Objetiva, 2021.

    ISBN 978-85-470-0141-4

    1. Memórias autobiográficas 2. Toledo, Roberto Pompeu de —
Infância e juventude I. Título.

21-78091		CDD-920

Índice para catálogo sistemático:
1. Memórias autobiográficas   920

Cibele Maria Dias — Bibliotecária — CRB-8/9427

[2021]
Todos os direitos desta edição reservados à
EDITORA SCHWARCZ S.A.
Praça Floriano, 19, sala 3001 — Cinelândia
20031-050 — Rio de Janeiro — RJ
Telefone: (21) 3993-7510
www.companhiadasletras.com.br
www.blogdacompanhia.com.br
facebook.com/editoraobjetiva
instagram.com/editora_objetiva
twitter.com/edobjetiva

Aos companheiros de geração, essa entidade que nasce dos azares do calendário e acaba por amalgamar os destinos.

À "Maria" deste livro, amor de minha vida.

Agradeço a Beth, Cristina, Elias, Gil, Lucinha, Mário, Toninho, Vera
Que leram, no todo ou em parte, opinaram, sugeriram, incentivaram.

Sumário

1. Um espelho	11
2. Uma mesa	23
3. A "caixa"	36
4. Sem sofá	52
5. Cuuuco, cuuuco	66
6. Uma águia de bronze	83
7. Admirável Admiral	99
8. O piano da tia	115
9. Uma escrivaninha, uma estante	130
10. Uma Remington	147
11. Criado e mudo	165
12. Uma cômoda sem pregos	180
13. O negro de Lasar Segall	194
14. Rui e a deusa da Justiça	211
15. Uma caneta e um porta-moedas	231
Epílogo	251

1. Um espelho

Quando minha avó paterna morreu e foram rateados entre os numerosos netos os móveis e objetos de seu apartamento, coube-me um nobre espelho de parede, corpulento e pesado. Não o escolhi; talvez o espelho me tenha escolhido. Em vida dos meus avós ficava sobre uma falsa lareira, num recanto da austera, escura, sala de visitas. Que era pesado sei muito bem. Já não fosse feito de espesso material, servia-lhe de suporte uma grossa madeira, tão robustos os dois, espelho e madeira, que requisitaram potente furadeira e pregos vigorosos para serem pendurados aqui em casa. Já os qualificativos de "nobre", para o espelho, e de "falsa", para a lareira, emprego-os com característica ligeireza. Falta-me conhecimento para dizer se um espelho é "nobre". Também não sei se a lareira era falsa; só o suponho, primeiro porque nunca a vi acesa e segundo por inúteis que são as lareiras na maior parte do território brasileiro. Se alguns insistem em tê-las, ainda que falsas, é pela nostalgia de uma Europa que nunca conheceram, como é o caso de meus avós. Se Joaquim Nabuco, conhecendo-a, assim mesmo tinha nostalgia, e escreveu que todas as paisagens do Novo Mundo, a floresta amazônica ou os pampas argentinos, não valiam para ele um trecho da via Ápia, uma volta da estrada de Salerno a Amalfi, um pedaço do cais do Sena à sombra do velho Louvre, meus avós estão liberados para tê-la. O espelho possui mais ou menos um metro de altura e pouco mais de cinquenta centímetros de largura. Digo mais ou menos porque seus contornos são irregulares, tendendo à forma de escudo. Arabescos florais traçados a sulcos em sua superfície enfeitam as bordas.

No meu apartamento o espelho foi pendurado no lavabo. Não considero que isso signifique um rebaixamento para o, senão nobre, pelo menos vetusto objeto. Lavabos são uma conquista recente nas moradas das classes mais bem aquinhoadas da sociedade. Minha experiência pessoal não detecta a presença de lavabo nas casas que conheci na infância. E não se diga que são uma conquista fútil — os lavabos inscrevem-se no fenômeno da proliferação dos banheiros nas casas destinadas a esses mesmos extratos sociais. Às casas da minha infância não faltavam apenas lavabos; possuindo em regra apenas um banheiro, faltavam-lhes alternativas para atender às urgências simultâneas dos moradores, carência ainda mais aflitiva quando se considera quão numerosas eram as famílias. O segundo banheiro, ou mesmo um terceiro, entre os mais abastados, veio ao encontro do ideal de privacidade na hora entre todas a mais necessitada de um ambiente privado. O lavabo, de quebra, sempre em atendimento ao ideal de privacidade, veio salvar a parte íntima da casa do olhar enxerido dos visitantes.

Observadas a modernidade e a função social do lavabo, fica claro que, ao escolhê-lo para recepcionar o espelho, ao contrário de promover um rebaixamento, contribuí para a revalorização da herança de meus avós. Ali ele não será entendido como velharia de mau gosto. Sua surpreendente presença conferirá àquele lugar um toque de humor. Se além disso complementar a mesma parede uma máscara de Veneza, como fiz, o contraste ainda mais lhe realçará as qualidades. O espelho está bem acomodado ali, posso lhes assegurar, e ainda cumpre a finalidade de me apresentar um desafio, o de tentar enxergar através dele, ou além dele, ou dentro dele, não sei como mais bem me expressar. Quisera que os espelhos tivessem memória, como os computadores. Neste caso estariam guardadas no espelho do meu lavabo as muitas imagens que registrou de minha avó e de meu avô, além das outras pessoas que nele se miraram. O que me interessa são minha avó e meu avô, mais meu avô que minha avó, porque ele se foi mais cedo, quando eu tinha treze anos, e mal pude conhecê-lo. Olho, reolho e tresolho o espelho. Se me concentrar bem, com força e com fé, mesmo que este espelho não seja dotado da memória dos computadores, será que conseguirei fazer ressurgir, lá das profundezas, como restituídas do fundo de um lago, a imagem, ou melhor, as diversas imagens de meu avô, capturadas ao longo dos anos?

O que posso dizer de saída desse misterioso avô é que quase com certeza ele não tem mistério algum. Coube-lhe a vida mediana de marido provedor e cumpridor, de pai de muitos filhos (nove), de funcionário de cartório que terminou tabelião, disciplinado e honesto. Nasceu em 1880 numa cidade do interior e morreu em 1957, no aniversário do armistício da Grande Guerra, 11 de novembro. Dos nove filhos e filhas do casal uma morreu ainda criança, aos dois anos e cinco meses, afogada no tanque, ou seria uma fonte, da praça em frente à casa em que morava a família, em outra cidade do interior. A tragédia ocorreu em 1920 e era muitas vezes lembrada entre meus tios e primos, não sei se na presença de vovô ou de vovó, para quem o assunto poderia ser doloroso demais. Era uma menina a quem haviam dado o nome de Celeste. Escapou de casa, foi até o centro da praça, aproximou-se perigosamente da água, escorregou, caiu, não conseguiu levantar-se. Meu avô tinha 39 anos, minha avó trinta, e Celeste era a sétima dos nove filhos que já haviam produzido. Os dois mais novos eram um par de gêmeos então com um ano, um deles o meu pai. A vida de todos foi um perambular por cidades interioranas, vida de cartorário, que imagino naquela época semelhante à dos juízes. O ápice da carreira, para uns e para outros, era a capital, e eis que em 1926 meu avô atinge o ápice e vai morar com a filharada na rua Vitorino Carmilo, quarteirão entre as alamedas Glete e Nothmann, onde confinam os bairros paulistanos dos Campos Elíseos, da Barra Funda e de Santa Cecília.

Chamei-o uma vez de "vovô" no parágrafo acima mas não foi sem hesitação. Fico mais à vontade com o formal "meu avô". Tenho a impressão de que avôs e avós, assim como os lavabos, são uma invenção recente. Avô foi meu pai para os meus filhos, assim como outros da geração dele que conheci; avós são também os meus companheiros de geração, todos muito presentes junto aos netos e cultores de laços afetivos que autorizam o emprego do "vovô", ou do ainda mais carinhoso "vô". Para as gerações anteriores não vigorava a norma de que avós deviam se encantar com os netos, e menos ainda a de que as crianças mereciam o centro das atenções da casa. O avô de que estou falando me foi, e continua sendo, uma figura distante. Minha avó era mais falante e por isso mais próxima. Meu avô era quieto. A avó foi apelidada por um dos meus tios de "Marechala", apelido que lhe desvenda o lado dominador.

Meu pai contava que no ambiente masculino do cartório, onde vigoravam as camaradagens grosseiras e as piadas sujas, ninguém falava palavrão perto dele. Meu avô era quieto, recatado e, para completar numa suma o seu retrato, era velho. Podia não existir avô, nessa época, mas existia velhice, e como! A mulher, tão logo casava, mesmo que aos vinte anos, aos dezenove, fazia uma rápida transição para a velhice; passava a usar roupas sóbrias, media as palavras, economizava nos gestos. O ideal era ser logo velha. O homem ainda antes de casar já era velho; bastava iniciar-se na vida profissional.

Tenho em meus arquivos uma foto de meu avô e minha avó datada de 10 de janeiro de 1931. Nesse ano meu avô tinha cinquenta anos, mas o jeito e a pose hoje seriam deslocados para os sessenta ou setenta. No que parece ser um parque ou um bosque, com umas folhas de palmeira e outras árvores e plantas como pano de fundo, ele veste um terno cinza e cobre-se com um chapéu escuro. Está de gravata, claro, mesmo no ambiente recreativo de um parque, e com o paletó fechado nos três botões. O abdome atira-se para a frente (não é barriga, é o abdome que descreve o movimento de um arco) e na mão esquerda ele carrega um objeto que parece ser de papel — muito pequeno para ser um jornal, talvez um documento.

Minha avó, aos 41 anos, já fornida de carnes como vim a conhecê-la — ser corpulenta também fazia parte dos bons atributos da mulher casada, apropriado aos papéis de vigilante do lar e nutriz. Veste uma roupa escura, talvez um vestido, mas pode ser uma saia e blusa, encimada por uma gola em "V" que lhe descobre o pescoço e pequena parte do colo. A saia termina pouco antes dos tornozelos e sapatos de salto alto lhe calçam os pés. Culmina-lhe o aparato o que parece ser um chapéu, sim, só pode ser um chapéu, e chapéu que entre suas curvas esdrúxulas inclui uma cabeça de cobra, ou qualquer outra coisa bojuda, que nasce na testa da vovó, coitada. Os chapéus femininos da época dificilmente fugiam ao ridículo.

Duas outras pessoas, não identificadas, aparecem na foto, uma senhora vestida de modo parecido com minha avó e, representando as classes laboriosas, uma jovem com uniforme de empregada ou de babá (mas, se babá, cadê as crianças?). Minha avó não falava "empregada", falava "criada". Nasceu numa família em cuja fazenda certamente havia filhas de escravas criadas na casa e assim a palavra lhe ficou. A criadinha em questão ("criadinha" pela juventude, não para depreciar-lhe a profissão) é a figura mais simpática do conjunto. Tem um ar maroto no jeito como apresenta os braços estendidos para a frente até se juntarem as mãos, ao contrário da formalidade das outras duas mulheres, que usam o braço esquerdo, em rígida postura, para amparar as obrigatórias bolsas, e no sorriso com que encara a câmera. As outras duas mulheres sorriem o sorriso de tirar fotografia. Meu avô não sorri. Não arrisco dizer que ele nunca sorria, mas não era homem de gastar sorriso para câmeras fotográficas.

Espelho, espelho meu, estaria entre seus poderes desvendar-me o segredo desta foto? Lembremos que estamos no verão, com o ano de 1931 ainda bem no início. Para nos situarmos na história, só três meses se haviam passado desde que o furacão vindo do Sul expulsara Washington Luís do palácio do Catete e colocara Getúlio Vargas em seu lugar. A nova ordem iria sacudir as sossegadas certezas da boa sociedade paulista e da boa tradição paulista de que meus avós, ainda que não na linha de frente, nem com algum tipo de destaque, eram herdeiros. Alheios a isso, e ainda bem que alheios, eles foram passear no que parece um parque, ou um bosque.

Acho mais provável que a cena não se passe em São Paulo. A data próxima das festas e dos lazeres da virada de ano sugere que estejam gozando de uns dias de férias, talvez numa das estações de água tão prestigiadas à época, Lindoia, Águas de São Pedro, Caxambu, São Lourenço. Naquele dia saíram a passeio com a amiga recente, se é que não é uma velha conhecida, que por sua vez se fazia acompanhar da criada. O passeio é por um recanto bucólico mas as senhoras se vestem com apuro, em tons escuros, quase de luto, e meu avô mete-se num terno e gravata; seus sapatos de verniz, lustrosos, e os sapatos de salto alto das senhoras desafiam as incertezas do caminho. A empregada é branca. Noventa anos depois (contemplo a cena em 2021), quero me concentrar no avô, mas é ela quem me chama a atenção. Foi uma boa ideia trazê-la para o grupo. Ela o desorganiza.

O pai de meu avô, alcunhado "Nhô Álvaro", nascido, criado e vivido no ambiente de plantações a se perder no horizonte e numerosa escravaria, contribuiu para o rol das frases de ouro da saga familiar ao declarar com orgulho, já velho e satisfeito da vida, enquanto exibia as lisas mãos espalmadas: "Tive 149 descendentes... e estas mãos nunca trabalharam!". Ofereço aos historiadores este eloquente exemplo de como ter praticado "ofícios mecânicos", como eram chamados os trabalhos com as mãos, fazia mal para as reputações, em nossa sociedade. As linhagens, tanto paterna quanto materna, de meu avô, fincam-se nos primeiros séculos da colonização. Nesses primórdios vamos encontrar uma personagem que chegou ao Brasil na boa posição de secretário do governador-geral d. Francisco de Sousa, em 1591, bem como outra que veio na condição esquiva de fugitivo, segundo deixou assentado em testamento lavrado em 1668: "[...] declaro que vindo de Madri, por secretos juízos de meu destino fui preso no castelo, de onde fugi e vim dar a esta vila de São Paulo".

Sucedem-se nesses dois troncos, que repetidas vezes se cruzam e se imbricam, os aventureiros e os façanhudos, alguns envolvidos em sangrentas guerras entre famílias, outros a embrenhar-se pelos sertões, seja para aumentar os cabedais, seja para "dar remédio à minha pobreza", como, sinceros ou hipócritas, tantos justificavam em seus testamentos. Uns e outros confluíam para, nas terras sem fim do interior do continente sul-americano, darem-se às aventuras de apresar índios, buscar ouro ou barganhar com os vizinhos hispânicos a prata do Potosí. Entre meus ancestrais não poucos farão jus ao anátema de *"hombres facinorosos, impios e tolerados ladrones"* lançado aos paulistas pelos jesuítas espanhóis das Missões.

Na geração de meu avô a turbulência se dará na epopeia do avanço da cultura do café pelo oeste e extremo oeste do estado de São Paulo. Tenho comigo um mapa de 1886 em que uma área correspondendo a cerca de um terço do estado, indo do rio Grande, ao norte, ao Paranapanema, ao sul, é designada como "terrenos despovoados". Outros mapas assinalavam a mesma área como "território em poder dos índios". Pobres dos índios caingangues que se interpuseram ao avanço da Estrada de Ferro Noroeste do Brasil, no começo do século XX. Foram dizimados em modalidades que disputam entre si o troféu da crueldade, variando do ataque noturno, surpreendendo o adversário a dormir, aos panos infectados deixados no mato para espalhar doença em quem os apanhasse.

Um irmão de meu avô participou da fundação de uma das cidades surgidas ao ritmo de progressão da ferrovia. Era um homem corajoso que uma vez, segundo contava meu pai, enfrentou e venceu a golpes de chicote, na praça central do povoado, um adversário político. Um primo de meu avô, nomeado delegado em outra cidade, junto à divisa com Minas Gerais, um dia se entretinha em verificar a correspondência na agência local dos Correios quando o gerente da agência se aproximou discretamente. "Doutor", disse, "venha tomar um cafezinho em casa, aqui ao lado, minha mulher acaba de passar um cafezinho". Segue o relato que me fez do episódio o filho desse primo de meu avô:

Quando chegaram na casa, o gerente disse a meu pai: "O senhor estava lendo suas cartas e nem prestou atenção. Mas ao seu lado estava um bandido que já matou gente, chamado Júlio Generoso. Já saiu de Taquaritinga por causa de morte". Meu pai disse: "Então o senhor vai à cadeia, pede ao sargento para trazer dois homens para levá-lo, que eu vou pegar ele". Meu pai era um homem forte, muito valente, e bravo. Pulou em cima do Júlio Generoso, atracou-se, tirou-lhe o revólver, atirou o homem contra a parede e com o revólver deu-lhe um golpe na cabeça. A surpresa desconcertou Generoso. Meu pai, com o adversário no chão, ficou batendo com o revólver na sua cara. Arrebentou com o homem. Quando os policiais chegaram, disse: "Agora levem ele para a cadeia. E daqui até lá vai apanhando". Os soldados usavam uma espadinha, o refe. "Metam o refe nele", ordenou meu pai. Generoso, que era cabo eleitoral importante, administrador de uma fazenda de um milionário de São Paulo, quando chegou na cadeia estava muito machucado, sangrando. Pôs a mão no bolso e mostrou uma patente de oficial da Guarda Nacional. Meu pai leu e disse: "Muito bem, o senhor era alferes? Não é mais". Rasgou a patente e fechou a porta do xadrez. "E antes de sair ainda vai apanhar mais."

A mãe de meu avô, ou seja, a mulher do Nhô Álvaro que se orgulhava de nunca ter trabalhado com as mãos, morreu aos 31 anos. Chamava-se Francisca e, no espremido prazo que lhe coube para a tarefa, produziu uma prole de doze filhos, sete homens e cinco mulheres! Não surpreende que as energias, o ânimo, a saúde e por fim a vida a tenham deixado tão cedo. Meu avô, o sétimo da série, tinha de sete para oito anos quando ela morreu. Foi um órfão de mãe, portanto, e imagina-se o quanto isso lhe deve ter moldado a formação, mas eu só soube de sua orfandade ao pesquisar nos anais da família. Meu pai nunca me disse nada a respeito, nunca ouvi comentário de outros parentes. Fico me perguntando se meu avô alguma vez se permitiu tocar no assunto, seja lá com quem for, e me respondo que provavelmente não.

O dr. Freud nasceu em 1856, só um ano antes de Francisca. A palavra "psicanálise" seria pronunciada pela primeira vez pelo mestre de Viena apenas em 1896 (apud *Freud: Uma vida para o nosso tempo*, de Peter Gay), quando meu avô tinha quinze para dezesseis anos, e o livro *A interpretação dos sonhos*, em que a personagem grega Édipo é uma das estrelas, só seria publicado no final de 1899, aos dezenove anos de meu avô. Vale dizer que os traumas familiares, as devastações do desejo, as insubordinações do inconsciente, nada disso circulava senão em pequenos grupos da capital da Áustria; e, se era assim, como alcançaria o perdido interior de São Paulo? Se as traiçoeiras perturbações da psiquê ainda não tinham recebido um nome, não existiam. E posso ter certeza de que, para meu avô, continuaram não existindo mesmo na vida adulta. Suas lembranças da mãe seriam forçosamente poucas e imprecisas. Num ou noutro sonho ela talvez até lhe aparecesse, com as feições que a imaginação ajudara a modelar. Ele acordaria com enlevo ou angústia, e era tudo.

Francisca teve onze irmãos, entre os quais três com carreiras de destaque na vida pública: um foi ministro do Supremo Tribunal Federal, outro embaixador em Paris, outro historiador. Tampouco disso me falou meu pai ou qualquer outro parente; soube-o pelos livros. O pouco-caso de meu pai pelos ascendentes pode ser comprovado pela brincadeira em que, depois de dizer "Eu, Fulano de Tal, filho de Fulano de Tal, neto de Fulano de Tal, bisneto de Fulano de Tal", concluía "e tataraneto do Zebedeu!". Os "Fulano de Tal" vão aqui à guisa de disfarce dos nomes que ele efetivamente enumerava e que eu quero manter incógnitos. Só cito a brincadeira para mostrar que meu pai parava no bisavô; não sabia ou fingia não saber identificar os ancestrais daí em diante, e os substituía pelo Zebedeu.

O irmão de Francisca que foi ministro do Supremo — acreditem — certa vez pôs Rui Barbosa de joelhos, de tanta admiração. Ele foi o único entre os ministros que votou pela concessão do habeas corpus impetrado pelo baiano em favor de oposicionistas presos pelo governo de Floriano Peixoto. Encerrado o julgamento o futuro Águia de Haia dobrou-se teatralmente diante dele e pediu-lhe "o consolo de beijar a mão de um justo". O que foi embaixador em Paris destacou-se pelas pinimbas com seu superior, o barão do Rio Branco, e nunca primou pela elegância em seus argumentos. Além de classificá-lo em telegramas ao Itamaraty como "intrigante, desleal, tortuoso, indigno, invejoso, injusto, imoral, ciumento, torpe e vingativo", desceu à abjeção ao denunciar "sua incurável amoralidade privada". (Rio Branco era casado com uma antiga atriz que se expunha nua no palco; nunca a apresentou em público.)

Os três tios notáveis de meu avô foram republicanos. O que era historiador participou da Convenção de Itu, que em 1873 lançou o Partido Republicano, e com o advento do novo regime tornou-se o primeiro diretor da Repartição de Estatística e Arquivo do Estado de São Paulo. Nessa qualidade dirigiu, em 1893, um recenseamento da capital paulista e, ao sumarizar seus resultados (apurou-se que a população somava 130 775 habitantes), apresentou um relatório ao "cidadão dr. Cesário Mota Jr., secretário dos Negócios do Interior do estado de São Paulo". Era assim, nos inícios da vida republicana. As autoridades se tratavam de "cidadão", como na Revolução Francesa; era todo mundo igual. Mas claro que uns eram mais iguais, e estes não deixavam de continuar a merecer o título de doutor, como o secretário Cesário Mota Jr.

A mesma ambiguidade prevalecia na questão mais crucial do período, a da escravidão. Os convencionais de Itu eram na grande maioria fazendeiros, donos de escravos; tornaram-se republicanos mas se recusaram a aderir ao abolicionismo. E esses tios de meu avô, irmãos de Francisca, como se comportaram na questão da escravidão? O que foi ministro do Supremo é o único de que tenho um registro a respeito. Sua ficha no tribunal afirma que "libertou em 1880 os escravos que possuía" e que em sua atuação como juiz "libertava os que verificava terem entrado no Brasil depois da lei de 7 de novembro de 1831". (A lei que proibia o tráfico e que passou para a história como lei "para inglês ver".)

Minha avó, que na foto aparece de chapéu, e chapéu com um detalhe que comparei a uma cabeça de cobra, dedicava aos cabelos especial cuidado. Tinha-os sempre armados, sem um fio fora do lugar e pintados, por vezes com uma coloração azulada. Andava muito ereta, o que lhe acentuava o ar de autoridade. Falava puxando o erre dos caipiras (talvez meu avô também, mas não me lembro, mesmo porque ele era quieto) e dava ordens mesmo no momento em que oferecia um presente: "Se você já tiver ou não gostar, passe para a frente", dizia. E meu pai contava que uma vez ela riu tanto que seu queixo caiu, ou seja, a mandíbula se deslocou.

Pelo lado paterno a linhagem de minha avó tem início num episódio rocambolesco, o de um bisavô que teria fugido da Alemanha escondido dentro de uma caixa de piano. Chegado ao Brasil no início do século XIX e estabelecido no interior paulista, esse alemão, do qual há um retrato, mostrando-o com uma barba branca basta como a de Papai Noel, casou-se com uma descendente do bandeirante Borba Gato, e eis minha avó entroncada no mesmo ambiente dos ancestrais do meu avô. Borba Gato, um dos descobridores dos veios de ouro nas Minas Gerais, tem entre seus feitos ter investido contra o administrador-geral de minas enviado por Lisboa, d. Rodrigo de Castel Branco. "Arrebatado de furor", segundo um autor antigo, aplicou em d. Rodrigo "um violento empuxão e o deitou ao fundo de uma alta cata, na qual caiu morto". Não sei se a minha avó jamais soube de tais antecedentes entre seus ancestrais. Ela era uma senhora altiva e bem-comportada. Na história de um dia seu queixo ter caído, o que estranho é ela se ter abandonado tanto ao riso.

Meus avós se mudaram da casa da Vitorino Carmilo para uma na rua Apa, daí para não sei onde, sempre de aluguel, e finalmente compraram o apartamento que habitariam até morrer — ele em 1958, ela vinte anos depois —, na esquina das ruas Martim Francisco e Baronesa de Itu. Um dia, pesquisando outra coisa em jornais antigos, encontrei o anúncio do "Condomínio Santa Cecília", o prédio deles, "já em construção adiantada" e que "pode ser visitado qualquer dia". O jornal é de 11 de novembro de 1945. Eles devem ter se mudado no ano seguinte. O anúncio alardeava entre outras vantagens que o local era servido por "farta condução": "Ônibus Conselheiro Brotero na porta, bonde e ônibus a poucos metros, na rua das Palmeiras e avenida Angélica".

Meu avô nunca teve automóvel, nem o prédio tinha garagem; ia de ônibus ou bonde para o cartório, no centro da cidade. Quem o visse, tão manso e pacífico, não suspeitaria de suas origens. Não poderia supor de quanta correria por ignotos sertões, tanta luta e tanto sangue, fora produzido aquele senhor sentado no banco ao lado no bonde, de terno, gravata e chapéu. Um autor afirma, com propriedade, que o caipira é o bandeirante parado e atrofiado (Antonio Candido, *Os parceiros de Rio Bonito*); meu avô foi o bandeirante apaziguado em serventuário. Quem visse minha avó, com seu vestido escuro, salto alto e chapéu, não suporia que aquela composta senhora descendia de um alemão fugido dentro de uma caixa de piano e de um assassino.

Era raro recebermos meus avós paternos em casa. O habitual era nós os visitarmos nas manhãs de domingo, dia em que a família ampliada — tios, tias, primos, primas — comparecia em peso ao apartamento da rua Martim Francisco. Ao chegar, nós, crianças, cumpríamos o ritual de beijar a mão do avô e pedir-lhe a bênção (mas não a da avó). Ganhávamos, não em retribuição ao gesto, porque seria mesquinho, mas por força de outro ritual, notas novinhas de dez cruzeiros; o avô ia buscá-las no banco, na sexta-feira, para distribuí-las aos netos. Éramos servidos de biscoitos de polvilho (compridos os salgados, redondos os doces) e de pastéis, deliciosos, fritados na hora pela cozinheira Isaura. As mães pediam aos filhos que não exagerassem na comilança porque, assim, não teriam apetite no almoço. Meu avô retrucava: "Eles vão deixar de comer para comer?". Ele punha bastante açúcar no café e dizia que de amarga basta a vida. São migalhas que recordo ter ouvido de sua boca. Muitos anos depois de sua morte um primo me contou que ele não tomava bebida engarrafada. Só limonada e laranjada, feitas em casa. Bebida alcoólica, nem pensar.

Numa rara noite em que meus avós foram à nossa casa, meus pais pediram-me que lhes mostrasse o trabalho pelo qual eu havia recebido boa nota na escola. O tema era "As sete palavras de Jesus na cruz". Meu avô leu, gostou, mas fez uma restrição: havia uma vírgula em lugar errado. Fiquei intrigado. Para mim, colocavam-se vírgulas onde bem se entendesse, a critério e gosto do autor. Fiquei com o episódio na cabeça também por outra razão; na minha lembrança foi a única vez que meu avô me dirigiu a palavra. Ele só falava, e pouco, com adultos. Esse avô que conhecia onde pôr as vírgulas, no entanto, só tinha o curso primário, segundo vim a saber com surpresa por um tio. Só o primário — e no entanto um competente virgulador, e, como tabelião, disso tenho certeza, cuidadoso autor de caprichadas escrituras, certidões e testamentos. Ao deixar a nossa casa, naquela noite, minha avó foi à cozinha e deu à cozinheira a nota que trazia dobrada nos dedos. Ela tinha o hábito de dar gorjeta às cozinheiras, quando almoçava ou jantava em casas alheias.

Contemplo outra foto de meu avô, esta datada de dezembro de 1907. É o mês em que ele completou 27 anos. Pertence ao gênero das fotos tiradas em estúdio profissional, para serem distribuídas entre parentes e amigos. Os antigos eram assim. Quando ficavam muito amigos de uma pessoa, pediam-lhes uma foto; às vezes nem era preciso pedir: ganhavam. Meu jovem avô (enfim, ei-lo jovem), como se tratava de um ritual solene, apresenta-se muito bem-composto, de paletó e colete escuros. A camisa branca, de colarinho alto e arredondado nas pontas, acolhe uma gravata de nó e corpo estreitos. O olhar é sério; o bigode e o cabelo bem aparados para a ocasião. Tudo somado, temos um jovem bonito. No verso está escrito: "V. offerece à sua bôa noiva, como prova de amizade e estima". Minha avó, também naquele mês, completaria dezoito anos, e eles se casariam dois meses depois. Ele não escreveu "amor", amor não se dizia, e muito menos se escrevia naquele tempo. Escreveu "amizade e estima", como se fosse para um amigo.

Estou quase escrevendo que nessa época o amor também não existia; pelo menos não se alardeava amor e não é concebível que alguma vez tenham se chamado um ao outro de "meu amor", de "meu bem", de "minha querida" ou de "meu querido". Gente séria não dizia essas coisas. De resto, o amor estava longe de ser o fator determinante num casamento. Não deve ter sido, no caso dos meus avós, e sim o status equiparável das famílias, o compartilhamento dos mesmos valores e a origem em cidades interioranas próximas, de costumes sem ameaça de surpresas. A falta de amor, ou de prioridade do amor, não significava, e não significou no caso dos meus avós, que faltasse solidez e afeto ao casamento — pelo contrário, ouso conjeturar que solidez e afeto se fizessem mais presentes, pois sem os riscos do amor. Seria vulgar acrescentar que também não concebo sexo entre meus avós além das nove estritas vezes em que produziram seus filhos e filhas (aliás oito, porque uma vez vieram gêmeos). Todo mundo acha isso dos avós. Mas, que vou fazer?, com perdão da banalidade, também acho.

A sala em que ficava o espelho de que sou herdeiro era pouco frequentada. A ação no apartamento de meus avós concentrava-se na sala de jantar, menor. Era um tempo em que salas de visitas eram para as visitas, e nós não éramos visitas. Na sala de jantar as pessoas se reuniam à volta da mesa, mesmo não sendo hora de refeição. Havia só uma poltrona nesse ambiente — era onde ficava meu avô, e onde íamos pedir-lhe a bênção. Considerados os hábitos vigentes, imagino que meu avô frequentasse pouco a sala de visitas e pouco se contemplasse no espelho. Exatamente por isso, quando o fizesse seria de forma profunda, não uma fugaz olhadela para conferir se o penteado ou o nó da gravata estariam em ordem. Imagino-o contemplando-se como contempla a câmera nesta foto de 1909, sério, compenetrado. Talvez então sentisse na sua expressão uma certa melancolia. Talvez flagrasse em seus traços o que um autor chamou de "o véu da tristeza paulista". Eu o flagro em mim mesmo, às vezes, ao contemplar-me no espelho.

2. Uma mesa

A mesa oval de minha sala de jantar, em madeira de cor escura, provavelmente imbuia, é a mesma que por anos a fio reinou na sala de jantar de meus avós maternos. Deve ter mais de cem anos e é daquele tipo que estica ou encolhe, conforme se recorre às tábuas suplementares escondidas em seu bojo. Eu não diria que tenha algo de especial, sob o ponto de vista de desenho, conforto ou praticidade; para mim seu maior valor é ter sido feita pelas mãos de meu avô materno ou sob sua supervisão. Italiano de nascimento, ele era marceneiro. Com o tempo evoluiu para sócio de uma fabriqueta de móveis, daí minha dúvida se a mesa saiu de suas próprias mãos ou das de algum auxiliar. Tenho outros móveis da mesma procedência: uma cristaleira; pequenas estantes de livros (duas), dessas fechadas com uma porta envidraçada; um exótico porta-chapéus acoplado a uma parte fechada, originalmente para pendurar capas e sobretudos; um gaveteiro baixo com jeito de que outrora serviu para acolher meias e roupas íntimas e que hoje me serve para guardar documentos. São móveis sóbrios, com cara de avô. Na mesa almoçávamos o macarrão dos domingos na casa dele, espaguete, talharim, ravióli ou o *orecchiette* que minhas tias chamavam de "orelha de padre". Um *secondo piatto*, nunca assim chamado, podia consistir em frango assado ou no polpetone, ou almôndega gigante, a que dávamos o nome de "bolão". Costumávamos nos demorar na casa dos avós até a noite. Com sorte teríamos à tarde duas maravilhas da gastronomia doméstica: a "rosca" (parente da mais conhecida *pastiera di grano*), e a *cepola*, como a chamávamos, rosquinhas feitas de um trançado de tiras de massa em cujas partes reentrantes despejávamos mel antes de comer (o nome talvez venha da *zepolla*, doces de origem romana, mas o produto é diferente).

Na família considerava-se a mesa algo de sagrado, qualquer mesa. "Não se faz isso na mesa", advertia-se às crianças. Os alimentos, numa família em cujas raízes a fome marcou presença, eram mais sagrados do que em outras. "Comida não se joga fora." Contemplo a mesa que foi de meus avós, aliso--lhe as bordas. Nela a conversalhada dos domingos entre meus pais, tios e tias demorava para muito além de terminada a refeição. Num poema sobre a catedral de Chartres, o americano Archibald MacLeish diz não se espantar por ela ter resistido durante tantos séculos a tanto vento e tanta neve, e conclui (na tradução de Manuel Bandeira):

> *Meu espanto é que suportais,*
> *sem vos gastardes, nossos olhos,*
> *nossos olhos mortais.*

Meu espanto diante da mesa que foi dos meus avós não é que se apresente ainda sem marcas nem rachaduras. É ter suportado por tanto tempo nosso falatório e nossa fome.

Meu avô era surdo, por isso só lhe dirigíamos a palavra quando necessário, aos berros e largos gestos; ele também só falava quando necessário. Era uma pessoa, portanto, com a qual não se praticava a atividade chamada "conversa". Sua audição deteriorou-se aos trinta e poucos anos e assinalou uma linha divisória entre a prole de sete filhas e dois filhos: os quatro nascidos depois também tiveram problemas auditivos; os cinco nascidos antes, não. Sempre tivemos convivência maior com a família da minha mãe do que com a do meu pai. Por conseguinte privei mais com o avô materno do que com o paterno, embora privar signifique nesse caso frequentar uma sombra, que mudamente ia de lá para cá, passava, saía, entrava, sentava, levantava.

À mesa ele ocupava uma das cabeceiras e à sobremesa tinha o hábito de espetar com o garfo pedaços de pera, maçã, pêssego ou morango e mergulhá--los no copo de vinho antes de ingeri-los. O vinho, se levado por um dos tios para comemorar uma data especial, podia ser um chianti Ruffino, cuja garrafa bojuda cobria-se de uma saia de palhinha ou, se deixado aos cuidados de meu avô, o produto barato de São Roque que para meu pai era sinônimo de vinho ruim. O avô era italiano a ponto de não dispensar o vinho mas, dada a sua origem, não se podia esperar que tivesse educado o paladar segundo os melhores padrões da terra natal. São Roque, a cinquenta quilômetros de São Paulo, abrigava uma colônia italiana responsável pela implantação das vinícolas locais e pela realização de festas do vinho. Minha mãe contava que, quando menina, acompanhava o pai nessas celebrações.

Enquanto comia, meu avô podia emitir sons desagradáveis, de que sem dúvida não se dava conta por causa da surdez. Fingíamos não ouvir. À mesa ele passava por um ausente. Uma das vantagens para quem tem um conviva surdo à mesa é não precisar esperar que deixe o recinto para falar mal dele. Uma das tias uma vez se queixou de que ele continuava a usar um agasalho puído nos cotovelos apesar de já lhe ter comprado um novo. Outra que ele andava exagerando em seu hábito de longos passeios a pé pela cidade; fora visto lá pelos lados do Brás. A tia temia que tivesse um mal-estar longe de casa. Meu avô olhava para um, olhava para outro, distribuía sorrisos despropositados quando os olhares se cruzavam. A conversa passava por ele como filme mudo sem legendas, se é que a imagem é apropriada. Desconfio que não seja: filme incompreensível sugere frustração, e ele nunca me pareceu frustrado por se ver à parte do lado sonoro do convívio familiar.

Depois do almoço as pessoas se dispersavam e ele ocupava seu lugar na cadeira de balanço em que tantas vezes o vi lendo o jornal — A Gazeta, que tinha abaixo do logotipo um reloginho marcando as três da tarde, hora em que chegava às bancas, ou La Fanfulla, jornal em italiano. Já o conheci aposentado, e já se vê que era um aposentado ledor de jornais. Também era um aposentado andarilho solitário, para preocupação das tias. Uma de suas preferências era acompanhar de perto as obras públicas realizadas ao alcance de suas pernas. Não me parece que a surdez o tivesse privado de grandes coisas. Até diziam na família que o tinha poupado de muita contrariedade, daí o fato de ter vivido até os 96 anos.

As cenas que guardo dos almoços na mesa que hoje é minha são todas de meu avô já viúvo. Minha avó morreu bem antes dele, aos 66 anos. Minha mãe admirava-se de ela ter dado conta de toda a filharada, a cozinhar, lavar, passar, cuidar dos doentes. A avó, tal qual a recordo (tinha sete anos quando ela morreu), era uma figura pequena, de rosto fortemente marcado pelas rugas e cabelo grisalho convergindo para um coque, como convinha a uma senhorinha de origem camponesa. Não sei se na realidade tinha sempre um avental amarrado à cintura ou eu que o imagino para completar o tipo que tenho em mente. O que minha mãe nunca me disse, mas meu pai me confidenciou, é que ela era analfabeta. Uma vez na semana ela assava, no grande forno nos fundos na casa, pães, que imagino redondos, ao modo italiano, para serem consumidos pela família nos dias seguintes. Guardava-os enfileirados numa prateleira e já se sabia — o primeiro da fila era para ser consumido na segunda-feira, o segundo na terça, e assim ia.

Minha avó, também italiana, veio para o Brasil com a família mas os pais, nunca alguém me explicou por quê, voltaram para a Itália e ela ficou. Desconfio que ficou porque já tinha casamento contratado com meu avô. Quando a mãe dela morreu, uma das minhas tias, encarregada de lhe dar a notícia, encontrou-a no terraço da casa, estendendo a roupa no varal — e cantando. Componho a cena na imaginação: minha avó estendia as blusas e camisas, talvez amplos lençóis, abrindo os braços para deixá-los impecavelmente sem dobras antes de pendurá-los — e cantarolava, talvez só em murmúrios, *bocca chiusa*, talvez no português enrolado do italiano que era o seu idioma. Cantarolava, sinal de que estava feliz, e o dia devia ser de sol, ou não estaria estendendo a roupa. Minha tia teve pena de interrompê-la para tão triste notícia, vinda do outro lado do oceano, mas precisou fazê-lo, não havia jeito, e precipitou o desabamento de minha avó, sem escalas, da canção ao pesar. Desde que se separaram, minha avó nunca mais tinha visto a mãe, e isso me leva ao assombro de que sempre sou tomado quando penso nos imigrantes desses anos, jogados de um mundo ao outro, contatos cortados para sempre, afetos alimentados à distância por raras cartas.

Minha avó morreu de câncer no hospital Samaritano e disse à minha mãe, já nos últimos dias, que se considerava feliz por ir embora com todos os filhos vivos. Não era mesmo proeza pouca para a época e para sua condição. No dia de sua morte, meus pais me deixaram aos cuidados de tia M., mulher do irmão gêmeo de meu pai, enquanto participavam do enterro. Guardo desse dia um diálogo entre minha mãe e essa tia, no portão da casa dela, na rua Bartira, quando vieram me buscar. "Foi tudo muito tranquilo", disse minha mãe. Ela tinha presenciado o evento até o momento final. "Agora não tenho mais medo de morrer." Tia M. disse que tinha sentido a mesma coisa quando a mãe dela morreu. Como rezava o protocolo do período, minha mãe vestiu-se de preto pelos seis meses seguintes. Era o "luto fechado". Nos seis meses posteriores algumas peças negras ainda seriam obrigatórias, mas amenizadas por itens brancos ou de outra cor, desde que não extravagante. Era o "meio luto". Meu avô e meus tios usavam gravata preta ou uma tarja preta na lapela do paletó.

Meus avós casaram-se em São Paulo em novembro de 1903, ele com 21 anos, ela com dezessete. Na certidão de casamento consta que ele tinha vinte e ela dezoito, mas isso não confere com as certidões de nascimento. Na família de minha mãe são frequentes as confusões de datas nos documentos. No caso, a idade de minha avó pode ter sido aumentada porque, de outro modo, ela precisaria de autorização dos pais e não havia pais à mão para cumprir a formalidade. A profissão que o documento atribui a meu avô é a de carpinteiro, como são José. A noiva e o noivo eram naturais da mesma localidade: Tito, na região da Basilicata, Sul da Itália. Vieram a se conhecer no Brasil, mas a origem comum sugere ou que as famílias já tinham contato, ou que em São Paulo foram abraçados por uma mesma rede de proteção. São conhecidas as redes que uniam italianos pelas origens regionais ou locais, como a dos calabreses, dos napolitanos ou dos bareses, agrupados nos mesmos bairros e frequentadores das mesmas paróquias. No caso de Tito nem precisaria haver algo formalizado, tão pequeno era o *paese*. O lógico é pensar que todos conheciam todos.

Aos vinte ou 21 anos, quero crer que casar, para meu avô, se impôs como um imperativo social e econômico. Ganhava-se em troca uma respeitabilidade que, estendida aos negócios, gerava lucro, e também segurança se, em acréscimo, o casamento fosse com uma conterrânea. Ganhava-se um passado a compartilhar, uma herança comum em valores, história, geografia, hábitos, dialeto, para compensar as estranhezas de viver no estrangeiro. Em março do mesmo ano de 1903, portanto oito meses antes de casar, meu avô adquirira um terreno de sete metros de frente por 53 de fundos na rua Vitorino Carmilo, quarteirão entre alamedas Nothman e Glete, segundo outro documento em meu poder (o "formal de partilha" elaborado na morte de minha avó). Fico surpreso que com tão pouca idade ele já reunisse recursos para a compra. A proximidade das datas sugere que comprou o terreno já tendo em vista o casamento. Nesse terreno ele faria levantar, imagino que por etapas, uma morada característica do período em semelhantes áreas da cidade, semelhantes famílias e semelhante condição social. A estreita frente, em contraste com o extenso fundo, revela a intenção de abrandar a incidência do imposto territorial, então cobrado pela "testada", como se dizia — pela metragem da frente. Era assim nos bairros populares e até hoje, passeando-se por eles, depara-se com imóveis semelhantes, finos e compridos como linguiças.

A construção começava, à esquerda de quem a olhava da rua, com um pequeno armazém, do tamanho de uma garagem para um só carro; o propósito era alugá-lo para fins comerciais. À direita havia um portão de ferro, preto, estreito (não mais talvez de oitenta centímetros de largura), que dava acesso ao interior da edificação. E lá dentro dava-se o milagre da multiplicação das moradias. Não apenas uma, mas três dividiam o mesmo terreno. As duas primeiras ocupavam uma a parte de cima, outra a de baixo, da edificação assobradada que se estendia por algo como dois terços do terreno. A terceira era uma pequena casa térrea erguida nos fundos. Meus avós e filhos residiam na parte de cima do sobrado. A parte de baixo e a casa dos fundos serviram, de forma mais ou menos prolongada, a filhas que se casavam, e foram alugadas quando não havia mais filhas a casar. Meu avô, previdente como convinha aos imigrantes, concebeu uma edificação que ao mesmo tempo lhe servia de teto, de abrigo a casais jovens antes de conquistar independência e de renda. Quando conheci a casa, nela habitavam meus avós e as três tias que ficaram solteiras. Em todas as famílias nessa época existia a instituição das tias que ficavam solteiras. E não é que as tias que ficavam solteiras alçavam voo para uma vida própria, como as mulheres de décadas posteriores. Ficavam para sempre sob as asas dos pais. No caso, "sob as asas" não cabe porque desde o falecimento de minha avó as tias assumiram a governança da casa; quem ficou "sob as asas" — delas — foi meu avô.

O portão de ferro que dava para a rua não ficava nunca trancado. Mas era costume manter trancada a porta que, dois passos e dois degraus além, dobrando-se à esquerda, dava acesso ao sobrado onde moravam meus avós. Dava-se então um ritual iniciado com uma das tias gritando lá de cima ao ouvir a campainha: "Quem é?". Identificada a visita e aprovada sua admissão, a tia puxava uma cordinha que, acompanhando o corrimão, ia dar no trinco do portão lá embaixo, e o destravava. O método era engenhoso, divertido e à prova dos colapsos dos dispositivos eletrônicos de hoje em dia. Galgada a escada, à frente ficavam dois quartos de dormir, com janelas para a rua; à direita ficava a sala de jantar, frequentada só no almoço de domingo, exceto por meu avô, que ali mantinha a cadeira de balanço na qual lia o jornal; e, dobrando à esquerda, em poucos passos alcançava-se a copa, um espaço retangular de talvez dez ou doze metros por 2,5 ou três, que era o lugar de estar na casa. Ali permanecíamos junto à mesa que dominava o ambiente, os visitantes a observar a faina das tias, uma num trabalho de costura, outra a estender a massa que depois seria recortada na máquina movida a manivela e transformada no macarrão do dia.

A disposição dos diferentes cômodos desvela o encantador irracionalismo do período. Na copa, à direita de quem entrava, havia duas portas que acessavam em sequência a cozinha e o banheiro, um grudado ao outro de modo a compartilhar os encanamentos. O preço de tal economia era que para chegar dos quartos ao banheiro precisava-se atravessar a casa. Pior seria para quem estivesse no segundo dos dois quartos. Para entrar ou sair dele, precisava-se atravessar o outro. Sem acesso próprio ao corredor, sua posição era de um ente acuado, dependente do vizinho e oprimido. Essa dificuldade sem dúvida ditou a conveniência de meu avô, que dormia nesse quarto, ter à noite um urinol junto à cama. Não sei se minha avó também veio a se servir de semelhante dispositivo. Minhas lembranças são todas da época posterior à sua morte. Deixei para o fim o melhor da casa, o terraço, aquele mesmo em que minha avó estendia a roupa quando soube da morte da mãe. Era o ambiente que se seguia à copa, enorme aos olhos infantis, quadrado e com chão de azulejos hidráulicos. Ao fundo erguiam-se ainda duas últimas construções, uma era o "quarto de costura" da tia especialista nessa atividade, a outra, um barracão que outrora abrigou o forno no qual minha avó fazia os pães e que, quando o conheci, transformara-se em um depósito de tranqueiras.

O terraço fazia as vezes de extensão da copa, como espaço de convivência. Em dias amenos, nele espalhavam-se cadeiras para os adultos, enquanto as crianças brincavam. Por algum tempo ali foi o território do Rex, um cachorro com cara de beagle, ou mais provavelmente mestiço de vira-lata com beagle. Rex viria a protagonizar um épico familiar no dia em que lhe deu na telha morder a perna da minha avó, e meu avô, enfurecido, precipitou-o terraço abaixo. Não sei se aterrissou estropiado, sei que, expulso de casa, nunca mais voltou; espanta-me no episódio o furor de meu pacato e silencioso avô. No terraço espalhavam-se vasos nos quais se cultivavam temperos, até tomates, e uma parreira. Plantada lá embaixo, em minúscula nesga de terra, a parreira trepava rente à parede e, ao emergir no terraço, dava na armação de madeira sobre a qual deitava as folhas e os cachos de uva. Na época não me ocorria, mas hoje adivinho que, ao plantar os tomates que lhe garantiriam o molho da macarronada e a parreira que lhes forneceria uvas e sombra, meus avós plantavam naquele cantinho da rua Vitorino Carmilo, bairro de Santa Cecília confinando com os de Campos Elíseos e da Barra Funda, cidade de São Paulo, Brasil, América do Sul, um recorte da Itália rural. Era para ajudar nas dores do exílio.

Meu avô, filho único, chegou ao Brasil com os pais aos sete anos. A avó chegou mais tarde, não sei com que idade. Entre as relíquias familiares guardo uma cópia do passaporte, datado de novembro de 1889, em que *in nome di su maestà Umberto I, per grazie de Dio e pela volontà della nazione re d'Italia*, o ministro *per gli Affare Estero* pedia "às autoridades civis e militares de Sua Majestade e das potências estrangeiras que deixem livremente passar" Fulano e Sicrano, quer dizer: o pai de meu avô e meu avô. O documento é impressionante, compõe-se de uma única folha de papel, tão grande que precisou ser dobrada em quatro para caber no bolso ou numa carteira, e, mesmo assim, bolso ou carteira de boas proporções. Encima-o o escudo do Reino da Itália — uma cruz ladeada por dois leões no centro, uma coroa em cima e, sobre a coroa, uma estrela cujas pontas como que emitem raios. O nome da mãe de meu avô não consta do documento; presumo que para ela foi emitido passaporte à parte. O pai de meu avô é descrito no documento como tendo 36 anos, 1,65 metro de altura, cabelos, sobrancelhas e olhos castanhos, nenhum sinal particular. Sua *condizione* é de *contadino* — camponês. Se tinha 36 anos ao partir para o Brasil, esse meu bisavô nasceu em 1853. A lápide afixada ao túmulo da família no cemitério São Paulo o confirma; consta ali que nasceu a 8 de maio de 1853.

Nessa época o *Mezzogiorno* italiano era parte do reino das Duas Sicílias. Na pobre Basilicata, "a mais selvagem talvez das províncias italianas", segundo um autor, "com certeza a mais pobre", segundo outro, cultivavam-se cereais, sobretudo trigo, que a dinastia reinante dos Bourbon impunha fosse comercializado exclusivamente dentro das fronteiras do reino. O custo com que arcava o proprietário da terra para alimentar camponeses como os pais de meu bisavô (ou os pais dos pais, e os pais dos pais dos pais) equivalia, segundo um ministro da época em que ele nasceu, "a menos que o de um asno". O processo de unificação italiana começa em 1860. Garibaldi desembarcou na Sicília em maio desse ano e num piscar de olhos derrubou o governo local. Naquele mesmo mês meu bisavô completava sete anos e Tancredi, sobrinho do príncipe de Salinas no romance *O leopardo*, aderia às forças libertadoras em nome da célebre frase "É preciso mudar para que tudo continue a mesma coisa". No movimento seguinte, Garibaldi atravessou o estreito da Sicília e iniciou a marcha triunfal que o levaria a Nápoles. Estava agora mais perto de meu bisavô. Terá ele, com sua pouca idade e bisonha instrução, tido alguma notícia do fato? De alguma forma lhe terá a epopeia do herói despertado a fantasia? O reino das Duas Sicílias desmoronava para dar lugar à anexação de todo o *Mezzogiorno* ao recém-fundado reino da Itália, sob a coroa dos reis do Piemonte.

Na época da unificação (vou lendo no livro *La Basilicata*, de Umberto Zanotti-Bianco), a Basilicata não tinha nenhuma ferrovia, poucas estradas de rodagem e 91 povoados sem comunicação uns com os outros. O correio oficial chegava de Nápoles uma ou duas vezes por semana; para correspondência entre um município e outro, só recorrendo a serviços privados. Os analfabetos eram 91,2% da população, o índice de mortalidade o maior da Itália e a infraestrutura sanitária, nula; famílias aglomeravam-se em pequenas casas sob cujo teto abrigavam-se também ovelhas, porcos ou vacas — e seus excrementos. A maior parte dos municípios não dispunha de cemitérios; em Castelmezzano, a 48 quilômetros de Tito, os mortos, raramente cobertos por lençóis, eram jogados num buraco que se comunicava com um abismo do qual não se conhecia o fundo.

A unificação só traria melhoras a partir dos anos 1870. De imediato trouxe mais aflições: um considerável aumento de impostos para sustentar as necessidades do novo Estado; o temível recrutamento dos jovens para servir ao novo Exército; e, sobretudo, um histórico surto do *bringantaggio*, o banditismo que assolava os campos a roubar, sequestrar, matar e requisitar casas sob pena de incendiá-las e destruir a colheita do proprietário. O *brigante* italiano, meio bandido, meio revoltado social, tem seu equivalente brasileiro na figura do cangaceiro. Impossível que entre 1860 e 1870 meu bisavô tenha deixado de ouvir falar em Carmine Crocco, natural de Rionero in Vulture, a cinquenta quilômetros de Tito. Crocco foi o mais famoso dos *briganti* do período — primeiro um bandido puro e simples, depois soldado a serviço de Garibaldi, depois chefe de bando que, ao contrário, se opunha à unificação, sem que a orientação política, fosse qual fosse, impedisse a prática de crimes.

Guardo comigo uma foto desse meu bisavô e de minha bisavó. Por um tempo deixei-a exposta na sala. Como apresentava sinais de deterioração, mandei restaurá-la e agora conservo-a num acondicionamento que promete preservá-la. Feita em estúdio, a foto poderia estar no cartaz de um filme do neorrealismo italiano. Ambos os retratados já estão velhos, talvez na casa dos sessenta anos, talvez na dos setenta. A bisavó traja um casaco cuja continuidade, nos ombros, sugere que possa se desdobrar num capuz. Aberto no peito, o casaco deixa ver boa parte de uma blusa branca. Os cabelos, curtos a ponto de deixar bem à mostra as orelhas, das quais pendem pequenos brincos, são totalmente brancos dos lados, mas ainda não totalmente em cima. O bisavô traja paletó, por baixo uma blusa de lã toda abotoada e enfim uma camisa branca, de colarinho arredondado nas pontas, e gravata. As roupas de um e de outra são rústicas, com jeito de gastas. O bisavô é calvo (como também meu avô, esqueci de dizer) e ostenta um bigode largo e grisalho. Impressionante é o olhar dos dois — fixo, compenetrado, triste. Ela, com seus olhinhos pequenos, eu diria até a ponto de chorar. Os olhares também me parecem assustados — ou será que estou sugestionado por tudo o que acabo de dizer da Basilicata da qual fugiram?

Desde quando minha mãe e as tias eram crianças, e até muitos anos depois, meus bisavós (os avós delas) moravam na rua Arruda Alvim, em Pinheiros, trecho entre as ruas Teodoro Sampaio e Cardeal Arcoverde. A casa era pequena, sala, dois quartos e cozinha com piso de cimento, datava de 1910 e, segundo o inventário que já citei, o terreno limitava-se aos fundos com Oswald de Andrade e cia. Eis meus ancestrais confinando com a fortuna do poeta modernista e de seu pai, ambos do mesmo nome e donos de enormes extensões naquela área da cidade. (Salve, família Andrade, seja bem-vinda. Não esperava tê-la em visita nesta história.) O terreno era comprido, à moda da casa da Vitorino Carmilo, e nele o bisavô podia matar as saudades do passado camponês; plantava morangos, entre outras coisas, e uma tia contava que adorava vê-los surgirem para a vida, pequenos, gracinha de moranguinhos a despontar na superfície como pintinhos do ovo.

Minha mãe e as tias chamavam meu bisavô (o *nonno* delas) de "Vavô". Não sei se é expressão própria da Basilicata ou se é uma corruptela do italiano *babbo*, fórmula familiar para "pai", que talvez ouvissem em casa. A bisavó morreu aos 87 anos em 1944, mesmo ano em que nasci. O bisavô, aos 91, foi então morar na casa do irmão mais velho de minha mãe, no bairro da Pompeia, creio que por ser uma casa grande, a maior entre as residências da família. A casa de Pinheiros foi conservada e suponho que com a renda do aluguel ele pudesse arcar com suas pequenas despesas. No dia 28 de junho de 1949 os habitantes da casa — meu tio, sua mulher, duas filhas e um filho — ouviram um baque. Era um barulho diferente de qualquer outro a que estivessem familiarizados, como se uma carga tivesse sido despejada em alguma dependência da propriedade.

O bisavô despencara da janela de seu quarto, no andar superior, para aterrissar no chão do amplo quintal. Legou aos descendentes a eterna dúvida: foi acidente? Suicídio? Acrescento da minha parte outra dúvida: valeu a pena? (Com um "valeu a pena?" Rubens Ricupero encerra um bonito texto sobre a imigração de seus próprios ancestrais.) Valeu a pena meu bisavô ter fugido da Basilicata para a aventura num país distante, valeu a pena a troca do trigo que talvez cultivasse por lá pelos morangos que acarinhou no quintal da rua Arruda Alvim, as canseiras da viagem em terceira classe, o aprendizado de um novo idioma, o rompimento dos laços que deixou por lá? Fico pensando se seus sonhos, pesadelos ou devaneios acordado tenham sido assaltados pelas figuras de Garibaldi ou do *brigante* Carmine Crocco. Meu bisavô veio de longe, lá da era da unificação italiana, para morrer estatelado no cimento de um quintal do bairro da Pompeia. Tinha 96 anos.

Tito possuía 4800 habitantes à época da unificação italiana. Em 1901, só dois anos depois de meus bisavós e meu avô a terem deixado, eram 3600. Estamos no período da grande emigração para o Brasil. A população da Basilicata, que era de 509 mil em 1861 e 539 mil em 1881, caiu para 492 mil em 1901 e 486 mil em 1911. Entre 1876 e 1920, segundo dados do Comissariato Generalle dell'Emigrazione, 52888 naturais da Basilicata emigraram para o Brasil (Zuleika Alvim, *Brava gente*, p. 62). Durante viagem à Itália em dezembro de 1996, com minha mulher, filhos e minha mãe, incluí Tito no roteiro. No chafariz da praça minha mãe bebeu água, inclinada e com as mãos em concha, possivelmente igualzinho aos ancestrais no mesmo local. A praça é dominada por um monumento aos mortos da Primeira Guerra Mundial no qual estão gravados 25 nomes de filhos da terra caídos no conflito. Entre eles contamos dois com o nome da família. No comércio local o nome nos apareceu outras duas vezes, na primeira batizando uma oficina mecânica e na segunda, um mercadinho.

Tito vinha conhecendo um aumento populacional quando a visitamos. Em 1991 tinha 5700 habitantes; em 2001, 6400, em função da zona industrial que o município agora acolhe. Em 2011 o total chegaria a 7172. Tínhamos vagas indicações de uma casa onde teria morado minha avó; para alcançá-la precisaríamos procurar tais e tais pessoas, que nos indicariam tais e tais outras. Primeiro fomos ao encontro de um barbeiro, uma de nossas referências. O barbeiro teve a gentileza de largar por um instante o serviço e, tesoura na mão, saiu à rua para dizer que devíamos seguir por ali, dobrar acolá, depois tomar por não sei onde, até chegar mais além e então...

Obrigado, mas era muito confuso percorrer as vielas estreitas ou enveredar pelas escadarias ligando as de baixo com as de cima. Até que, ao perguntar a uma senhora de preto com um pacote na mão onde seria tal e tal endereço, ela nos disse "Ah, sim, vou para lá", e nos conduziu ao filho da senhora que então habitaria a casa de minha avó. Matteo, este o nome, um senhorzinho alegre e cordial, pequeno, com uma boina na cabeça e um paletó que parecia já ter servido a uma pessoa maior, informou que a casa estava desocupada. Sua mãe de mais de noventa anos, que a família, como constatamos depois, chamava "La Vecchietta", desde o dia anterior mudara-se para a casa de uma filha. Conduzidos por Matteo chegamos enfim à casa que procurávamos; o muro caiado de branco tinha pedaços desbastados e a porta que dava para a rua nem porta era, mas uma cortina de plásticos recortados como serpentinas. No andar superior, onde habitava outra pessoa, uma porta, esta sim de verdade, envidraçada, dava para uma sacada onde se alinhavam vasos com tímidas plantas. Minha mãe entrou, examinou o pequeno interior da casa, ainda ocupado pelos poucos móveis e objetos da moradora de até o dia anterior e decorado com fotos de parentes toscamente coladas numa das paredes. Ao despontar de volta, por entre as serpentinas da cortina, chorava.

A mim coube conhecer uma Tito arrumadinha, sem sinais de miséria, diferente da cidade que meu avô, meu bisavô e minha bisavó conheceram. Os três pertenceram à geração heroica dos emigrantes que não voltavam. A cidade natal ficava enterrada na memória e quando vinha à superfície sabe-se lá se despertava terna nostalgia ou repúdio. Meu avô, que saiu de lá muito cedo, teria dela não mais que embaçados flashes. Citei a figura de são José, parágrafos atrás, com a intenção de voltar a ela. No Natal, José assume seu posto no presépio, junto com a mulher, o menino, o burro, a vaca, os pastores e os misteriosos personagens chamados "reis magos". É um dos dois únicos papéis que lhe atribuem. O outro é o de comandar a fuga da família para o Egito. Depois ele desaparece da história, talvez a mais conhecida do mundo, sem deixar rastro. Não avisam se morreu ou se foi embora. Ele é produto de dois roteiristas desatentos (os evangelistas Mateus e Lucas) que, mal nos dão conta de sua existência, mudam de assunto e se esquecem dele sem remédio. Do ponto de vista do país de origem, meus ancestrais italianos são igualmente seres descartados do enredo. Acresce que são José era marceneiro, como meu avô. Os marceneiros possuem mãos educadas e disciplinadas pela madeira, que vem das árvores, representações na natureza de altivez, inteireza e sabedoria. Passo minhas próprias mãos, deseducadas, na mesa que meu avô fabricou, ou cuja fabricação supervisionou. Procuro as mãos dele.

3. A "caixa"

A "caixa" já se fazia presente na primeira residência de meus pais depois de casados. "A caixa" foi como minha mãe a batizou e como a partir de então todos a chamávamos. Ela será mais bem visualizada se entendida como um baú ou uma arca. Não é grande: pouco mais de um metro de longo por quarenta e alguma coisa de largo e outro tanto de altura. Também não se destaca pela beleza, nem lhe cabe o status de antiguidade. Nem o nome de "baú" mereceu, entre nós, e não tinha mesmo por que merecê-lo — não é como os baús antigos, de elegante madeira bruta e argolas e fechaduras que conduzem a seus ancestrais medievais. Tem a cor castanho-escuro do comum dos móveis e como único elemento fora do puramente utilitário umas molduras rendilhadas em sua tampa. A "caixa" fora comprada no Mappin, minha mãe informava, e isso lhe conferia alguma importância. O Mappin era uma loja de departamentos que incluía entre suas atrações um salão de chá animado por conjunto musical em que imperava o som do violino. A primeira serventia da "caixa" na casa dos recém-casados foi guardar capas de chuva e casacos; depois, e até os dias que correm, perambulou por vários cômodos de várias casas, a desempenhar diferentes funções. Em certo período serviu para guardar nossos brinquedos, meus e de minha irmã, com destaque para bonecos articulados de borracha representando a família Disney. Um dia, ao levantarmos sua tampa, de volta de uma viagem, tivemos a tristeza de ver os bonecos todos grudados uns aos outros, o Pato Donald irreconhecível sobre o que restava do Pateta, o Mickey tornado irmão siamês do Lobo Mal, todos sufocados pelo calor e, informes, derretidos numa pasta.

A "caixa" também serviu, em sucessivos períodos, para guardar roupa de cama, sapatos, ferramentas, álbuns de fotografia, jogos de tabuleiro, discos de 78 rotações, material de higiene e perfumaria, cartões-postais. Tantos serviços prestados depois, minha mãe cansou do velho móvel e perguntou se eu, a essa altura já adulto e habitando minha própria casa, queria ficar com ela. Aceitei com alegria; a "caixa" sempre exercera sobre mim o fascínio dos depósitos de segredos e das arcas de tesouro. Em minha casa, para começar, destinei-lhe o frívolo desígnio de guardar garrafas de bebidas, uísque, vodca, vermute, licores, e mantinha a tampa, coberta por um pano de patchwork, levantada. Vigia a moda de exibir os álcoois às visitas. De alguns muitos anos para cá nela sepulto antigos escritos, acabados, inacabados ou esboçados, em cadernos, fichários ou publicados em periódicos, bem como documentos de família. Boa parte desse até há pouco esquecido acervo me tem servido para estas notas; alguma coisa já tirei, e muita coisa mais tirarei, das entranhas desse profícuo móvel para abastecer os textos que ainda virão.

Meus pais casaram no dia 14 de maio de 1942. Tenho diante de mim uma foto dos noivos no dia. Contra um pano de fundo de flores brancas, minha mãe emerge com mais brancura ainda — em seu vestido cintilante, produzido por uma das irmãs costureiras (eram duas), no véu e na grinalda laboriosamente rendados, na cauda que se estende em ondas pelo chão, no buquê que retém entre os braços. Meu pai, em contraste, oferece o negrume do paletó (ou casaca?), da calça com finas listras cinzas e dos sapatos. Brancos são só o alto colarinho da camisa, que deixa aparecer a volta da gravata em torno do pescoço e o lencinho que desponta do bolso do paletó.

São quase duas crianças — meu pai completava naquele mesmo dia 23 anos, minha mãe contava 21 e oito meses — mas, no segredo daquele estúdio fotográfico, para onde foram cumprir o ritual de posar embrulhados nos trajes oficiais da mudança de status, representavam a austeridade deles reclamada. Os dois têm os corpos ligeiramente voltados para a direita; minha mãe, um pouco à frente, cobre o ombro direito de meu pai; os dois olham fixo para a câmera, com meios-sorrisos nos lábios; meu pai ostenta um bigodinho fino. Consumava-se naquele dia a união, de não pouco interesse sociológico, penso eu, entre uma família há muito estabelecida na terra com uma recém-chegada, a primeira em viés de baixa e a segunda em viés de alta, ambas aproximadas pela roleta da sorte que as depositou uma a cinquenta metros da outra, no mesmo lado ímpar da rua Vitorino Carmilo.

Reunidos no altar da igreja Santa Cecília os pais dos noivos teriam trocado mais do que sorrisos e apertos de mão? Não sei o que o tabelião filho do fazendeiro cujas mãos nunca haviam pegado no trabalho duro teria a tratar com o marceneiro filho de um *contadino* que não fizera senão maltratar as mãos na pá e na enxada. Ainda bem que um deles era surdo. Naquele tempo havia noivado, o ritual de pedir a mão da noiva, o jantar que selava o conhecimento mútuo das famílias. Fico a cismar sobre o encontro da mãe do noivo, descendente do Borba Gato, com a mãe da noiva, analfabeta. As irmãs mais velhas de minha mãe haviam casado com descendentes de italianos como elas, ou mesmo, no caso de uma delas, com um italiano. Os irmãos mais velhos de meu pai haviam casado com rebentos de antigas famílias da terra. O imbricamento entre famílias de origens diversas era inédito, de um lado como de outro. Posso imaginar o desconforto de minha avó materna a empacotar-se numa roupa que lhe era estranha para apresentar-se à família "chique" do noivo da filha. Posso supor o ligeiro espanto de meu avô paterno ao cerrar a mão calosa de meu avô materno. Mãos calosas eram próprias dos empregados, e mãos de empregados nunca se apertavam.

Estou supondo que os avós maternos compareceram ao casamento e partilharam o altar com os avós paternos, mas diante de outra fotografia, que me chegou só recentemente, tomo um susto; nela, minha mãe aparece no ato de subir as escadas de acesso à igreja, véu na cabeça, a mão direita equilibrando-se entre segurar o buquê de flores e suspender o vestido para não tropeçar nos degraus... e o braço direito no braço de quem? Do meu tio Luís, marido da tia Donatela, uma das irmãs mais velhas de minha mãe! Quer dizer que mamãe entrou na igreja não com seu pai, mas com o cunhado? Tio Luís, muito dono de si, metido num jaquetão escuro que se completa com calças em tonalidade mais clara, mostra garbo e confiança ao conduzir a noiva e olha para a câmera com o olhar seguro de quem sabe perfeitamente o que faz e não se abala com as responsabilidades que lhe couberam.

Que teria havido para meu avô deixar-se substituir na tarefa de, no altar, entregar a noiva ao noivo? Teria ele se achado inadequado para o papel? Não teria as roupas convenientes para a ocasião nem dinheiro para comprá-las? Ou, tendo dinheiro, não se sentiria à altura de vesti-las? Teria vergonha de se expor como um dos protagonistas do dia? Fico até a suspeitar que não tenha comparecido à cerimônia, mas então, olhando bem, num canto da fotografia, vejo ao fundo um rosto que, ora, não seria o dele? O rosto olha para a noiva e seu acompanhante e de imediato, mesmo sem ter certeza se é mesmo meu avô, crio um drama: estaria o avô arrependido de não ter aceitado conduzir a filha ao altar? Humilhado por se ver substituído naquela hora tão decisiva? Escondido lá atrás para, morto de vergonha, assistir ao evento da forma mais anônima e invisível possível?

As duas famílias, por outro lado, habitavam na mesma rua, e isso confirma minha asserção de que na escala da mobilidade social daqueles dias a família de meu pai vivia um viés de baixa enquanto a da minha mãe experimentava um viés de alta. Se meu avô paterno tivesse conservado o padrão da geração anterior, estaria morando num casarão dos Campos Elíseos ou de Higienópolis. Sua casa na Vitorino Carmilo era, ao contrário, um sobrado alinhado com outros iguais, um grudado ao outro. Se meu avô materno tivesse se mantido na condição com que deixara a Basilicata, estaria condenado às ruas mais desvalorizadas do Brás ou do Bexiga. A rua Vitorino Carmilo era o ponto de equilíbrio da gangorra que impulsionava uma das famílias para cima e a outra para baixo. À sua maneira, igualava-as no plano social. Como as igualava, no plano físico, morarem próximas uma da outra, tão próximas que seria inevitável cruzarem-se com alguma frequência. Como seriam os encontros na calçada? Paravam para uma breve conversa, as duas avós? E os avôs, iriam além de um toque no chapéu um para o outro?

São Paulo, em 1920, ano em que minha mãe nasceu e em que meu pai completou um ano, tinha 579 033 habitantes. Desses, 205 245, ou 35%, eram estrangeiros, como meus avós e bisavós maternos, sendo o maior contingente o dos italianos, 91 544. São números do censo daquele ano. Se aos estrangeiros fossem somados seus descendentes, como minha mãe, suas irmãs e seus irmãos, eles constituiriam maioria. O Brasil, com 30 635 605 habitantes, nos anos seguintes começaria a ser tirado das sossegadas alternâncias entre os patriarcas da República Velha pelas revoltas de jovens militares em 1922, 1924, 1926. A de 1924 teve impacto direto em São Paulo, escolhida pelos militares revoltosos para desencadear a ação contra o governo do mineiro Artur Bernardes.

Logo nas primeiras horas a ação chegou bem perto da rua Vitorino Carmilo, com o ataque de artilharia disparado contra o palácio dos Campos Elíseos, sede do governo estadual, situado a não mais de meia dúzia de quarteirões da casa da minha mãe (não digo de meu pai porque ele só chegaria do interior dois anos depois). Ao atacarem, e quase sempre errarem o alvo, os revoltosos conseguiram, entre outras proezas, matar duas pessoas na alameda Nothman e atingir o teto do Liceu Coração de Jesus, vizinho ao palácio, causando pânico e provocando uma heroica retirada dos alunos internos, sob a liderança dos padres, a pé pela cidade até a Hospedaria dos Imigrantes, no bairro da Mooca. A revolução foi em junho; minha mãe, que completaria quatro anos em setembro, era muito pequena para ter memória do evento; para seus pais e avós, tal qual para os muitos imigrantes como eles, as trincheiras nas ruas, os tiroteios, as crateras abertas no calçamento, os prédios que desabavam e as fugas de famílias inteiras, levando os trastes, para bairros mais seguros, ou para fora da cidade, representavam a volta de um passado de desassossego. Meus avós juntaram a filharada e foram se apinhar na modesta casa de meus bisavós, na rua Arruda Alvim, bairro de Pinheiros. O conflito durou de 5 a 27 de junho.

Mais um pouco e eis minha mãe e meu pai misturados à criançada da rua. Minha mãe gostava de lembrar os jogos, queimada, barrabol (como será isso?), que se travavam no final de tarde, comecinho de noite. Passavam poucos carros na rua Vitorino Carmilo. Passavam poucos carros na cidade inteira e sobrava espaço para as brincadeiras, os passeios, os encontros e os namoros na rua. O poder, na cidade, ainda estava com os pedestres. Meus avós paternos, severos, exigiam que meu pai e seu irmão gêmeo se recolhessem cedo. Inconsoláveis, ficavam os dois na janela, observando as brincadeiras que continuavam na rua. Sem perder a chance de tripudiar sobre os dois filhinhos de papai, os da rua gritavam em coro, minha mãe inclusive: "Mariquinhas!, Mariquinhas!".

Minha mãe e as irmãs ajudavam nos afazeres domésticos e cumpriam tarefas adicionais. Minha mãe entregava às clientes os trabalhos de costura da irmã mais velha. Não sei se alguma vez lhe coube entregar as encomendas de dona Baby, mulher de Guilherme de Almeida, mas era célebre na família que dona Baby foi cliente de minha tia. Outra de suas incumbências era sobrescritar envelopes de correspondência para a Itália, em que tinha de escrever "Tito, província de Potenza". A Itália para a qual escrevia obedecia ao comando de um lombardo um ano mais novo que meu avô, chamado Benito Amilcare Andrea Mussolini. Os trens agora chegavam na hora, segundo alardeava o regime, e o pau comia nas costas dos recalcitrantes; ignoro o que meus avós e bisavós achavam disso.

Em 1930 a República Velha desabou sob o impacto da revolução comandada por um gaúcho nascido no mesmo ano que meu avô, e só quatro meses antes. Em 1932, antes que minha mãe completasse doze anos, para seguir nos marcos históricos, estourou a revolução em que São Paulo se levantou contra o governo de Getúlio Vargas. O clima de fervor cívico contaminou até a família da Basilicata, em cuja casa, nem que fosse no rádio do vizinho, não podia deixar de ser ouvida a *Paris Belfort*, marcha que conclamava os paulistas aos brios. Minha mãe e suas irmãs contribuíram levando gêneros alimentícios ao batalhão de soldados aquartelados na chácara do Carvalho, antiga residência dos ricaços Prados, a poucas quadras de distância. O batalhão, contava minha mãe com ternura, era de índios do Mato Grosso. Um batalhão de negros também foi formado para os combates, compelidos ambos, negros e índios, a arder na mesma pira cívica. Em minha família paterna o impacto da chamada Revolução Constitucionalista foi forte. Um dos irmãos mais velhos de meu pai alistou-se como voluntário e voltou tossindo. Contraíra a tuberculose que o atormentaria até lhe dar cabo da existência, três décadas depois. A vida seguia e, entre um jogo na rua e outro, um encontro e outro à volta da escola, um cochicho e outro ao se despedirem, se foi criando a atração entre o filho do cartorário e a filha do marceneiro. Minha mãe, comportada e cumpridora dos deveres escolares acabou por ligar-se ao mau aluno e adolescente insubordinado que foi meu pai.

Em sua errática vida escolar meu pai teve passagens, só no curso secundário (ou "ginásio", como se dizia dos cinco anos que se seguiam aos quatro do curso dito "primário"), pelo Liceu Coração de Jesus (aquele do bombardeio de 1924), pelo Ginásio do Estado e pelo Ginásio Pais Leme. No Coração de Jesus, dos padres salesianos, dividiu a mesma carteira com um aluno quatro anos mais velho, evidência de uma vida escolar ainda mais tumultuada, e se destacaria nos esportes. O aluno mais velho chamava-se Sebastião Prata e brilharia no futuro com o pseudônimo de Grande Otelo. É de supor que meu pai lhe tenha apertado a mão repetidas vezes. Orson Welles contava que, quando criança, apertou uma vez a mão de Sarah Bernhardt, que por sua vez apertara quando criança a de Madame Georges, amante de Napoleão, e concluía: "Estou a apenas três apertos de mão de Napoleão!". Pois eu ganhei; tendo apertado a mão de meu pai, estou a dois de Grande Otelo. E, como Oscarito apertou inúmeras vezes a mão de Grande Otelo, estou a três de Oscarito. Orson Welles acrescenta à sua observação uma luminosa descoberta: "Não é que o mundo seja pequeno; a história é que é curta". Sendo curta, a história aproximou minhas mãos das mãos de Oscarito e de Grande Otelo, ídolos de minha infância.

O desempenho de meu pai nos esportes teve seu ponto forte no basquete, aliás "bola ao cesto", como ele dizia. Tanto se destacaram, ele e o irmão gêmeo, que foram chamados pelo jornal da escola de "meninos de ouro". É um espanto que os dois, com alturas de 1,66 metro, se tenham destacado no basquete. Seria a cesta fixada mais embaixo, naquele tempo? Ou os adversários seriam menores ainda do que eles? No Ginásio do Estado, primeira das escolas públicas paulistas, à época instalado no prédio hoje ocupado pela Pinacoteca do Estado, junto ao Jardim da Luz, ele e o inseparável irmão não podem ter durado muito; o ensino de referência ali ministrado exigia empenho acima de suas forças. Do Ginásio Pais Leme, enfim, tenho uma foto datada de junho de 1935 que mostra treze guapos rapazes, a "turma do 5º ano", como se explica no verso. Estão todos de terno e gravata, paletós fechados, aprumados como senhores bem-postos na vida — e são rapazolas, meu pai e meu tio com dezesseis anos recém-completados. Meu pai, integrante na primeira fila do grupo dos sentados, exibe as pernas cruzadas e um ar muito senhor de si. Tenho outra foto, esta de 16 de dezembro do mesmo ano de 1935, em que meu pai, agora sozinho, aparece de smoking, cabelo aparado, ar sereno, bonito; pela data, e pelo smoking, deve ser da formatura. Abaixo está escrito: "Ao papae e a mamãe, uma recordação do S.". A formatura marca também sua despedida dos estudos; o passo seguinte, que seria a faculdade, ele não deu.

A foto de que gosto de verdade é uma de 1937, que retrata um time de futebol, o Roger Chéramy, "campeão do torneio início do campeonato da Divisão Branca da L. E. C. I", como está escrito no verso. Oito craques posam de pé, na fila do fundo; outros cinco aparecem agachados mais à frente; e enfim meu pai posa solitário em primeiro plano, semideitado e abraçado a uma bola. Ele é o goleiro, e ser goleiro para mim soa a algo especial, revelador de uma tendência a ser "do contra"; num esporte em que o objetivo é trabalhar com os pés e fazer gols, cabe-lhe a solitária incumbência de, com as mãos, evitá-los. Pesquisando em exemplares do *Correio Paulistano* daquele ano verifico que a tal L. E. C. I. é a Liga Esportiva Commercio e Indústria e que o campeonato opunha times de empresas — Telephonica Club, Standard Oil, Nadir Figueiredo, Cotonifício Guilherme Giorgi, Ramenzoni. A Roger Chéramy, cujas cores meu pai defendia, era uma marca de perfumes. O campo do time ficava na rua das Palmeiras e dá para intuir, embora a foto seja em branco e preto, que a cor da camisa seja grená, como a do conhecido Clube Atlético Juventus, com as letras R e C entrelaçadas no peito. Meu pai, diferente dos demais, como impõe o ofício de goleiro, veste camisa branca de mangas compridas e joelheiras.

Conto com a paciência do leitor para demorar mais um pouco na foto. No verso há também a identificação dos craques, e me fascinam os nomes, que falam sempre muita coisa do lugar e da época. De pé alinham-se Beng, Ratto, Petro, Bagaiola, Bagico, Jahú, Neno e, segurando uma bandeira do time, Sérgio. Agachados aparecem Newton, Dante, Vita, Campineiro e Mosquito. Dos catorze (incluindo meu pai, reclinado no gramado), três são negros — Petro, Bagico e Mosquito — e sete usam na cabeça toucas como a dos nadadores, curioso hábito dos futebolistas de então. Não sei quantos deles seriam funcionários da perfumaria Roger Chéramy; meu pai não era. Na maioria eles têm jeito de pertencer à classe trabalhadora, e não podia ser diferente, num campeonato que opõe entidades do comércio e da indústria.

Gosto de ver meu jovem pai a romper, para baixo, a barreira de classe. A dois passos da casa dele, na alameda Glete, ficava a garagem a que eram recolhidos os bondes da Light (hoje no mesmo espaço há uma instalação da Eletropaulo, sucessora da Light) e meu pai participava também do futebol dos motorneiros e cobradores. Desconfio que meus avós não aprovassem semelhantes amizades. Pode ter sido a causa de atritos que sei terem existido, embora meu pai não se estendesse no assunto. Uma vez — isso ele contava, e foi decerto o maior dos atritos — foram flagrados, ele e o gêmeo, a tomar bebida alcoólica na padaria do outro lado da rua. Meus avós expulsaram-nos de casa e restou-lhes buscar asilo na casa do irmão mais velho, já casado. Também começaram a fumar cedo. Deram trabalho, os gêmeos.

Muitas vezes pensei na circunstância, que a mim fascina e intriga, de ter nascido e crescido em dupla, como foi a sorte de meu pai e de meu tio. Ser gêmeo é algo que... ia escrevendo "singulariza" uma pessoa, e estaria incorrendo numa impropriedade. Ser gêmeo, ao contrário de singularizar, pluraliza a pessoa. Ou melhor: o que quero dizer, sem medo do oximoro, é que ser gêmeo tem a singular característica de pluralizar uma pessoa. Desembarca-se no mundo com um espelho vivo ao lado. No caso de meu pai e meu tio, gêmeos idênticos, isso significou vestirem-se igual na infância e praticarem na juventude pequenos delitos como um substituir o outro em encontros com namoradas, ou um apresentar-se pelo outro em provas. No exame final do Tiro de Guerra, como atirava melhor que meu pai, meu tio, feita a sua parte, entrou de novo na fila e atirou pelo irmão, com sucesso para ambos. Até a voz dos dois era igual, e o mais espantoso de tudo, para alguém como eu, que só via espantos na condição de que desfrutavam, era que para eles nada havia de espantoso. Quando um deles, caminhando só, cruzava com alguém que, embora lhe fosse desconhecido, o cumprimentava efusivamente, a reação seria responder na mesma medida. Não achavam que valesse a pena explicar, "Olha, você está enganado, deve conhecer meu irmão gêmeo, não a mim".

Ainda assim, para nós próximos, um não sei que secreto detalhe, uma ligeira curvatura da boca, um gesto, fazia com que nunca os confundíssemos — ou quase nunca. Minha mãe contava que errou uma vez. Foi quando, correndo pela rua Vitorino Carmilo, aproximou-se de quem julgou ser meu pai e anunciou, eufórica, como se prestes a partilhar um segredo: "S., tenho uma coisa para te contar". Meu tio interrompeu-a: "Não me conte, porque não sou o S".

Quero me deter sobre esse pequeno episódio. Minha mãe foi uma bonita menina, loura, cabelos ondulados. Imagino-a voltando da escola, saia azul-marinho plissada que era de rigor nos uniformes das meninas, meias soquetes. Ela dobra a esquina e, ao entrar na Vitorino Carmilo, sempre tomada pelo ir e vir dos moradores e visitantes, dá com alguém que julga ser o namorado. Põe-se a correr, entusiasmada pela novidade da qual acabou de ter conhecimento, o rosto afogueado ("rosto afogueado" vai em honra aos relatos romanescos em que os rostos, em situações semelhantes, estarão sempre afogueados). Tem um ar sapeca; já é uma mocinha, mas o uniforme lhe confere um tempero infantil. Ela corre, chega perto do menino que um dia será meu tio e, quando ele lhe diz que não é o S., junta as mãos à boca, em gesto de susto e constrangimento. Depois larga os braços e cai na risada. Minha mãe sempre foi espontânea. No filme que reconstruo na cabeça ela me encanta.

Minha mãe fez o curso primário no Grupo Escolar Conselheiro Antônio Prado e o ginásio no Colégio Oswaldo Cruz. O grupo escolar ficava, aliás fica ainda, intacto, na mesma rua Vitorino Carmilo, a três quadras de sua casa, abrigado num dos majestosos edifícios erguidos para as escolas públicas pelos primeiros governos republicanos. O Oswaldo Cruz, se não me engano, ficava na avenida Angélica. Lá minha mãe fez duas amigas que conservou pela vida afora, a Marion e a Malu. Minha mãe contava, e ria muito, que Malu imitava com perfeição o latido dos cachorros. Uma vez pôs-se a latir no bonde e assustou os passageiros, minha mãe contava — e ria, e ria.

O ginásio da época abrangia, em cinco anos, todo o ensino secundário. Minha mãe terminou-o em 1939, aos dezenove anos — não sei por que tão depois de meu pai, que o terminou aos dezesseis, apesar de tanta perambulação de escola em escola. No fim do curso, como era costume entre as meninas, minha mãe colheu das colegas e de alguns professores umas palavras de despedida escritas num caderno reservado para esse fim. Corrijo-me: não é caderno que se diz; é "álbum". O da minha mãe, com a capa dura cor de vinho desgastada, tendo ao centro, em letras que foram douradas, a palavra "Recordação", sobreviveu à indiferença e ao esquecimento no fundo de sei lá quantas gavetas, como é destino de semelhantes artefatos, para acabar na "caixa", de onde o retiro.

Primeiro fixo a atenção no nome das meninas: Leda, Maria Hortência, Marion, Cybele, Léa Marina, Noêmia, Elza, Heloísa, Celina, Lourdes, Lucy, Martha, Alice, Maria Antonieta, Leny, Yvonne, Norma, Alice, Haydée. Na maioria elas transcrevem poesias, boa parte das vezes sem lhes atribuir a autoria. Lá estão o "Mal secreto", de Raimundo Correia (sem atribuição) e um dos sonetos da *Via Láctea*, de Bilac (com) — dois clássicos, ao que suponho, dos álbuns de meninas do período. Outros poemas abordam os temas do tempo que passa ("A vida é sombra que foge/ A vida é nuvem que voa"), da saudade ("A saudade é calculada/ Por algarismos também:/ Distância multiplicada/ Pelo fator 'querer bem'"), da tristeza ("Há lágrimas que correm pela face/ E outras que correm pelo coração"). Prevalece o gosto parnasiano; o modernismo, dezessete anos passados da famosa semana de seu lançamento no Theatro Municipal de São Paulo, ainda passava ao largo das alunas do Oswaldo Cruz.

Deixo de mencionar outros poemas para chegar, lá na última folha do álbum, à colega Yoshi Jamada, um solitário nome japonês. É minha preferida. Ela pulou várias folhas em branco para esconder-se lá no fim, a boa e, presumo, tímida Yoshi. Não devia ser fácil ser japonesa naqueles dias. Gosto dela porque o que escreveu revela uma sinceridade sem rebuços e até, diria, uma abrasiva impetuosidade: "Não sou poeta e também não sou inspirada como minhas amigas e colegas. Não tendo nada que escrever, desejo ao seu futuro um futuro (sic) brilhante, cheio de aventuras e eterna felicidade. Da colega e amiga que nunca te esquece, Yoshi Jamada, 13/11/1939".

Para aumentar minha admiração, além de graciosamente descuidosa ao desejar para o futuro um futuro brilhante, Yoshi não capricha na letra (a de outras colegas parece letra de calígrafo), nem se preocupa em deixar alinhamentos e espaços certinhos. Gostaria que minha mãe me tivesse dado alguma notícia da amiga japonesa; nunca disse nada, nem eu perguntei. Estou conhecendo Yoshi só neste momento e mesmo assim pelo acaso de ter avançado até o fim do álbum, quando o lógico teria sido parar nas primeiras páginas em branco. Ouso supor que Yoshi fosse isolada pelas colegas, ou ela própria se isolasse, como se isolou no álbum, e que minha mãe, bondosa, se tenha aproximado para confortá-la. Indício de que pode ter sido assim são suas palavras finais, "a amiga que nunca te esquece".

Falta mencionar os quatro professores que também deixaram mensagens no álbum. Dois deles primam pela economia: "À boa M., a amizade de..."; "À boa M. minhas saudações". Um terceiro, o melhor, escreve uma quadra de métrica estropiada, talvez de sua autoria: "Se as flores enfeitiçam toda a natureza/ E o sol, beijando a terra, a caustica com luz.../ Muito mais que os feitiços da própria beleza/ O estudo encanta porque o saber nos seduz". E opta, audaciosamente, por um tom pessoal e carinhoso: "À ótima aluna senhorinha M., apresento, justamente à hora da despedida escolar, meus sinceros parabéns pelo muito que fez, quando minha aluna. Permita-me um gesto lindo? Abraço-a com cordialidade e lhe beijo a mãozinha, cheio de respeito e de muita amizade".

Minha mãe dizia que queria ser professora. Por isso, ao contrário das irmãs, que não passaram do curso primário, fez também o ginásio, e o fez numa escola particular, como era o Oswaldo Cruz. Ajudou nos custos a mais velha das irmãs, a costureira, àquela altura casada e presumivelmente com mais folga no orçamento. Ao terminar o ginásio minha mãe cogitou fazer faculdade. Um professor, contava ela (seria o do beijo na mãozinha?), falou-lhe de um recém-inaugurado curso de história, quem sabe ela se interessasse? O curso em questão só pode ser o da USP, fundada em 1934, e naqueles tempos iniciais vivendo sob a égide dos professores franceses — Fernand Braudel, Claude Lévi-Strauss, Roger Bastide... já imaginou?

Já imaginou, distinto público, já imaginaram, meus sete leitores e meio (há um que dorme invariavelmente a partir do terceiro parágrafo), minha mãe no convívio dessa nata da intelectualidade mundial? E se ela, a "ótima aluna senhorinha M.", joia bruta burilada pelo ensinamento de tais mestres, e impulsionada pelo ambiente que passaria a frequentar, se tornasse uma intelectual, talvez uma professora, uma pesquisadora de respeito, uma autora? E se, transportada para esse novo universo, viesse a encantar-se com outro, mais afim a seus novos gostos e preocupações do que o antigo goleiro do Roger Chéramy? Eis-me, nessa hipótese, nascido e crescido em outro ambiente, com o destino a me empurrar, também eu, à carreira universitária, e a ocupar-me de sérios tratados, não de vagabundas memórias de móveis nas salas e de obscuras ginasianas do Oswaldo Cruz.

Não, nesse caso não seria eu, claro. Cada um de nós é feito de um acaso preciso e o meu foi o de duas famílias se terem estabelecido a poucos metros uma da outra e se terem amado, um rapaz e uma moça de horizontes intelectuais restritos, e se terem unido em casamento antes que um deles pudesse enveredar por desvios que o conduzisse a outros acasos. No devaneio de que fui acometido minha mãe teria sido mãe de outro, e eu não teria sido — simplesmente não teria sido. Meu pai descobriu o perigo. Propôs logo que se casassem e, se iam se casar, para que mais estudo? Além disso, se ele não tinha curso universitário, por que o teria ela? Meu pai era homem de seu tempo e de sua classe: uma carreira profissional proporcionaria à mulher os azares de uma vida paralela invisível e alheia ao marido. Ademais, mulher a reforçar o orçamento doméstico daria à sociedade a ideia de que o marido era incapaz de prover a família. Minha mãe era mulher de seu tempo e sua classe: cedeu aos argumentos do homem que amava. Eliminou a hipótese de cursar universidade, destino então de poucas entre as meninas.

Meus pais frequentaram as matinês do cine Santa Cecília e do cineteatro São Pedro e em seus passeios subiam a avenida Angélica até a praça Buenos Aires. Tiveram rusgas. Uma vez o turbulento rapazinho que seria meu pai deu um soco num rival que ousou aproximar-se de minha mãe. A essa altura meu avô já o havia arrastado para trabalhar no cartório; se não queria prosseguir nos estudos, que não ficasse à toa na vida. Não sei como meus avós receberam a notícia do casamento com a filha de italianos, essa gente que, com exceção das que levavam os nomes Crespi e Matarazzo, fora importada da Europa para substituir os escravos nas fazendas. Sei que, numa família amiga, os parentes do noivo chamavam a noiva de "a italianinha". Ela era uma professora, mas continuava a merecer o designativo reservado nas fazendas às filhas do pessoal da colônia. Noutra família o rapaz, ao levar a noiva para apresentar aos pais, alertou-a: "Não diga que você é italiana". Ele temia que, caso o fizesse, o casal entornasse o caldo logo de saída.

Se tiveram alguma restrição, meus avós, até onde eu sei, não a explicitaram; receberam bem minha mãe e com o passar dos anos creio que com afeto. O casamento seria menos de três anos depois da formatura de minha mãe no Colégio Oswaldo Cruz. Não sei se Yoshi, "a amiga que nunca te esquece", foi convidada. Estava em curso a Segunda Guerra Mundial, e a vida estava difícil para os japoneses do bairro da Liberdade, vigiados sempre, perseguidos alguns. O que sei com certeza é que o antigo aluno instável e goleiro do Roger Chéramy estava pronto para o novo papel. Não havia segredo, naquela época. Marido é marido, mulher é mulher; todo mundo conhecia o script. Meus pais foram morar no bairro da Aclimação, numa casa que, modesta, com os cuidados de minha mãe transformou-se num "brinquinho", na palavra do tio Magno, um dos irmãos mais velhos de meu pai. A Aclimação lhes era uma espécie de degredo. O hábitat de ambos era a região entre Santa Cecília, Barra Funda e Campos Elíseos, e será sempre a zona oeste da cidade. Dos primeiros tempos de casados possuo poucas pistas. Uma delas guardo na "caixa", uma edição ordinária de *Os irmãos corsos*, de Alexandre Dumas, mais lamentável ainda agora que se apresenta toda manchada de umidade e de velhice. Na página de rosto está escrito,

M.,
Que a leitura deste romance lhe agrade
são os votos que faz o S. (o tal),
S. Paulo, 4/4/43

O casamento não cumprira nem um ano. Com todo o respeito por meu galante pai, creio não ser descabido elucubrar a respeito da escolha do presente para a jovem esposa. *Os irmãos corsos* trata de dois gêmeos siameses que, separados ao nascer, conservaram a miraculosa característica de um sentir os golpes e dores infligidas ao outro, mesmo quando distantes. Nunca li esse livro; foi meu pai quem certa vez me contou do que tratava. Recorro agora a uma sinopse e fico sabendo que no momento da morte de um dos irmãos, num duelo na turbulenta Córsega, o outro, em Paris, também sente no corpo os efeitos dos projéteis, embora escape com vida; dali em diante empenhará seus dias a um projeto de vingança. O casamento significou para o meu pai uma concomitante separação, do irmão gêmeo; os primeiros meses foram também os primeiros meses de "desgemelação", se cabe dizer assim. Na verdade não há traço de sofrimento na dedicatória. Ao contrário, há o bom humor de meu pai ao assinar-se "S. (o tal)" — gíria da época para "o maior", "o maioral", "o bonzão". A pena da separação do irmão terá sido compensada pela alegria de viver com a mulher que amava e de, independentemente da tutela dos pais, ser agora dono do próprio nariz. Assim mesmo, imagino que a escolha desse presente teria bom rendimento no divã do psicanalista que meu pai jamais frequentou.

Outra pista vem de um segundo livro, na modesta biblioteca de meus pais, com dedicatória de meu pai à minha mãe. O livro é *O mundo que eu vi*, de Stefan Zweig (edição em capa dura da Editora Guanabara, Rio de Janeiro, 1942) e na dedicatória está escrito:

À M. oferta de sir S. (o tal)
23/7/43.
Aditamento: A pedido da parte
interessada,
fica acrescido o seguinte:
"com um beijo do S. (o tal)"
23/7/43

O mundo que eu vi (reeditado em 2014 pela editora Zahar com o título *Autobiografia: o mundo de ontem*, mais fiel ao original) é um livro de memórias em que o autor, à época popular no mundo inteiro, narra com tristeza o contraste entre os dias de glória da belle époque austríaca e a descida aos infernos representada pelas guerras mundiais. O interesse particular que meus pais pudessem ter por esses assuntos é nulo. Suponho que a escolha se tenha devido ao impacto do final da vida de Zweig, passado no Brasil, onde se refugiou da barbárie europeia e onde viria a se suicidar, em fevereiro de

1942 — um ano e cinco meses antes da dedicatória. O "aditamento" parodia a linguagem do escrevente de cartório que era meu pai.

Ei-lo, aos 24 anos, de bigodinho e muito magro, segundo fotos da época, já integrado na profissão, talvez orgulhoso dela, ou pelo menos orgulhoso de já lhe dominar o vocabulário. Minha mãe contava que, durante o período de noivado, meu pai decidiu poupar para as despesas do casamento o dinheiro oriundo das gorjetas recebidas no cartório. Sem preconceito (ou com), sempre achei curioso que meu pai (como os demais escreventes) recebesse gorjetas, tal qual garçons e barbeiros. De resto, qual era o "aditamento" incluído "a pedido da parte interessada"? Um beijo. É um progresso, em relação à "amizade e estima" que meu avô paterno afirmava dedicar à minha avó. Mas meu pai não ousa dizer a palavra "amor". Nunca o vi dizer "eu te amo" à minha mãe. Nem seria o caso de dizê-lo na minha frente, mas tenho a suspeita de que ele nunca o tenha dito a ela, nem ela a ele, mesmo em privado, por mais que se amassem. "Eu te amo" dizia-se no cinema, não na vida real; "*I love you*", era como se pronunciava.

Da Aclimação meus pais mudaram para a rua Santa Adelaide (depois rebatizada Lincoln de Albuquerque), bairro das Perdizes, onde eu viria a nascer. Terminara o exílio na Aclimação; começara o período em que, embora ocupando quatro diferentes casas, não deixaríamos as Perdizes senão por um curto intervalo. Escrevo *as* Perdizes porque era assim que dizíamos, e não *em* Perdizes, como se passou a dizer em anos recentes. Dizer *em* Perdizes para mim foi modo introduzido por forasteiros, não por moradores da velha cepa, e me soa pernóstico como dizer "em França" ou "em África". A rua Santa Adelaide tinha apenas duas quadras, entre a avenida Água Branca (depois Francisco Matarazzo) e a rua Turiassu. Não posso ter memória de nossa casa, projeto de gente que era na época, mas posso imaginar os móveis que a decoravam. A "caixa" devia ficar logo à entrada se, como imagino, servia ao depósito também dos casacos das visitas ao chegar. Consta que naquele tempo fazia mais frio em São Paulo do que hoje. Seguiam-se, em seus respectivos domínios, os conjuntos de sala de jantar e sala de visitas. O sofá e as poltronas que compunham a sala de visitas eram recobertos de palhinha, no encosto e nas laterais. A mesa da sala de jantar, retangular, com duas tábuas para aumentar-lhe o tamanho, tinha as bordas recortadas em vaivéns sinuosos.

Os móveis todos, de uma e outra sala, eram escuros e sóbrios; eu diria até austeros, e creio dizer bem, porque casamento era coisa séria, que pedia austeridade; não tanto quanto no século XIX, mas em todo caso ainda austeros, sem espaço para cores vivas, vermelho, verde, amarelo, ou toques de humor. O sofá e as duas poltronas lhes foram dados por meus avós paternos, como presente de casamento; a mesa e as cadeiras da sala de jantar, assim como os dois bufês que a complementavam, pelos avós maternos. Minha mãe foi a última a casar, entre seus irmãos e irmãs, e ao contrário dos que a precederam não recebeu móvel feito pelas mãos de meu avô ou na sua fábrica. Em 1942, ano do casamento dos meus pais, meu avô completou sessenta anos; já teria fechado ou vendido a fábrica. Tanto o conjunto da sala de jantar quanto o da sala de visitas se eternizaram nas sucessivas casas de meus pais. Nunca foram substituídos, nem relegados a cômodo secundário da residência. Os únicos intrusos que se imiscuíram entre eles foram peças de papel secundário, como mesinhas, de canto ou de centro. Bem mais tarde, lá pelos anos 1990, quando meu pai já falecera, minha mãe pôde agregar a seu mobiliário uma peça oriunda da marcenaria de seu pai. Era uma bonita cristaleira, que lhe coube em seguida à morte de uma das irmãs. Essa cristaleira agora está comigo.

4. Sem sofá

Faltava um sofá, na casa de meus avós maternos. Tanto a sala de jantar, só esporadicamente frequentada, quanto a copa, que fazia as vezes de lugar de estar, eram dominadas por uma mesa. Em um e outro ambiente não havia nem espaço para sofás. Transporto-me para minha infância e vejo-me deitado sobre duas cadeiras da copa, uma encostada à outra; minha mãe senta-se numa delas, e eu tenho a cabeça pousada em suas pernas. É uma noite de domingo e estamos aqui desde o almoço. Estou sonolento, e o jeito de aplacar o desejo de esticar-me foi juntar as duas cadeiras. Também não havia poltronas na casa. As cadeiras de que falo são as que se distribuíam em torno da mesa, cadeiras de sentar para comer, não de relaxar o corpo. Além delas havia uma cadeira de balanço e outra de tão singular natureza que não ouso chamar de poltrona, ambas na sala de jantar. Na cadeira de balanço meu avô costumava ler o jornal. A outra seria boa para brincar, mas oferecer conforto aos adultos não era o seu forte; tinha encosto, dois longos braços e o assento era deslizante — para a frente, para trás. Em contrapartida, o assento, coberto por fina almofada de espuma, era duro, e os braços, sem cobertura de qualquer tipo de estofamento, nem de um simples tecido, só oferecia sua pura e nua madeira escura para o conforto, ou desconforto, de quem se instalasse no bizarro objeto.

As cadeiras da copa eram rústicas como costumam ser as peças de um ambiente que não passa de prolongamento da cozinha. As da sala de jantar, parceiras da mesa da qual falei no capítulo 2, procuravam situar-se numa categoria mais alta, com seu espaldar almofadado e seus pés torneados, mas devo admitir que não são as criações mais felizes de meu avô. Sobraram-me dois exemplares, que mantenho em meu quarto; servem para pendurar roupas, nada mais que isso. Quando não há o que pendurar em sua corcova, resta-lhe o papel melancólico de cadeiras solitárias, desvinculadas da mesa que lhes dá sentido. Flagradas nessa condição podem adquirir forte carga emocional, como a cadeira de Van Gogh, amarela, com um assento de palha trançada sobre a qual o artista pôs um cachimbo. É uma cadeira que fala de humildade, de pobreza, de solidão e de tristeza.

Na noite a que me refiro, esticado sobre as cadeiras e com a cabeça no regaço de mamãe, experimentava as delícias da hora em que ainda não se dormiu mas já não se está acordado; as vozes vão ficando longínquas mas ainda assim uma ou outra frase se destaca e chega intacta à consciência. Minha mãe diz: "Sabe que achei até mais gostoso agora do que no almoço?". Acabávamos de jantar e o prato que comemos foi o mesmo macarrão do almoço; era assim, nos domingos em que esticávamos a permanência na casa dos avós até a noite — requentava-se no jantar a comida do almoço. Minha mãe conversava com minhas tias, as três solteiras, que moravam na casa. Não sei se minha avó já tinha morrido; se viva, também estaria em torno da mesa da copa. Não os homens; estes estariam na sala de jantar, falando de trabalho, de política, de carros ou de futebol, e fumando. Na família era assim: homem com homem, mulher com mulher, ao se formarem as rodas de conversa. Minha tia Lia quase se desculpava quando eu, já adulto, chegava para cumprimentá-la pelo aniversário e só havia mulheres: "Hoje você vai ter de ficar aqui conosco. Não tem nenhum homem para você conversar".

Dificilmente uma comida requentada para o jantar será mais gostosa do que a servida fresca no almoço, mas mamãe era assim, gentileza dela — gentileza e condescendência com a cultura de escassez dos imigrantes. Mais um pouco e o sono me impedirá de ouvir a conversa, mas sou capaz de adivinhá-la: há tantas insistências e recorrências nas conversas entre mamãe e as tias que me é possível classificá-las em alguns padrões. Um deles é o que começava com "Você se lembra?". Falava-se, digamos, dos comerciantes da rua e minha mãe lançaria no ar: "Vocês se lembram de quando a Elisa perdeu o equilíbrio e entrou de patins na venda do seu Nicola?". Uma das tias completaria: "Ela se espatifou junto à prateleira e derrubou um monte de coisas no chão". Tia Elisa corrigiria: "Não foi um monte", mas também riria da balbúrdia formada em torno do incidente, as embalagens espalhadas no chão, os fregueses assustados, seu Nicola a surgir de detrás do balcão para repreender a menina estabanada e desfazer a desordem. Mais risos, pausa. Minha mãe dá um suspiro e conclui, nostálgica: "Tempinho bom".

Ou então, num dia chuvoso, ao observar o guarda-chuva da tia que chegava, outra tia perguntaria: "Vocês se lembram de quando o S. e o B. abriram os guarda-chuvas dentro do cinema?". S. e B. são meu pai e seu irmão gêmeo. "Eles ganharam guarda-chuvas de presente e não perderam tempo em usar", esclareceria minha mãe. Todas riem, como se pela primeira vez travassem conhecimento de uma história já contada mil vezes, trocam comentários, falam da bagunça que reinava nas matinês frequentadas por jovens e adolescentes e para concluir minha mãe dirá, ainda uma vez: "Tempinho bom". Minha mãe tinha o vezo de considerar bom mesmo o tempo de menina ou de solteira. Fosse um pouco mais encucado do que já sou, consideraria que a culpa pelo fim do "tempinho bom" foi de minha equivocada decisão de nascer. Consola-me a consciência de que ela não demonstrava nenhum desconforto com o tempo presente. Minha mãe tinha nas tias as interlocutoras ideais para voltar ao passado e, a cada "você se lembra?", esforçava-se para encontrar um outro na memória, para esticar o assunto que tanto a deleitava.

Vez ou outra a conversa recaía sobre cinema e então enveredava por um outro padrão. Tia Lia era quem puxava o assunto, pois era quem mais ia ao cinema — o Ipiranga, o Art Palácio, o Metro, ou então, sem precisar tomar o bonde, o Santa Cecília ou o São Pedro. O padrão residia na expressão das dúvidas sobre os atores ou atrizes de determinado filme. "Ele era Humphrey Bogart. Não me lembro quem era ela", dizia-se. Ou então: "Ela era a Paulette Goddard. Não me lembro quem era ele". Os filmes eram sempre estrelados por um "ele" e uma "ela", e não sem razão: os filmes de inebriantes idílios — *Suplício de uma saudade*, *Tarde demais para esquecer*, *Rebeca, a mulher inesquecível* — eram os que provocavam as maiores filas nos cinemas e as melhores cotações na "Bolsa de Cinema" em que o jornal *Folha da Manhã* pesquisava a opinião dos espectadores. Sonhariam minhas tias solteiras com paixões como as das telas? Corria na família que tia Elisa tivera um namorado, um certo Alfredo, mas me é difícil acreditar; das três, era a mais reservada, a mais apagada, a mais retraída e, ainda por cima, nem ia ao cinema — detestava sair de casa.

Tia Lia, ao contrário, gostava de sair (de "bater perna", elas diziam), de festa, de cinema, era expansiva, faladeira; seria a candidata mais verossímil a ter tido um caso de amor. Pelo que às suas costas confidenciava minha mãe, foi porém um caso perdido no quesito relações amorosas. Abordada por um pretendente, qual foi sua reação? — e minha mãe sorria, maliciosa, falando baixo, para entendermos que contava um segredo. "Ela quis que ele lhe apresentasse a carteira de identidade!" Ora, na primeira página dos manuais de sedução está escrito que cometeu erro capaz ao mesmo tempo de desconcertar o enamorado, quebrar o encanto e matar-lhe o desejo. Imagine-se o espanto, o desaponto e a decepção do moço ao se ver confrontado com a exigência. Teria ele obedecido? Teria se indignado? O fim da história é desconhecido. Quanto à tia, que diabos teria a fazer com a carteira de identidade? Ir à polícia investigar os antecedentes do rapaz? E imaginava que, enquanto corresse a investigação, ele esperasse, conformado e impedido de qualquer avanço? Tia Lia viveu virgem os 96 anos que lhe couberam. Posso garanti-lo pelo que me contou minha irmã, a quem coube acompanhá-la, já em avançada idade, a uma consulta ao ginecologista. Na sala de espera a tia pediu: "Não se esqueça de avisar ao médico que sou virgem".

As conversas tias-mãe, repetitivas, minuciosas, excelentes para embalar o sono, eram salpicadas — eis um terceiro padrão — de comentários apanhados no arquivo das frases feitas. Comprou-se um artigo que logo se deteriorou? "O barato sai caro." Ficaram sabendo da morte inesperada, em plena força da idade, de um conhecido? "Para morrer basta estar vivo." Alguém, demitido do emprego, alcançou sucesso maior num negócio próprio? "Há males que vêm para bem." Toca o telefone e quem chama é a pessoa da qual se estava falando? "Ela não morre mais." Ocorre-me um diálogo em que o evento é dispensável; basta a sabedoria do comentário:

— Santo de casa não faz milagre.

— Sim, o que não tem remédio remediado está.

— Mas da vida nada se leva.

— Além disso, gosto não se discute.

— E uma coisa é certa: Deus escreve certo por linhas tortas.

Doces tias, importantes tias na minha vida! Tia Carla era a quinta da irmandade de nove e a mais velha das três solteiras; tia Elisa vinha em seguida e tia Lia era a caçula das nove, sendo minha mãe a segunda mais nova. Carla tinha fama de brava com os sobrinhos mas comigo era boazinha. Ela me deu o primeiro número de *O Pato Donald* e nas semanas seguintes continuou a comprar-me a revista. Tia Elisa, no meu quarto aniversário, me presenteou com o livro *Reinações de Narizinho*, no qual após uma dedicatória em que enviava, em acréscimo, "muitos beijinhos". Guardo até o hoje o exemplar, que considero o de número um de minha biblioteca. Tenho-o à mão neste momento, as páginas meio soltas, difíceis de manipular. Trata-se da 11ª edição (Companhia Editora Nacional, 1945) e na capa, hoje recoberta por um improvisado plástico transparente, grosseiramente preso por durex nas dobras (resultados de meus lastimáveis recursos de conservador de livros) aparece a menina Narizinho de olhos fechados enquanto de pé conversam, um sobre o seu nariz, outro sobre a testa, o Príncipe Escamado e o Doutor Caramujo.

Ainda ouço a voz de tia Elisa a me contar a história de como a boneca Emília, até então muda, disparou a falar depois de engolir as pílulas falantes do Doutor Caramujo. Tanto falou que Narizinho, atordoada, perguntou se não era melhor fazê-la vomitar a pílula. Abro o livro e como naquele distante dia me impressiona a sabedoria do grande médico, ao dizer à menina que não se preocupasse, logo a falação terminaria: "Isso é fala recolhida, que tem de ser botada para fora". Fala recolhida é o que minha mãe e as tias botavam para fora quando se reuniam. Memória recolhida é o que tenho despejado nestas páginas nos últimos meses.

Com a morte de minha avó, tia Carla assumiu a cozinha e o comando da casa, não sem antes advertir à implicante irmã caçula: "Se você reclamar da comida como reclamava da mãe, vai comer em outro lugar". "Mãe" era como minha mãe e as tias referiam-se à minha avó, não "mamãe", como eu e minha irmã nos referimos entre nós à nossa mãe. Tia Carla era brava até com meu avô. Ela o controlava para que não desrespeitasse a ordem médica de não tomar bebidas alcoólicas e queixava-se de que, impedido de fazê-lo em casa, ele praticava a transgressão no bar da esquina. Nesse bar, também frequentado por meu pai e meus tios, bebia-se de pé, encostado ao balcão de azulejos em meio a uma clientela de gente rude; o bairro estava começando a ficar "mau frequentado", dizia meu pai, e alguns tipos suspeitos marcavam presença. A fumaça dos cigarros misturava-se no ambiente à da fritura dos sanduíches na chapa e, ainda por cima, o estabelecimento oferecia como tira-gosto ovos cozidos com casca pintada de vermelho, mas meu avô pouco se importava.

Pegava o chapéu, deslizava escada abaixo e voltava exalando o bafo que o denunciava junto à tia controladora.

Tia Carla não era para ter terminado nessas funções; estudara piano no Conservatório, e quem dedica parte de seu tempo à música supõe-se que tenha acalentado outros projetos na vida. Corria na família que tinha sido aluna de Mário de Andrade, a quem as tias se referiam com reverência, mesmo sem saber bem quem era. Por um tempo houve um piano na casa do avô e das tias, mas nunca ouvi tia Carla tocar. O piano jazia mudo, encostado a uma das paredes da sala de jantar. Da passagem da tia pelo Conservatório restou nos guardados da família seu álbum de formatura, pelo qual se fica sabendo que ela integrou a turma de 1936, ano em que completou 22 anos. O álbum é uma rebuscada peça, na verdade uma caixa de madeira, que poderia passar por um tabuleiro de xadrez dobrado em dois. Abre-se a caixa e se tem à esquerda a foto da tia, bonita, colorida, em tamanho grande, sobre um fundo de veludo azul (veludo mesmo; o fundo é de pano) e emoldurado por um cordãozinho também de pano, trançado, e, à esquerda, três páginas com as fotos pequenas, tamanho 3×4, dos professores e do conjunto dos formandos.

O paraninfo da turma, fica-se sabendo ao examinar os retratinhos, foi o maestro Sousa Lima, figura de destaque no panorama musical da época. Os formandos são 161, cinco dos quais descritos com a qualificação de "concertista", um como "magistério" e os demais 155 pelo instrumento estudado. A esmagadora maioria (147) formou-se em "piano". Sobram oito gatos-pingados que preferiram o "canto" (três), o "violino" (dois), o "piston" (um), o "clarinete" (um) e o para mim misterioso "parcelado de piano" (um). A turma da minha tia confirma a praga do "pianismo" que segundo Mário de Andrade assolava as classes médias de então, com destaque para as mulheres, atingidas por um tsunami: apenas três dos formandos na categoria "piano" eram homens. Nada menos que 144 mulheres pianistas foram naquele ano de 1936 despejadas no mercado pelo Conservatório Musical e Dramático de São Paulo, se mercado houvesse e se, em havendo, houvesse das diplomandas interesse em integrá-lo. Observo o retrato de minha tia no álbum e confirmo a impressão de que ela tinha um olhar triste. Ela sorri, na foto, e o sorriso também é triste.

Tia Elisa, a segunda das solteiras, era doce, ingênua, crédula, baixinha e risonha. Era a mais mansa, mais frágil e quem menos dava palpite na família, mas detinha o poder sobre o rádio da casa, que alcançava trepando numa cadeira, pois ficava numa prateleira acima das possibilidades de sua estatura (era a mesma prateleira na qual, décadas antes, minha avó alinhava os pães para serem consumidos, um a cada dia da semana). A rádio que a tia sintonizava era a Gazeta, para ouvir árias de ópera e canções napolitanas. Lembro dela sempre que ouço o "Brindisi" de *La Traviata*; ela costumava cantarolá-lo. Ao meio-dia a rádio Gazeta levava ao ar um apito de sirene, longo, estridente, vigilante, autoritário, igual ao apito das fábricas. São Paulo era, de acordo com um dos epítetos ufanistas do período, "o maior centro industrial da América Latina"; daí que fosse justificável a Gazeta juntar seu apito ao coro de apitos à mesma hora disparado nos bairros fabris do Brás e da Mooca.

Tia Elisa também tinha a seus cuidados os poucos livros da casa; era ela a que mais gostava de ler. Os livros ficavam guardados num armário fechado, de madeira escura, e baixo, mais apropriado para louças e pratarias. Entre eles havia as obras completas de Humberto de Campos, em muitos volumes (como escreveu, esse pobre operário das letras!), encadernados e com capa azul. Já velhinha tia Elisa perguntou se eu queria ficar com a coleção e eu quis; de início, meio com vergonha, alojei o Humberto de Campos, antes tão popular, agora fora de moda, escondido atrás das obras completas de Machado de Assis. Mais recentemente perdi a vergonha e deixei-o exposto. Tia Elisa também gostava de Vicente de Carvalho e sabia de cor o fecho de seu famoso soneto sobre a felicidade:

Existe sim: mas nós não a alcançamos
Porque está sempre onde a pomos
E nunca a pomos onde nós estamos.

Num aniversário, tia Elisa me deu o livro *Poemas e canções* (Editora Saraiva, 1962), enfeixando a obra do poeta. Essa tia não gostava do dia a dia da cozinha. Deixava-o a cargo de tia Carla e, quando esta morreu, de tia Lia. Mas, quando lhe dava na telha (a expressão é típica da família), era ela quem produzia a rosca ou a *cepola*, de que já falei (capítulo 2); eram especialidades suas.

Tia Lia, a caçula, era costureira. Ao terminar o primário foi trabalhar, menina, como ajudante da mais velha das irmãs, já exímia no ofício, e se tornou ainda mais exímia. Quando minha pequena pessoa irrompeu no convívio da família, ela reinava no quartinho que ficava ao fundo do terraço, apartado dos demais cômodos — o "quarto de costura", como era universalmente conhecido. Ali, pés no pedal, mãos a comandar a direção do tecido que ia sendo picado pelo frenético martelar da agulha, ela operava sua máquina Singer com a destreza de um campeão do automobilismo, num ambiente entulhado de tecidos, moldes, roupas já prontas ou em andamento, botões, linhas, retroses e carretéis. Ouvia nesse ambiente dois verbos que até hoje me desafiam — chulear e cerzir — e me entretinha com dois objetos fascinantes, que em acréscimo à sua utilidade para a tia também serviam para brincar: o ovo duro de madeira que se colocava dentro da meia para mantê-la esticada enquanto se reparavam seus furos e o pesado ferro em forma de ferradura que, com seus poderes de ímã, recolhia os alfinetes e agulhas desgarrados pelo chão.

Havia também, entre outras peças do arsenal da tia, dedais, almofadinhas de espetar agulhas, metros (na forma de bastões inteiriços, próprios para medir tecidos, não dos dobráveis), carretéis com linhas de diferentes cores e retalhos de diferentes tamanhos, às vezes espalhados pelo chão qual bandeirinhas ao fim da festa de São João. Quando me apaixonei pelo futebol de botão descobri na caixa em que a tia depositava os botões descartados um celeiro de craques. Havia-os de todos os tamanhos, cores e consistências. Os de osso, grandes, próprios para capas e sobretudos, eram os melhores para o jogo.

Nas tardes de domingo jogava-se buraco e, depois, a evolução do buraco, chamada canastra, na casa da Vitorino Carmilo. Também se brincava de telefone sem fio ao redor da mesa da copa e aí as crianças participavam. O engraçado era quando a palavra chegava distorcida ao ponto final. Tia Elisa já então não ouvia bem de um dos ouvidos e pedia para que a palavra lhe fosse soprada no ouvido bom. Com os anos ficaria bem pior, assim como tia Lia e minha mãe — a surdez herdada de meu avô fazia seus estragos entre as filhas. O telefone sem fio praticado na família me surgiu agora mesmo à memória, isso não me ocorria (não creio exagerar) desde que pela última vez participei do jogo, teria quatro ou cinco anos.

A memória mora numa caverna que, iluminada num canto, reflete noutro, e deste noutro e noutro. Um dos fachos ilumina tia Carla a dizer, a respeito do jogo de futebol: "Me dá uma aflição saber que eles não podem pegar a bola com a mão!". Outro flagra tia Elisa diante do mamão da sobremesa: "Gosto assim mesmo, com as sementes". Outro, derramado sobre tia Lia e seu mundo, no quarto de costura: "Já vou...". Tia Carla acaba de avisá-la que alguém a chama ao telefone e ela se apresta para atravessar o terraço e ir atender. São bagatelas sem data, fragmentadas, inclassificáveis, inverificáveis, surgidas da névoa indistinta da infância, e por isso vizinhas da eternidade. "Tudo está como devia ser, nada vai mudar, ninguém vai morrer nunca", escreveu Nabokov ao recriar um momento desses da infância. As tias têm protagonismo absoluto nas lembranças da Vitorino Carmilo, e não meus avós, que afinal eram os donos da casa — meu avô porque era surdo e minha avó porque falecida quando eu era pequeno.

Do dia em que minha avó morreu já contei a conversa em que minha mãe disse que agora não tinha mais medo de morrer. Dou-me conta de que ela tinha então incríveis 31 anos. Tia Carla tinha 37, tia Elisa, 35 e tia Lia, 29. Esse casulo feminino que envolve minha primeira infância era um mundo de jovens e eu não sabia! Ouço ao longe, cada vez mais longe, agradavelmente ao longe, abafadas progressivamente pelo avanço das ondas de sono, as vozes de minha mãe e das tias, e a sensação, enquanto me espicho sobre as duas cadeiras improvisadas em cama, é de proteção e carinho. Este é o meu lugar, sinto-me aqui seguro.

Com as tias paternas tive convivência muito menor. Eram duas, as solteiras; vestiam roupas escuras, saias até os tornozelos, tinham os cabelos presos e calçavam sapatos pesados e fechados como os masculinos. Eram "muito católicas", como se dizia na família — o que deixa subentendida a existência das categorias "pouco católica" e "médio católica". Pouco católico seria o meu pai, que não ia à missa, e médio católica (talvez seja melhor dizer só "católica") era minha mãe, que ia à missa aos domingos mas não vivia nos outros dias da semana entre padres e rezas, como as tias. Tia Cá e tia Lá, esses os seus nomes, tinham cada uma o seu nicho de militância religiosa. O de tia Cá, a mais moça, era a igreja do bairro, a de Santa Cecília; o padre Lino, de que tanto falava, era seu chefe nas tarefas que desempenhava na paróquia. Tia Lá, dois anos mais velha, deixava todo dia o apartamento da rua Martim Francisco em direção ao distante bairro do Ipiranga, onde servia na administração de uma instituição católica para crianças carentes e frequentava a igreja. A diretora da instituição, dona Lélia, estava para tia Lá como o padre Lino para tia Cá. O destino das duas me faz lembrar o das filhas solteiras das famílias nobres que eram encaminhadas aos conventos. Minhas tias não eram nobres nem viraram freiras. Viviam na casa dos pais, sem regras de ordem religiosa a obedecer, mas eram quase-freiras.

Tia Cá era a ajudante de ordens de minha avó. "Cá, vá buscar o açucareiro, só vieram as xícaras e o bule", diria minha avó. "Cá, mostra para eles o cartão--postal que recebemos das primas", "Cá, acompanhe-os até a porta", "Cá, liga para a Alice, cumprimente-a pelo aniversário em meu nome". O natural pendor à autoridade de minha avó sobressaía no trato com essa tia. O natural pendor da tia à obediência sobressaía nos serviços que prestava à minha avó. Por ordem de minha avó ela mantinha uma caderneta onde registrava, mês a mês, as datas de aniversários de familiares e amigos. Isso explica a infalível dedicação de minha avó e de tia Cá, às vezes tia Cá em nome da avó, e depois da morte da avó só da tia Cá, aos telefonemas de parabéns. Quando morreu a tia, ao saber da caderneta, quis ficar com ela. É daquele tipo usado na época nos empórios e padarias para anotar as despesas que os fregueses saldariam no fim do mês ("freguês de caderneta" é expressão que sobrou daquela prática). Está encapada com um papel de embrulho em que, sob um fundo escuro, desenham-se borboletas de variadas cores.

Abro a caderneta no mês de janeiro e acompanho, dia por dia: 1 — Clotilde; 2 — Fontoura; 3 — Vitor Imazava; 4 — Tiloca; 6 — Márcia Morimoto; 7 — Cícero, M. Antônia Matheus; 8 — Téa, Geralda; 9 — José Roberto (Alice); 10 — Eneri. E assim vai, até dezembro, com um formidável número de gente a cumprimentar, ou visitar, ou mandar presente, quase todos os dias do ano preenchidos com algum nome, muitas vezes mais de um. A letra de tia Cá é redondinha, claríssima. Mas o melhor da caderneta é que, além da função de *aide-mémoire* dos aniversários, ampliou-se para outros registros. Há uma página em que está escrito: "Papai e mamãe casaram-se a 17-5-1881". A mesma letra redondinha atesta que quem escreveu foi tia Cá, mas o "papai e mamãe" em questão são os pais de minha avó. Segue-se a lista dos filhos do casal, ou seja, dos irmãos da minha avó, com as respectivas datas de nascimento e, para os já falecidos, de morte. Vale a pena enumerar seus nomes, eles dizem muito, conforme venho insistindo, de determinada época e determinada classe social: Lazinha, Otávio, Nhozinho, Lupércio, Plínio, Nenê, Juquita, Vilma. Lazinha, Nhozinho, Nenê e Juquita são característicos do ambiente rural em que nasceu minha avó.

Se em casa a obediência de tia Cá era para com a mãe, na igreja voltava-se para o padre Lino. A igreja de Santa Cecília, inaugurada em 1901, no lugar onde desde quatro décadas antes havia primeiro uma capela de madeira, depois uma de alvenaria, foi o segundo lar dessa tia. No tempo da primeira capela o lugar era um ermo "por onde só passavam tropas de burro, boiadas, cavaleiros a caminho de Campinas, rumo àquele pouso último que era a Água Branca" (Leonardo Arroyo, *Igrejas de S. Paulo*). Na época da inauguração da igreja já se havia enobrecido, como ponto de convergência dos bairros chiques dos Campos Elíseos, ao norte, e Higienópolis, ao sul, sem contar a classe afluente que se alojou também no bairro a que a igreja emprestou o nome. A freguesia rica possibilitou uma decoração interna que contou com o melhor pintor disponível na época para esse tipo de serviço, Benedito Calixto, autor de um ciclo sobre a história de santa Cecília, no altar, e, nas laterais, painéis com a conversão e o martírio de Pedro Correia, do grupo de jesuítas fundadores da cidade de São Paulo.

Minha tia era "filha de Maria" e, como tal, assistia à missa em lugar privilegiado, nos primeiros bancos, uma fita azul a cruzar-lhe o peito. Sua voz era firme e forte, sem medo nem vergonha de sobressair-se, quando respondia aos comandos do padre, o que me parecia uma incongruência em pessoa tão submissa em casa. Seria o lugar de soltar-se, de ser mais ela, assim como, para outro tipo de temperamento, o lugar de soltar-se seria o salão de baile. Um dia a liderança da tia no coro das fiéis foi desafiada por uma rival que ousou levantar a voz acima da sua. Tanto se repetiu a situação que a tia, ultrajada, chamou a atenção da atrevida. Ao término da missa, as duas já na calçada, a outra veio lhe tirar satisfações. Quem era a tia para ousar calar-lhe a voz, de que direitos se arrogava possuidora? Porventura, no coro de anjos a festejar o Senhor no céu, uns valeriam mais que os outros? A desconhecida vinha resoluta e a expressão corporal era de quem não estava para brincadeira. A tia só escapou do pior porque encontrou modo de, em meio ao início de escândalo na via pública, deixar a cena.

Nas visitas aos domingos de manhã, nós, os sobrinhos, éramos acolhidos pelas tias no quarto delas, enquanto os adultos se entretinham na sala de jantar com nossos avós. Tia Cá ainda se dividia entre o quarto e a sala, atenta às necessidades de minha avó, mas tia Lá dedicava-se toda às crianças. Tinha cara de boazinha, voz de boazinha, jeito de boazinha, e, sentada em sua cama, inventava jogos para nos entreter. Ficou-me na memória o dia em que entoou a canção "Jacaré comprou cadeira, não tem bunda pra sentar", e me deixou aturdido. Como é que ela se permitia pronunciar a palavra "bunda"? Não era uma palavra feia? Não era pecado? Minha irmã pedia para tia Lá abrir a porta do guarda-roupa da vovó, no quarto vizinho, e deslumbrava-se com os vestidos, os chapéus, as luvas. Em certas ocasiões — aniversários de seus irmãos, aniversários de casamento — tia Lá escrevia pequenos textos comemorativos; sua escrita me parecia fluente e bem-humorada. Pena que nenhum desses textos tenha sobrado, para verificar se minha impressão era correta.

Se a vida fora de casa de tia Cá, desenvolvida numa igreja que nos era familiar, era fácil de acompanhar, a de tia Lá, no distante Ipiranga, encobria-se de mistério. Nunca fui, e ao que eu saiba nem meus pais foram, vê-la na Fundação Nossa Senhora Auxiliadora, criação do conde (papal) José Vicente de Azevedo, que polinizou o bairro do Ipiranga, onde possuía extensas terras, com diferentes instituições católicas. Falava-se do conde e da família Vicente de Azevedo, na casa de meus avós, com grande respeito. Procuro na internet informações sobre o conde e caio na página de um Museu Vicente de Azevedo. Um texto introdutório, de autoria do geógrafo Aroldo de Azevedo (autor de meus livros de geografia no ginásio), afirma que o homenageado tinha um olhar "manso e calmo", "vestia-se sempre de negro, com jaquetão e colete impecáveis" e "nos derradeiros anos de sua vida, ombros recurvos, dava a impressão, a quem o via passar pelas ruas da cidade, que se encontrava permanentemente prostrado perante Deus, em ininterrupta oração".

Há uma curiosa coincidência entre essa descrição do conde em seus últimos anos e minha tia. Ela também viveu os últimos anos recurvada. Um problema de coluna, que se recusou a tratar, deixou-a cada vez mais arcada, de tal forma que ao final andava com o rosto apontado para o chão. Prostrava-se perante Deus de modo que adivinho ainda mais enfático do que o fundador da instituição a que servia, mas tia Cá tinha versão mais prosaica para o fenômeno. Segundo confidenciou à minha mãe, tia Lá deixou de fazer refeições dignas desse nome desde que minha avó morreu, e passou a alimentar-se só de "porcarias". Foi por isso, segundo o diagnóstico de tia Cá, que tia Lá "ficou corcunda". Tia Cá, de seu lado, foi vitimada por doença nervosa que a fez socorrer-se de tratamento psiquiátrico. A cabeça a afligia como um apêndice supurado. Uma vez me disse: "Você trabalha com a cabeça, não é?", e fez uma cara de nojo, que horrível provação lhe parecia, ou lhe pareceu naquele momento, pôr a cabeça a trabalhar!

Teriam minhas tias alguma vez questionado a opção (ou o destino?) de enfiar-se em roupas escuras e levar uma vida voltada não para este mundo, mas para outro, eventual e futuro? Teriam alguma vez se abalado ao pensamento terrível de que esse Deus talvez não existisse? Meu pai as provocava. Uma vez disse na casa delas que, caso se provasse a existência de vida em outros planetas, cairia por terra todo o edifício do cristianismo. As tias reagiram com sorrisos condescendentes. Não eram de brigar — pelo menos não por isso, ou com o irmão mais novo. Tia Lá era um ano e três meses mais velha que tia Cá. Nascidas no interior, uma tinha doze e a outra onze anos quando a família mudou para São Paulo. Ainda nò interior, uma com cinco e outra com quatro anos, vivenciaram a tragédia da morte da irmãzinha de dois anos, afogada na fonte, ou tanque, existente na praça em frente à casa em que moravam, conforme contei no capítulo 1. O episódio teria influência no caminho que vieram a percorrer? "Elas são freiras laicas", disse uma vez um dos irmãos mais velhos de meu pai, como se fizesse uma confidência. Especulo se não fariam melhor se tivessem ingressado em alguma ordem religiosa, em vez desse meio caminho de "freiras laicas".

Minha mãe e minhas tias maternas gostavam de carnaval, atestam fotos de juventude em que aparecem fantasiadas. Numa delas minha mãe aparece muito jovem, sozinha, no terraço da casa da Vitorino Carmilo, vestindo uma saia rodada, escura, com faixas brancas na borda, sustentada por alças que se sobrepõem a uma blusa branca, de mangas curtas bufantes. A saia vai até um pouco acima do joelho, e os pés se abrigam numa bota preta que se alonga até as canelas. Seria uma fantasia de tirolesa, como era voga? De um lado e outro dos cabelos pendem fitas. Minha mãe teria dezesseis ou dezessete anos. Do mesmo dia sem dúvida é a foto em que aparece com a mesma roupa, e agora acompanhada de duas amigas vestidas da mesma forma, as três encarapitadas no paralamas e no capô de um carro, prontas talvez para sair a passeio, talvez ao famoso corso da avenida Paulista.

Outra foto, esta tão magnífica que mandei ampliar e pus num quadro, mostra mamãe, as três irmãs solteiras e duas amigas, todas metidas em iguais fantasias e enfileiradas, os corpos voltados para o lado, os rostos encarando a câmera, os braços esquerdos (os únicos que aparecem) na cintura. Fantasiar-se em grupo ao que parece era uma tendência da época; a saia, talvez cinza ou bege (a foto é em branco e preto), vai até os pés, e a blusa, mais escura, não tem mangas, mas uma manga reaparece no cotovelo, e vai até o punho. Um grosso lenço cobre-lhes o pescoço com um laço e, para completar, um chapeuzinho de dois bicos e duas cores lhes cobre a cabeça. Minha mãe teria agora dezenove ou vinte anos; as tias, entre dezoito e 26.

Falo do carnaval para destacar o contraste entre o grupo materno e as duas tias paternas; estas não se permitiram carnaval (ou não lhes foi permitido?), nem o carnaval casto, diurno, asséptico e "desafricanizado" no qual o principal divertimento era jogar confete e serpentina uns nos outros e o lança-perfume servia para os homens espirrarem nas pernas das mulheres. Nunca me embalei no sono ao som das vozes das tias paternas. Eram boas, mas não eram tias que abraçassem e beijassem a gente, como as maternas. Calçavam sapatos duros e fantasia, para elas, foi a roupa escura que as identificava como servas do Senhor.

5. Cuuuco, cuuuco

O relógio cuco entrou na nossa casa em 1948. Sei disso porque minha mãe dizia e repetia, a nós e às visitas, que ele tinha a idade da minha irmã. Minha mãe nunca diria: "O relógio cuco entrou na nossa casa em 1948". Ela não se localizava no tempo pelo ano do calendário. Para ela, e para muitas pessoas como ela, o ano do calendário era uma abstração, de uso conveniente para historiadores, jornalistas, arquivistas e outros profissionais; a vida prática seria calculada em durações. Por exemplo: "Fulana tem sessenta anos", ela diria, e iria atualizando idade de Fulana, mentalmente, ano a ano. Também diria: "Moro na rua Pará há vinte anos", e igualmente iria atualizando a conta ano a ano. Jamais lhe ocorreu que seria mais fácil gravar na memória o ano inicial de determinado fato e fazer disso seu parâmetro. Talvez não seja mesmo.

Tendo entrado na nossa casa em 1948, quando minha mãe morreu, em 2013, o cuco aproximava-se de respeitáveis 65 anos de serviços prestados. Sua voz, ao sair da casinha para anunciar a hora, me parecia mais fraca, um tanto rouca. Talvez seja impressão, ou meu desejo de humanizar os relógios cucos, o que lhes reforçaria a respeitabilidade própria dos relógios de pêndulo. Tem muita gente que não gosta de cuco. Eles oferecem certos inconvenientes, de que tratarei adiante. Além disso há muito foram descartados do repertório das pessoas de bom gosto, se é que um dia nele figuraram. Mesmo as pessoas de não tão bom gosto já o desconsideram, e eu até concordaria com elas caso se tenha em mente os do tipo com que deparei certa vez a gritar nas paredes de uma loja de Gramado, no Rio Grande — uma multidão de cucos vulgares, absurdamente coloridos, o passarinho enfeitado como para o carnaval, a madeira de segunda ordem, ou talvez nem fosse madeira mas uma vulgar matéria plástica. O da minha mãe era de outra estirpe; tinha o pedigree dos bons produtos austríacos, ou alemães, ou suíços, não sei dizer.

Tanto falei do mundo feminino a envolver-me na primeira infância que parece não ter havido homem à vista. Houve, claro — meu pai. Mas, além de não ter o colo aconchegante, a pele macia, o cheiro acariciante e a voz embaladora das mulheres, ele possuía o grave defeito de ser a pessoa de gravata e paletó que saía de manhã e voltava à noite. A ausência impunha-lhe distância, aumentava-lhe o mistério e reforçava-lhe a autoridade. "Se fizer isso vou contar para o seu pai", ameaçava minha mãe, à iminência de alguma transgressão. Meu pai nem merecia isso; não era dado a castigos nem a broncas desmedidas. Mas contribuía, ele próprio, para a aumentar a distância com o filho ao sentenciar: "Homem não chora". Ora, eu chorava. Vejo-me no banheiro de casa, investigando-me ao espelho, aflito. Eu chorara. Aproximava-se a hora da volta de meu pai e eu procurava no rosto sinais de que incorrera nessa feminina fraqueza. Os olhos estariam ainda vermelhos? Inchados? Eu esfregava água no rosto, como se assim pudesse apagar os vestígios de minha falta.

O banheiro em questão era o da rua Cândido Espinheira, onde se tomava banho "de cano" — preferíamos que a água corresse direto do encanamento, livre da morosidade do chuveiro quando nele acoplado — e o aquecedor era a gás. A casa da Cândido Espinheira, para onde mudamos quando eu tinha quatro anos, é a primeira de que tenho nítida memória. Já morava na mesma rua, na parte baixa do bairro das Perdizes, quarteirão entre Cardoso de Almeida e Monte Alegre, uma outra tia, a mais velha da série materna, aquela que era costureira e com a qual tia Lia foi trabalhar ainda menina. Com o marido e filhos, ocupava uma de duas casas geminadas; a outra, também de propriedade do casal, ela e o marido alugavam. Foi nessa casa, com seu pequeno jardim na frente e quintal nos fundos, como era de rigor, que fomos morar. Meu pai assobiava ao chegar do cartório, e ainda bem que o fazia: se chegasse em silêncio não me daria tempo de disfarçar os olhos inchados. Era um longo e melódico trinado, que começava grave e ia subindo nos agudos, para depois repetir-se, tanto mais vezes quanto melhor estivesse o seu humor, pois o assobio era também uma forma de fazer graça.

Ouvíamos o ruído da chave na fechadura, depois o da porta a abrir-se, e por fim o assobio. Quase sempre ele trazia um jornal, o *Diário da Noite* é o que me vem à memória. Mais tarde assinaria *O Estado de S. Paulo*, mas não deixaria o hábito de comprar na rua um vespertino. Quando tinha de concluir algum trabalho vinha também com um grande e grosso livro, encadernado e de capa escura — o sagrado livro em que se lavravam as escrituras. (Outro dia, jantando com amigos, eles riram quando falei em "lavrar" uma escritura; eu amanheci para a vida ouvindo o verbo correto para esse ato cartorial. Poderia até, para exibição ainda mais cabal de minha erudição no assunto, citar as palavras com que se iniciavam tais peças, tantas vezes ouvi meu pai recitá-las, entre irônico e sabichão: "Saibam todos quantos esta pública escritura virem que no dia tal, mês tal, do ano tal do nascimento de Nosso Senhor Jesus Cristo, nesta cidade e capital de São Paulo, perante mim, escrevente habilitado..." — e daí seguia, com descrição das partes e do objeto da transação por meio da mesma prosa tortuosa e das fórmulas que ecoam as Ordenações Filipinas.)

O assobio era uma forma de meu pai convocar a família ao seu redor, a começar por minha mãe. Raramente ela não estaria em casa. Quando tinha saído e chegava depois dele, ouvia: "Muito bonito, hein? Marido em casa, mulher na rua". Minha mãe ria. Meu pai não frequentava a cozinha. Nunca o vi lavar um prato e duvido que soubesse fazê-lo. Mas quando eu era bebê ajudou minha mãe a passar fraldas, sob uma condição, segundo ela me confidenciou: que não contasse a ninguém. Meu pai, já disse, era homem de seu tempo e sua classe: a participação nas tarefas domésticas seria sinal de fraqueza nas rodas masculinas. Seu contato com a empregada era raro, mas se ela ousasse dar um palpite ou fazer um comentário em assunto da família, ele diria que era "confiada". Fumava quase um cigarro atrás do outro, lembro as marcas Luís XV e Hollywood (mais tarde, na era do filtro, Minister), e para entreter as crianças soltava a fumaça em forma de rosquinhas. Minha mãe convivia com a fumaça até no quarto de dormir, mas não ligava; ninguém ligava para a fumaça ou o cheiro do cigarro.

No geral meu pai era bem-humorado. Um de seus números era imitar a conversa dos sírios que ouvia no cartório. Uma vez, na casa de meu avô materno, para fazer graça diante de minha mãe e das tias, ele apanhou um chapéu do vovô, pôs na cabeça (meu pai não usava chapéu), trepou numa cadeira e, com fisionomia brava e gestos enfáticos, pôs-se a discursar com sons guturais que em sua cabeça passavam por árabe. Meu avô chegou de surpresa, meu pai se envergonhou e interrompeu a encenação. Também imitava o Magro, do Gordo e Magro, nas situações em que, constrangido, coçava a cabeça e fazia cara de choro, e passava trote nos familiares cobrindo o bocal do telefone com um lenço, para disfarçar a voz. Mas havia momentos em que ficava nervoso e chegava às explosões. Uma vez, na Ilhabela, já irritado com uma manhã inteira entre os famosos borrachudos que infestavam o local, exasperou-se no almoço porque no restaurante só havia frango — prato que abominava — e abandonou intempestivamente a mesa, partilhada com tios, tias, amigos e crianças. O clima ficou pesado; ele sumiu e só reapareceu horas depois.

Meu pai desenhava patos. Era a única coisa que sabia desenhar ("sabia" é modo de dizer), um pato com múltiplas dobras na cauda; eu seria capaz de atribuí-lo sem hesitar a meu pai em meio a uma coleção de desenhos de patos. Achava que melão, só o espanhol. Bafejava os óculos antes de limpá-los, e ria até as lágrimas diante de tombos desajeitados. Tenho na cabeça uma cena em que, em conversa com tio Luís, marido de tia Donatela, tirou a caneta do bolso e afirmou, orgulhoso: "Esta é a minha ferramenta! Minha única ferramenta de trabalho". Vejo aí um eco de Nhô Álvaro, seu avô: "Tive 149 descendentes — e estas mãos nunca trabalharam". Ah, os atavismos! Meu pai manifestava orgulho de não trabalhar com as mãos, e isso bem na casa de meu avô marceneiro. Em minha mãe o atavismo era o da filha de imigrantes. Não gastar, não desperdiçar, nunca jogar comida fora, estes os seus imperativos. Minha irmã fechava a boca na hora das refeições, implicava, fazia birra, recusava cada colherada. Para fazê-la comer só com muita paciência, contando histórias, e muitas vezes nem assim. "Você vai desmaiar de fome na escola", desesperava-se minha mãe, "e eu vou morrer de vergonha." Minha mãe apavorava-se com a ideia de que viessem a considerá-la incapaz de alimentar a filha.

O relógio cuco foi gloriosamente entronizado em nossa sala de jantar, o cômodo mais amplo e ponto fulcral da casa da Cândido Espinheira. Digo "gloriosamente" porque, nas moradias subsequentes, veio a conhecer sucessivos rebaixamentos; no apartamento da rua Pará, em que minha mãe morreu, foi relegado à cozinha. Na Cândido Espinheira, no auge de uma voz jovem e cristalina, ele pautava nossa vida. Já disse que a casa tinha um pequeno jardim na frente. Também tinha uma grade baixa separando-a da rua e um portão que nunca se trancava com chave (estávamos distantes do tempo em que só vão faltar fossas com jacarés contra uma imaginária insegurança). Garagem não tinha; poucas eram as casas com garagem, mesmo porque uma minoria de famílias possuía carros (nós alternamos períodos com e sem carros, e, quando o possuíamos, meu pai o deixava dormir na rua). Fecho os olhos e me vejo no jardim, a saltitar junto ao quadrado de buchinhos que delimitava a área em que minha mãe plantava rosas.

Quanto tinha esse quadrado? Dois metros por dois, se tanto, proporções no entanto razoáveis para minhas pequenas pernas, e mais ainda para as de minha irmã, ainda muito pequena, que nesse dia me surge na memória com um vestidinho branco. Acompanha-nos a empregada Teresa, baixa, de longos cabelos negros, a quem atribuo idade muito jovem e cara de índia. Era um tempo em que as empregadas dormiam em casa. No seu quarto ela ouvia programas humorísticos no rádio. Um dia rimos juntos do quadro do programa *PRK-30*, ou talvez *Balança mas não cai*, em que uma pessoa julga ver outra acenando de uma janela e acena de volta. "Mas ela não está acenando", adverte um transeunte. "Está limpando o vidro da janela." De vez em quando um "pobre" (não dizíamos "mendigo", dizíamos "pobre") tocava a campainha. Teresa abria a porta e informava: "É um pobre", e minha mãe pedia que lhe levasse um trocado ou um bocado de comida. Os "pobres" que batiam à porta eram um dos nossos poucos contatos com os deserdados da sorte. A miséria no Brasil era muito maior do que a de hoje mas morava no campo, onde se concentrava população muito maior do que a das cidades, faminta e desassistida de escolas e de atendimento médico.

Teresa, além de cumprir os deveres na cozinha e na limpeza, ficava muito conosco; era conversadeira, dava-nos atenção e explicava-nos com ares de sapiência alguns dos muitos pontos obscuros do mundo em que mal acabávamos de desembarcar. Em ordem cronológica, ela não é a primeira no desfile das empregadas que serviram nossa família. Antes dela houve uma Maria, irmã mais velha da própria Teresa, já casada e com filhos; o marido bebia e a tratava mal. Houve também uma Júlia, que por doença se afastou, mas que voltava vez ou outra para prestar algum serviço e nesse dia fazia sua refeição em nossa casa. Júlia teve tuberculose e minha mãe recomendava cautela redobrada ao se lavar os pratos e talheres que ela usava. Teresa não é a primeira da série mas é a primeira a firmar laços afetivos com as crianças da família, na minha percepção.

Não se compreenderá a família brasileira de classe média sem as empregadas que trazem a reboque. Outras se sucederiam a Teresa. Houve uma Marta, que com poucas semanas no cargo aproveitou a ausência dos patrões para avançar sobre as bebidas da casa; foi encontrada caída no chão, delirante, em meio a garrafas vazias, e dispensada no mesmo dia. Levou com ela suas coisas mas esqueceu uma tesoura, que pelos anos subsequentes chamaríamos de "a tesoura da Marta". A tesoura era inconfundível porque tinha a marca de um "x" gravada no ponto em que se cruzam as duas lâminas. E houve uma Anita, que usava roupas muito justas e namoriscava pelas vizinhanças, dois sinais de ameaça aos bons costumes. Minha mãe julgou prudente dispensá-la também.

Ultrapassado o jardim da casa da Cândido Espinheira, entrava-se por um hall (falávamos "ól") que à esquerda desdobrava-se na escada conduzindo ao andar de cima, à direita tinha uma porta, permanentemente fechada, dando para a sala de visitas, e em frente desembocava na sala de jantar. A sala de visitas, paralela ao "ól", ficava na frente da casa, com janela para o jardim, e separava-se da sala de jantar por uma dupla porta envidraçada, também permanentemente fechada. É difícil descrever uma casa, e corre-se o risco de aborrecer o leitor. Confesso que, como fiz com a casa da Vitorino Carmilo, no capítulo 2, cedo a uma compulsão: a de descarregar em palavras o mapa que por tantos anos guardo trancado na mente. Espero ter deixado claro que os dois acessos à sala de visitas permaneciam interditados. Sala de visitas era para visitas e, portanto, território proibido para as crianças. Na concepção de minha mãe, deveria estar sempre em impecável ordem para receber os parentes e amigos, precaução tanto mais necessária quando estamos num tempo em que as pessoas não anunciavam sua visita. Lá pelas oito da noite, depois do jantar, tocava a campainha e nos perguntávamos, quem será? Lá vinham uma tia e um tio, ou um colega de trabalho de meu pai.

A falta de aviso devia-se em parte ao fato de muitas pessoas não terem telefone. Nós tivemos um, ainda na Cândido Espinheira, cujo número nunca se desgrudou de minha memória (e hoje me serve de senha a alguns dos numerosos serviços que as exigem), mas não sei dizer a partir de quando. Na sala de visitas ficavam o sofá e as poltronas de braços e encostos de palhinha de que já falei. Em mesinhas de canto expunham-se bibelôs que nem pensar de uma criança chegar perto, inclusive uma bailarina de saia rendilhada então exibindo o viço da juventude, mas que em anos vindouros, de limpeza a limpeza, ano a ano, e mudança a mudança, foi perdendo os caprichosos rendados. Em outra mesinha erguia-se a estatueta de bronze de um menino de cabelos cacheados que diziam se parecer comigo. Meus pais mantiveram-me os longos cachos até meu pai se cansar dos comentários, "Ah, que menina linda", na rua. Extirpados, virei homem. Numa foto de meu quinto aniversário, além do cabelo devidamente aparado, apareço envergando gravata e paletó, dois outros atributos da masculinidade. Estou sorridente diante do bolo, na apoteótica hora de apagar velinhas, ladeado por dois primos de idades semelhantes, Antônio e Tomás, um do lado materno, outro do paterno, que se tornariam companheiros pela vida afora.

A cena se passa na sala de jantar. A sala de jantar ia de uma lateral da construção à outra, ocupando espaço igual à soma da sala de visitas e do "ól". Dizendo assim até parece que estou a descrever uma mansão; lembremos que se tratava de uma casa modesta, geminada. A sala de jantar, por ocupar toda a largura do imóvel, era também lugar de passagem. Cruzava-a obrigatoriamente quem vinha do "ól" para a copa e a cozinha (estas separadas por duas colunas fazendo pose de sustentar um arco no teto) ou quem descia dos quartos, lá em cima, como fiz tantas vezes, para o quintal, onde me esmerava em chutar bolas contra a parede. A sala de jantar tinha, como móveis principais, a mesa, as cadeiras e os bufês de que também já falei, no capítulo 3. Um desses bufês aparece ao fundo da foto de meu quinto aniversário. Na parede oposta ficavam o relógio cuco e, não sei se já nessa época, nossa portentosa rádio-vitrola, e digo portentosa porque se tratava de um móvel sólido, marrom-escuro, com múltiplas funções. Na parte de cima abrigava de um lado os botões de controle do rádio e de outro o toca-discos; na de baixo, de um lado ficava o alto-falante, escondido atrás de uma falsa porta estofada, e de outro, atrás de uma porta igual, mas que abria, um compartimento para guardar os pesados discos de 78 rotações.

Tão avançada era nossa rádio-vitrola que permitia ser carregada ao mesmo tempo com mais de um disco, acomodados em pilha sobre um pino alto, no meio do toca-discos. À medida que um disco terminava de ser rodado, outro caía sobre ele, com um pequeno estrondo, já que o material de que eram feitos era grosso e pesado. Havia riscos na operação: os discos quebravam-se e danificavam-se facilmente. Valia a pena corrê-los, no entanto: a alternativa era trocar toda hora os discos, de duração entre dois e três minutos. Isso quanto à versão vitrola (palavra ruim, mas bem melhor do que "aparelho de som", ou simplesmente "som" que a substituiria) de nosso aparelho. Quando penso na versão rádio, o que me vem à mente é meu pai, dobrado sobre o aparelho e pedindo silêncio para escutar, seja uma das intermináveis "marchas da apuração" que se sucediam às eleições no período, seja um jogo de futebol.

Talvez se tratasse da eleição presidencial de 1950, quando ele me surge na memória atento à contagem de votos. Se eu estiver certo ele estaria acompanhando a disputa entre Getúlio Vargas e o brigadeiro Eduardo Gomes, sem simpatia por nenhum dos dois. Ou talvez se tratasse de um jogo da Copa do Mundo de 1950, sediada no Brasil, quando o evoco concentrado para não perder a narração dos locutores. Trazer de volta o meu pai desses anos é tarefa complexa. Equivale a percorrer um livro ao contrário, anulando as páginas com visões mais recentes, até chegar a esses anos 1950 em que cumpria a etapa de seus trinta ou trinta e tantos anos. Ele tinha bigode; cortava o cabelo crespo rente, dos lados, e no alto da cabeça os tinha disciplinados com vaselina (da marca Sidepal, que vinha numa latinha amarela) e puxados para trás. Na foto do meu quinto aniversário ele aparece de lado, encoberto, mas dá para perceber um corpo mais fornido, não magro como nos primeiros anos do casamento. Nesse dia ele tinha trinta anos, e o relógio cuco já completara um ano em nossa companhia, a idade de minha irmã.

Para finalizar a descrição do patamar térreo falta mencionar o quintal, que se abria em dois níveis — um o mesmo no qual se vinha, a partir da cozinha; o outro mais elevado, e acessível depois de se vencer quatro ou cinco degraus. No primeiro nível o quintal dividia espaço com o quarto de empregada e a área coberta onde ficava o tanque de lavar roupa. Num dia de calor, lá estou eu metido num banho dentro do tanque, nu, sentado e com a água na cintura. A empregada, que não é mais a Teresa, mas a Maria Mineira, aproxima-se repetidas vezes, ameaçando flagrar minhas escondidas partes e de cada vez eu a rechaço. É uma brincadeira que transcorre meio a sério entre nós e sobre a qual, se me perguntassem, eu não saberia dizer na época por que motivo era ao mesmo tempo gostosa e arriscada. O nível mais elevado do quintal, por fim, tinha um pequeno trecho não calçado, de onde se elevava uma mangueira. Ter uma árvore desse porte em quintais, mesmo acanhados, como o nosso, era um dos luxos da época. Da casa da Cândido Espinheira, aos seis anos, decolarei para este passo fundamental que é entrar na escola.

* * *

Fui matriculado no Externato Assis Pacheco, reputada instituição do bairro das Perdizes, onde me aguardava a revelação de que dois pauzinhos inclinados como a formar uma cabana e cortados no meio chamam-se "A"; duas semibolinhas uma em cima da outra tomam o nome de "B" — e, mais importante, de que o "B" encostado no "A" tem a mágica aptidão de fazer soar "BA", e de que o "BA" somado a outro "BA" resulta em "BABA", como Ali Babá, ou como a funcionária que cuida das crianças (não de mim, que nunca a tive). "Vais encontrar o mundo", diz o pai de Sérgio, o menino de *O Ateneu*, de Raul Pompeia, ao deixá-lo à porta da escola pela primeira vez. Não me chamo Sérgio nem meus pais seriam capazes de tão solene discurso, mas não discuto que ultrapassar o portão da escola é ingressar no mundo. Dividíamos mesinhas quadradas onde, além do beabá, aprendíamos a moldar massinhas e a bordar em cartões de papelão, juntando com a linha os pontos perfurados.

Dona Mercedes era a professora das primeiras letras, uma das cinco irmãs proprietárias da escola, quatro solteiras e só uma casada. Rezávamos ao início e ao fim das aulas. Sem pertencer a religiosos, o EAP era, no entanto, católico, como católicas, aliás "muito católicas", eram as cinco irmãs, mulheres de feitio assemelhado ao de "freiras laicas" de minhas tias paternas. Nesse ambiente de reza e pregação religiosa decidi que seria santo e adotei como modelo são Domingos Sávio, cuja história aprendi numa brochura ilustrada distribuída na escola. Apregoava o livrinho que, morto aos catorze anos, Domingos Sávio se convertera na primeira criança não mártir canonizada. O fascínio do jovem santo vinha de não ter cara nem jeito de santo; não o apresentavam com a expressão transfigurada nem com chagas na palma da mão. Dono de um simpático rostinho rosado e de um paletozinho verde, até se envolvia em jogos de bola, como qualquer outro menino, no recreio da escola em que tinha Dom Bosco como professor. "Gosto dele porque é um menino comum", disse a meu pai, ao mostrar-lhe o livro. Domingos Sávio abria as portas da santidade para outros meninos comuns, como eu, esse era o truque.

Dona Lurdes, a mais velha das irmãs, era a diretora da escola. Morena, atarracada, cara fechada, assustadora. As bochechas caíam-lhe como num buldogue, e os olhos inquiriam como os de uma coruja. Para continuar no *Ateneu*, dona Lurdes seria o correspondente feminino do Aristarco, o diretor que assombrava a vida do Sérgio e seus colegas. Não que dona Lurdes compartilhasse a pompa, a pose e a pretensão da personagem à qual Pompeia atribui "a obsessão da própria estátua". O que tinham em comum era a consciência aguda do papel que representavam; a gravidade de vigilantes supremos do rigor e da disciplina; e a autoridade que os investia de status similar ao de agentes públicos, como os magistrados, os legisladores ou os policiais. Pela primeira vez entregues ao mundo, a lei a que estávamos sujeitos não era mais a de casa. Abolidos estavam o colo de mamãe, a beijoqueira da titia e a mão amiga do papai. Na vasta, fria e diversa esfera fora do lar a regra era impessoal como o Código Penal, e nela dona Lurdes cumpria o papel de última instância das advertências, repreensões e castigos. Ser enviado à sua presença na sala da diretoria, em circunstâncias normais inacessível, representava uma humilhante apenação ao faltoso.

Ao chegar à escola alinhávamo-nos no pátio, cada classe formando uma fila ordenada por tamanho, os mais baixos na frente. Dona Lurdes nos recepcionava de uma sacada situada um lance de escada acima, a mão direita segurando um sino cujas potentes badaladas nos induziam ao silêncio. Havia dias do calendário religioso que a diretora comemorava com reforços às nossas indefesas convicções. Guardo na memória um brado condenatório emitido por entre as bochechas de buldogue: "Os ju-de-us...". Com fúria justiceira ela elevava a voz e escandia as sílabas ao repetir: "Os ju-de-us...". Dona Lurdes explicava-nos que "os ju-de-us" entregaram Jesus Cristo ao martírio. Eram os culpados. É perturbador que tal imputação, à época, não causasse escândalo. Estávamos a poucos anos do final da Segunda Guerra Mundial; o holocausto era uma revelação recente e avassaladora. E, no entanto, daquela sacada, sineta na mão, soava o anátema: "Os ju-de-us...". A fúria condenatória de dona Lurdes prova, no tribunal de minha memória, que a Igreja do papa Pio XII acordou tarde para a barbárie do nazismo. A foto de Pio XII, tão magro, tão ascético por trás de seus oclinhos sem aro, tão virtuoso em suas visões noturnas da Virgem Maria, figurava na parede da sala da diretoria, logo à entrada do antigo casarão residencial que servia de sede ao EAP.

A devoção religiosa transbordava dos ritos na escola para minha rotina doméstica. Antes de dormir eu percorria os três dormitórios de nossa casa para beijar o crucifixo pendurado sobre a cama de meus pais, a Nossa Senhora com o menino Jesus no colo no quarto de minha irmã e os santinhos em meu

75

próprio criado-mudo. Fazia-o deslizando de um cômodo a outro, mas um dia minha mãe me desmascarou: "Pensa que não sei que você beija os santos toda noite?". O que ela não podia saber era o quanto de esforço e cansaço eu despendia, na cama, na tentativa vã de rezar da forma mais perfeita possível. Começava o pai-nosso, aliás padre-nosso, como se dizia, e logo interrompia — não, não estou concentrado como devia. A ave-maria, o salve-rainha, o credo, o glória, tudo me saía sem a concentração devota, inabalável e indivisível, que julgava necessária; parava e começava de novo, tentava me pôr inteiro em cada palavra, da mesma forma como, no poema de Fernando Pessoa, a lua se põe inteira ao refletir-se em cada pequena poça d'água, e não conseguia; enfim, exaurido, era arrastado pelo sono.

Para compensar, um dia julguei ter merecido a graça de um milagre. Estava com minha irmã, no quarto dela, e ao levantar os olhos em direção à Nossa Senhora com o Menino no colo tive a impressão de que os dois haviam trocado de posição, agora o Menino à esquerda e a Senhora à direita. Não havia foto ou outro registro para provar que antes as posições eram opostas — mas por que não levar adiante a crença de que naquela rústica peça de gesso se opera-ra manobra semelhante ao roque do xadrez, quando o rei e a torre invertem posições? O milagre seria gratuito, não há dúvida, a quem aproveitaria que um santo trocasse de posição com outro?, mas muitos milagres são mesmo gratuitos, ou desencadeados por motivos fúteis, como o da transformação da água em vinho nas bodas de Caná. Minha irmã confirmou minha descoberta e aplaudiu-a com entusiasmo; ela era mais novidadeira e mais trocista do que eu.

Aos meus nove anos chegou a hora da primeira comunhão. Um padre ia à escola pregar durante o "retiro" que nos aprontaria para esse momento solene. Turmas de diferentes classes juntavam-se no pátio, pois em nenhuma das salas de aula caberíamos todos. O padre era gordo e bonachão, a batina a cair-lhe ampla pelo barrigão. Estávamos ainda a mais de uma década dos padres de *clergyman* ou de camiseta e calça jeans. Todos vestiam as negras batinas, seja na igreja, seja nas ruas, seja no ônibus ou no bonde, seja nas visitas às casas para ministrar a extrema-unção — e como havia padre! Dava padre, no pe-ríodo, como chuchu no mato. Viam-se mais batinas na rua do que as fardas dos guardas civis, mais ainda do que os tailleurs pretos das mulheres de luto, para citar outra constante da paisagem, e quase mais do que os chapéus de feltro dos homens.

A bonacheirice do nosso padre ruiu por terra no dia em que o tema foi o inferno. Como reproduzir suas palavras, destinadas a ferir o mais fundo possível nossas almas assustadas? Prefiro tomar de empréstimo as de outro padre, o que fala aos alunos no livro *Um retrato do artista quando jovem*, de James Joyce. Soam-me tão iguais que se diria o mesmo padre de Dublin a prestar seus serviços à distante São Paulo, meio século depois:

> O inferno é uma prisão apertada, escura e fétida, uma morada de demônios e almas perdidas, cheia de fogo e fumaça. [...] Nas prisões terrenas o pobre cativo tem ao menos alguma liberdade de movimento, seja ela apenas dentro das quatro paredes de sua cela ou no pátio sombrio da prisão. Não é assim no inferno. Ali, devido ao grande número de malditos, os prisioneiros são empilhados juntos em sua prisão medonha, cujas paredes diz-se terem cerca de dois quilômetros de espessura. [...] O enxofre sulfúrico que queima no inferno é uma substância especialmente destinada a queimar com fúria indescritível por todo o sempre.

O padre não precisava ser o mesmo de Dublin; a estratégia de terror é que era, e os padres encarregados de executá-la multiplicavam-se mundo afora à caça das jovens presas. Uma noite acordei aos prantos; fui até o quarto de meus pais e confessei um sonho horrível, o de que meu pai tinha ido para o inferno, local a que estavam destinados os que, como ele, não iam à missa aos domingos. "O horror desta prisão apertada e escura é ampliado por seu horrível mau cheiro", prossegue o padre de Joyce. "Mas este mau cheiro, por mais horrível que seja, não é o maior tormento físico ao qual são submetidos os amaldiçoados. O tormento do fogo é o maior tormento... Coloque seu dedo por um momento na chama de uma vela e você sentirá a dor do fogo." A visão de meu pai nesse ambiente escabroso já era em si terrificante; duas vezes mais horroroso era imaginar nossa separação, minha mãe, que ia à missa, no céu, e meu pai no inferno; eu, que procurava imitar são Domingos Sávio na contemplação da face de Deus, e meu pai esmagado entre os perdidos. "No inferno todas as leis são derrubadas: não há nenhum pensamento de pais, ou de laços, ou de relacionamentos. Os malditos berram e gritam uns com os outros, sua tortura e cólera intensificadas pela presença de serem igualmente torturados e enfurecidos." Meus piores temores se confirmavam: nossa família despedaçada, meu pai transformado em monstro. Como poderia eu gozar da beatitude do Reino dos Céus, se me atormentava o remorso de não ter sabido converter meu pai à obediência da lei divina?

A primeira comunhão, dizia-nos o padre, e repetiam as professoras do Assis Pacheco, seria o dia mais feliz de nossas vidas. Ora, como poderia concorrer com a memorável tarde que havia passado na companhia de Heloísa? Heloísa era filha de um casal amigo de meus pais. Um dia fomos, as duas famílias, ao Parque Shangai, famoso parque de diversões no centro da cidade — e naquele dia a inebriante sensação de percorrer as curvas da montanha-russa braço a braço com a inebriante Heloísa, e de sofrer no inebriante brinquedo denominado "Chicote" solavancos que me jogavam ao encontro do inebriante colo de Heloísa, haviam composto um dia perfeito. Como poderia a primeira comunhão superá-lo? Dei um beijo na face de Heloísa ao nos despedirmos naquele dia. Tinha vivido uma espécie de êxtase. Terá sido minha primeira paixão, naquela idade em que as paixões são como na história de Daphne e Chloe, as crianças tomadas por um sentimento do qual não conhecem o nome.

A véspera da primeira comunhão foi dia de confissão e a turma do EAP agrupou-se em filas diante dos confessionários da igreja de São Geraldo. Os mandamentos, todos sabíamos de cor. O sexto, "Não pecar contra a castidade", era o mais desafiador, mas para nos ajudar tínhamos o devocionário — um livrinho em pequeno formato, de capa dura, que guardo ainda. Para nos guiar na intricada floresta do sexto mandamento, eis as perguntas que nos aconselhava a fazer:

1. Fiz cousas desonestas? Só ou com outrem? Quantas vezes?
2. Olhei com prazer cousas desonestas? Quantas vezes?
3. Falei de cousas desonestas? Ouvi falar com gosto delas? Quantas vezes?
4. Pensei advertidamente em cousas desonestas? Quantas vezes?
5. Desejei advertidamente ver ou fazer cousas desonestas? Quantas vezes?

O curioso livrinho é uma versão portuguesa (Lisboa-Porto, está escrito na mesma página) de um original da editora Steibrener, de Winterberg, Alemanha, cujos proprietários foram aquinhoados pelo papa Pio X com o título de "editores pontifícios". Está escrito em sua primeira página que se destina aos meninos e é "apropriado especialmente para os que se preparam à primeira comunhão". O ano da edição é 1926 — três décadas antes da minha primeira comunhão — e os diversos capítulos transcrevem orações e explicam como seguir a missa, além de instruir, mandamento por mandamento, como fazer o exame de consciência antes da confissão. Para o sétimo mandamento, "Não roubar", combinado com o décimo, "Não cobiçar as coisas alheias", o livrinho recomenda as seguintes reflexões:

1. Furtei gulodices?
2. Roubei? O quê e quantas vezes?
3. Estraguei cousas próprias ou alheias?
4. Retive as cousas alheias?
5. Tive intenção de roubar?

São questões mais fáceis de esclarecer. No sexto mandamento, que coisas desonestas seriam aquelas? Na dúvida melhor dizer que sim, pequei, ainda mais que as perguntas cobrem ampla gama de aproximações às coisas desonestas — fazê-las, olhá-las, falar ou ouvir falar delas, pensar nelas, desejá-las. E, ao fazer o levantamento de quantas vezes, como chegar a um resultado preciso? Hoje que sei o que é pecar contra a castidade permito-me soprar aos ouvidos do sofrido menino de outrora a resposta correta: "Sim, padre, pequei. Na montanha-russa encostei o braço no braço de Heloísa, no Chicote apertei-me junto a seu colo, até pespeguei-lhe um beijo na face, e foram todos pecados excelentes, de qualidade que espero me seja dado experimentar múltiplas vezes". O menino era comportado, porém, e em vez disso alinhou um pecado que sem dúvida cometeu: o de ter lido os livros de Monteiro Lobato, contaminados de ateísmo e quiçá de comunismo, segundo denúncias inconclusas mas merecedoras, pelo sim, pelo não, de ser respeitadas.

Confessados os pecados e cumprida a penitência de dez ave-marias e cinco padre-nossos, todo o cuidado era pouco para até o dia seguinte não voltar a pecar. E se respondêssemos com malcriação a alguma advertência da mãe? Se reagíssemos a uma provocação de outro menino? Se nos ocorresse um pensamento pecaminoso? Impunha-se carregar o estado de pureza até o momento de receber a hóstia, e esse dever anunciava um caminho de perigos. O devocionário, escrito em ortografia repleta de "Hs" mudos e consoantes dobradas (que omito) e mesóclises (que conservo), nos dizia como proceder naquele dia tão especial:

De um modo particular hás de te preparar no dia da Comunhão. Ao acordares pela manhã o teu primeiro pensamento há de ser: "Hoje vem a mim Jesus, meu salvador". Vestir-te-ás com grande modéstia e farás com muita devoção o Exercício do Cristão [as orações matinais, recomendadas em outra parte do livrinho]. Não esqueças que não podes comer nem beber cousa alguma antes da Comunhão. Ao sair de casa para ires à Igreja não olhes pela rua para um e outro lado, nem rias nem fales com outros meninos. Na Igreja, procura uma posição reverente e faze com toda a devoção possível as orações para antes e depois da sagrada Comunhão. Olha também, de quando em vez, para o altar, e atente sobretudo aos principais passos da Santa Missa.

À sobrecarga de exigências somava-se o medo pânico de morder a hóstia. E se eu não conseguisse engoli-la como se deve, deslizando direto da língua garganta adentro, como num liso tobogã? Não faltaram advertências para o que poderia ocorrer: o sangue de Cristo a escorrer em nossa boca, daí vazando em grossos pingos pelo queixo e o pescoço, expondo-nos como autores de sacrílegas injúrias. Pior ainda o que aconteceu certa vez com uma mulher na França, que ato contínuo caiu morta, alvo de imediata retaliação divina. Muitos eram os encargos a ensombrecer o dia mais feliz de nossas vidas. O clima de recolhimento e piedade que, segundo o devocionário, nele deveria prevalecer tinha como contraponto a azáfama de muitas crianças reunidas e professoras no afã de tentar implantar a ordem no recinto, este grupo aqui neste banco, aquele naquele outro, silêncio vocês aí, não, não é este o seu lugar, atenção. De minha parte, o que atrapalhou foi o jejum. Senti-me mal, tonto, quase a desmaiar e fui retirado para a sacristia, onde me fizeram sentar, me abanaram e me ofereceram uma xícara de café. Ora, aceitando o café lá se ia jejum. Aguentei, respirei fundo, me recuperei e voltei ao meu lugar entre os colegas.

Tenho uma foto da primeira comunhão. Encaro o fotógrafo de frente, ajoelhado a um genuflexório, as mãos entrelaçadas no apoio para os braços. Estou todo de branco — terno branco, gravata-borboleta branca a despontar sobre um colarinho folgado e luvas brancas, até luvas! Pendurada à manga esquerda do paletó aparece uma faixa, também branca, desfiada nas pontas e com o desenho do cálice sagrado no meio. O topete mostra-se lustroso como se submetido a um fixador e as orelhas, apartadas e grandes, destacam-se como asas de uma xícara. Sorrio e deixo entrever os dentes da frente bem separados um do outro. O sorriso culmina um ar de relaxamento do qual se depreende que a foto foi tirada depois da comunhão. Diz o devocionário: "Os momentos que seguem à Comunhão são os mais preciosos da vida, porque então habita em nosso coração o bom Jesus". Eu diria, mesmo a muitas décadas de distância, que, antes de felicidade, o sorriso da foto revela alívio. Somados os prós e os contras, venci o desafio, embora o dia tenha passado longe de ser o mais feliz de minha vida.

Doom, cuucooo! Doom cuucooo! Assim eu reproduzia na mente o som que nos marcava as horas. Tento imaginar como é que o cuco teria chegado em nossa casa, naquele distante 1948. Minha mãe o teria pedido de presente? Meu pai lhe teria trazido de surpresa? Minha mãe tinha 27 ou 28 anos; meu pai, 28 ou 29. Quem sabe obedeciam a um imperativo social. Se todo mundo tem cuco, precisamos ter também. Ou se dobrassem a uma necessidade de ordem prática — precisamos ter um relógio bem visível, no centro da casa, e, bem pesados os produtos disponíveis, o mais indicado é um relógio cuco. Se a aquisição tem relação direta com a chegada de um bebê em casa, escolheram bem. Bebês gostam de cucos; encantam-se em ver o passarinho cantar as horas. Cria-se uma expectativa: "Atenção, o cuco vai sair da casinha". Os pequenos erguem o pescocinho e inclinam a cabeça para mirar na portinha. Até uns três anos eles dirão, quando o passarinho volta a trancar-se na casinha: "Outra vez". Se encontram pais ou avós de boa vontade, estes girarão o ponteiro de minutos até reencontrar a hora cheia ou a meia hora em que o passarinho cumprirá de novo o seu dever.

Na casa dos meus avós maternos havia um relógio de parede de outro tipo — sem brincadeira de passarinho e sem portinha, sisudo, o pêndulo dourado a lembrar com gravidade a passagem dos segundos e um som metálico a marcar as horas. O relógio deveria estar ali há muito tempo; teria acompanhado a infância e a juventude de minha mãe. Na hora de escolher um relógio de parede para a própria casa ela teria optado por um produto menos austero; escolheu contar as horas a um ritmo mais leve.

O cuco é um relógio de corda, dotado de dois pesos que precisam ser erguidos manualmente, puxando-se as respectivas correntes, a cada 24 horas; um peso garantirá o funcionamento dos ponteiros e o outro, o do canto do pássaro. Dar corda no relógio é prática que requer atenção e disciplina. Nada mais lamentável do que uma casa com relógios parados. No caso do cuco é ainda mais terrível, dado o espetáculo que oferece quando abandonado até exaurir-se — os dois pesos, mortos, jazendo lá embaixo, as correntes no alto, o pêndulo imóvel. Pode ocorrer de o relógio parar no meio da cantoria e então o passarinho, surpreendido em meio à tarefa, permanecerá fora da casinha, a portinhola aberta, o bico grotescamente aberto, ave abatida em seu mais eloquente momento. Tudo somado o resultado equivale ao cenário de um crime.

Relógios parados são sinal de desorganização e desleixo. Às vezes deparamos com os relógios de uma cidade parados; é sinal de desorganização e desleixo no país. Minha mãe, até o fim da vida, e mormente nos 28 anos de sua viuvez, quando gerenciava a casa sozinha, não deixou de cumprir o dever de dar corda no cuco, prática que requer gestos aparatosos, os braços a subir e a descer para puxar as correntes, com firmeza mas também com delicadeza, para que elas não saiam do prumo e venham a se enroscar uma na outra, ou a tocar no pêndulo e fazer o mecanismo se interromper. Os gestos são como de uma celebração. Minha mãe cumpriu-os como a sacerdotisa do regular andamento do lar.

6. Uma águia de bronze

Uma águia de bronze habita a minha casa. Sua pose é de ataque, as asas erguidas, o pescoço voltado para o lado, o bico aberto. Mantenho-a sobre a estante de livros da sala de jantar, e só a custo um visitante a verá. A estante é alta e a ave, de um palmo e meio de altura, quase resvala no teto, de modo que é preciso erguer os olhos até os limites da parede para descobri-la. Sou avaro; guardo minha águia para a contemplação de poucos. Ou talvez a esconda por pudor; uma águia significa poder e violência, não é à toa que países de índole belicosa a escolhem como símbolo nacional. Cá comigo, ao contemplá-la nas alturas de minha estante, prefiro vê-la por outro ângulo: o da liberdade dos seres que voam, donos do céu, imperturbáveis, privilegiados detentores da prerrogativa de ver o mundo das alturas, da alegria de viajar pela mais desimpedida das vias, da delícia de planar.

A águia pertencia a tia Donatela, a segunda mais velha entre as irmãs de minha mãe, e seu marido, tio Luís. Tia Donatela e tio Luiz não tiveram filhos, caso único na família; isso os distinguia como um casal diferente dos demais. Quando a tia morreu, muitos anos depois de tio Luís, tia Lia herdou seu apartamento, na rua Barão de Limeira esquina da Vitorino Carmilo. Havia objetos, livros e papéis aos quais dar algum destino, e tia Lia me convidou a examiná-los para ver se algo me interessava. Foi então que deparei, no apartamento agora desabitado, com a águia de bronze, sobre uma mesinha de canto, e encantei-me à primeira vista. Águias podem ser assustadoras, mas fascinam;

ou talvez fascinem por serem assustadoras, como os leões e os tigres. Na tristeza daquele apartamento vazio, de janelas fechadas, escuro, o exemplar de bronze trazia o contraponto da liberdade da vida selvagem e da soberania de quem habita o alto, muito alto. Não tive dúvidas em reivindicá-la. Como tia Donatela e tio Luís eram os únicos da família a viajar ao exterior — outra característica que os distinguia —, suponho que a águia tenha sido trazida de fora, provavelmente da Itália.

Esse casal de tios também possuía uma casa de veraneio em Águas da Prata, a 240 quilômetros de São Paulo, junto à divisa com Minas Gerais, e na falta de filhos enchiam-na com a parentela colateral da tia. Passamos muitas férias lá. A casa era pequena, sala, cozinha, três quartos e banheiro, mas sabe-se lá como capaz de abrigar uma gentarada — o casal de tios, meus pais, eu, minha irmã, eventualmente algum outro tio e tia, primos, meu avô. Em compensação, tal qual a revejo na combinação da memória com a foto que neste momento tenho diante dos olhos, era uma joia de arquitetura primitivista. O telhado tinha duas águas irregulares — a da esquerda bem mais comprida que a da direita, configurando uma graciosa assimetria. Quem a olhasse de frente contemplaria uma fachada toda branquinha, composta de uma varandola, à esquerda, e duas janelas à direita. A varandola separava-se da rua, situada um metro abaixo, por uma abertura em meio arco, e o par de janelas era estreito de largura e longo de altura, tudo resultando numa singela e harmoniosa combinação.

Se a casa era pequena, o terreno em que se assentava era grande, enorme aos olhos de uma criança. A casa não ocuparia senão um quarto dele. Nos três quartos restantes o chão era de terra, com umas poucas plantas nos cantos e nos fundos uma árvore, creio que ameixeira. Tio Luís, aliás Luigi, era italiano de nascimento. Não sei quando e por que o casal escolheu Prata, mas apostaria que foi no rastro do pequeno núcleo de italianos instalados por lá — seu Cataneo, dono dos Laticínios Prata, e nessa qualidade talvez o maior empresário local; seu Lionel e dona Rubina, que lá também tinham casa de veraneio; a proprietária do hotel Ideal, que se instalaria na nossa rua; dona Carmela, uma viúva cujo quintal nos oferecia jabuticabas para chupar no pé.

Felicidade é o mais cruel dos conceitos. À pergunta "Você é feliz?", dois pesados fardos se abaterão sobre o inquirido. Primeiro, sair em busca de uma definição de felicidade, o que implica rastrear uma escala que percorre do simples gozo de boa saúde à conquista da bem-aventurança. Segundo, um laborioso autoexame, durante o qual se interporão traiçoeiros escolhos; o mundo será belo e justo a quem conquistou a pessoa amada no dia anterior, feio e perverso sob o jugo de uma dor de dente. Uma resposta consequente exige avaliar a experiência passada, o estado presente e a expectativa futura, tarefa assombrosa e de resultados dificilmente conclusivos. Pais de hoje costumam dizer, ecoando um subproduto das teses irredentas dos anos 1960, que o importante não é a riqueza, nem o prestígio, muito menos o poder — é que os filhos sejam felizes. A intenção é libertária, mas o resultado tende à opressão, na medida em que incumbem aos filhos perseguir o mais árduo e complexo dos projetos. Fale-se em felicidade e me sentirei infeliz. Duvido que meus avós a tenham reverenciado tal qual se faz hoje; o conceito lhes pareceria alheio à honesta prática da vida. Sou contra a felicidade. E no entanto...

No entanto, a conheci. Felicidade era passar as férias em Águas da Prata.

Hoje se chega a Prata, como a chamávamos (os nativos diziam a Prata, com o artigo feminino) em boas estradas e em pouco tempo, mas não era assim na minha infância. Até Campinas ia-se no asfalto, pela via Anhanguera; na continuação — até Mogi-Mirim, daí a Mogi-Guaçu, depois São João da Boa Vista, e finalmente Prata —, trechos asfaltados alternavam-se com chão de terra. Íamos de ônibus, da Viação Cometa ou do Expresso Brasileiro, nos períodos em que meu pai não tinha carro. Nasceu aí um de meus primeiros projetos profissionais: ser motorista de ônibus intermunicipais. Nada mais prestigioso do que ocupar aquela posição soberana, na cabeceira do veículo, com a missão de manejar o volante portentoso como o leme dos navios de pirata e fazer a troca de marchas com precisos golpes na alavanca fincada no piso do veículo. O primo Antônio, que em algumas férias vinha conosco, tinha o mesmo projeto, melhorado: sonhava vestir o uniforme dos motoristas da Cometa, cuja camisa trazia no ombro, como dragonas, o símbolo da empresa. Para culminar, conduzia-se o ônibus a essas ilhas de bonança que eram os lugares de férias.

Nos períodos em que tínhamos carro, meu previdente pai mandava-o dias antes à oficina para uma vistoria; a grande aventura exigia preparação. Somados os carros da época com as deficiências das estradas, falar em aventura não é exagero; na subida de Santos os carros "ferviam" e filas deles encalhavam, a expelir fumaça como chaleiras. Nas incursões pelo interior do estado comia-se poeira, caía-se em buracos, encontravam-se trechos espremidos ou interditados pelo alagamento ou pelo desabamento de barrancos. E era preciso conhecer

Campinas, cidade já de algum porte, para atravessá-la sem se perder — não havia ainda os anéis viários que hoje poupam o viajante de entrar nos aglomerados urbanos.

Acresce que nossos carros, como aliás os da maioria das pessoas, nunca eram novos. Eu sabia identificar as marcas de carros do período, não só os banais Ford e Chevrolet, mas os Nash, Dodge, Plymouth, Studebaker, Chrysler, e o lindo Citroën preto com os faróis sobre o para-choque. No entanto lembro pouco dos carros de meu pai do período mais remoto de minha infância. Um Chevrolet modelo 1942 me vem à mente; deve ter chegado às nossas mãos no início dos anos 1950. Tivemos também um Ford 1951 azul — desse me lembro com clareza; deve ter sido por volta de 1958. Recordo também de um chamado Taurus, de inditosa memória. Meu pai viajou ao Rio de Janeiro com um amigo porque lá os preços estavam mais em conta e voltou com ele; posto a circular pelas ladeiras de São Paulo, verificou-se que não era capaz de vencê-las. Esse nunca foi para Prata; sua permanência conosco foi efêmera.

Fosse em não importa qual carro, depois de um pneu furado aqui e o motor que, "afogado", se recusava a "pegar" ali, depois de uma parada aqui para um lanche e outra ali para o banheiro, chegávamos cansados, mas, no meu caso, enlevado de antegozo dos dias por vir. Entre as estações de águas (ou "estâncias hidrominerais", como hoje se diz, não sei se com mais precisão técnica ou porque mais elegante), Prata era uma prima pobre. Apesar de produzir uma reputada água, ficava muitos furos abaixo da vizinha Poços de Caldas, do outro lado da divisa com Minas. Não tinha hotéis luxuosos como Araxá, Caxambu, Lindoia ou Águas de São Pedro, nem os cassinos exuberantes que até poucos anos antes esses hotéis abrigavam. Tampouco era honrada com a visita de presidentes da República, como Poços de Caldas, que tinha na família Vargas uma hóspede frequente do Palace Hotel (cujo restaurante era separado da rua por paredes de vidro, atrás das quais o povo se aglomerava, como diante de uma vitrine, para ver o presidente comer).

A proibição do jogo, em 1946, representara um duro revés para as estações de águas, mas subsistia o prestígio (hoje declinante, senão perempto) das águas minerais como agentes curativos. Doentes, adoentados ou interessados em fortalecer a saúde formavam filas na fonte central de Prata, situada em um parque não tão grande como os de São Lourenço ou Caxambu, mas de tamanho ideal para crianças, cortado pelo rio do Quartel (na verdade um riacho), que se atravessava por graciosas pinguelas. A água era servida num pequeno pavilhão com aberturas em arco e bancos de concreto. Descendo-se alguns poucos degraus atingia-se o nível em que ficavam as bicas, operadas por moças encarregadas de servir os usuários, cada um trazendo à mão o copo comprado ali mesmo, não redondo mas alongado e com medidores de dose gravados na superfície de plástico.

O movimento das filas, de descer até as bicas, abastecer os copos e subir do outro lado, era o mesmo da estação de cura em que, premido por suas angústias, demorava-se a personagem de Marcello Mastroianni no *Oito e meio*, de Fellini — sem a elegância dos veranistas do filme e sem Claudia Cardinale, esvoaçante em seu avental branco, como operadora da distribuição da água. A ausência da Cardinale é um dos pontos baixos de Prata, e confesso logo outro: ter de tomar, por insistência da mãe, aquela água sulfurosa, pesada, de horrível gosto. As idas à fonte eram compensadas pelas tentativas de escalada do paredão inclinado de tijolinhos, acompanhando um barranco, à saída do pavilhão.

O censo de 1950 atribuiu a Prata 5882 habitantes, dos quais 1202 na sede do município. Os números mostram o que a cidade oferecia de atração número um a uma criança: tê-la toda, da fonte ao bosque, da estação de trens ao "jardim" (como chamávamos a praça triangular, coroada no meio por um extenso tapete de flores e um chafariz), ao alcance de nossas curtas pernas, tão pequena era a mancha urbana. Invoco-os hoje e esses pontos me ressurgem com o sortilégio de lugares que vim a amar mais tarde, a Piazza della Signoria em Florença, a igreja da Sagrada Família em Barcelona, a Grand Place das cidades belgas, um certo canto da Place de la Concorde que para mim resume Paris. Não vale alguém se abalar a ir conferir o que digo; nem eu o faria. Importa é continuar vendo o pequeno pavilhão da fonte, o bosque de centenárias árvores, a linda estação da Mogiana e o jardim do chafariz à exclusiva lanterna da memória, tal qual a acendo hoje, e imaginá-los agindo sobre os sentidos como agiam naqueles dias.

Com a estação, que se interpunha entre os trilhos de um lado e a rua principal de outro, deparava-se a toda hora. Enquanto minha mãe fazia compras na rua principal, que centralizava a meia dúzia de estabelecimentos do melhor comércio local, eu podia atravessá-la e, do lado oposto, ganhar o espaço dos trilhos, prolongado por um pequeno pátio de manobras. Os preguiçosos trilhos de Prata eram visitados pelas rodas do trem apenas duas vezes ao dia. O trem de São Paulo chegava às duas horas. Era quando chegaria o jornal da capital, e nas ocasiões em que meu avô estava conosco eu o acompanhava à estação para comprá-lo. De resto, os trilhos serviam de atalhos para se cortar caminhos, ou para brincar de equilibrar-se em sua superfície. A toda hora, andando-se pelas ruas ou pelas beiradas vazias do espaço urbano, topava-se com eles; faziam parte do jeito de ser da cidadezinha.

Junto à estação o pátio de manobras oferecia como atração um trilho móvel, que se estendia como ponte sobre um fosso circular. Servia, no mundo das utilidades práticas, para a locomotiva mudar de sentido; para as crianças oferecia a oportunidade de testar sua força, empurrando-o e fazendo-o deslocar-se sobre o círculo como um ponteiro gigante sobre um relógio gigante. Atravessava-se a estação de novo e, de volta à rua principal, se a mãe não tivesse terminado as compras no empório de secos e molhados, chegava-se à loja vizinha, de selas e arreios, só para sentir o cheiro de couro novo. Prata era pequena, sossegada e segura, estas suas maiores virtudes. As mães deixavam os filhos saírem sozinhos pelas ruas, e eis-nos aquinhoados, como pássaros em voo, como a águia de minha estante, com a inebriante dádiva da liberdade.

Nas férias em que o primo Antônio também estava presente era melhor ainda. No generoso quintal travávamos disputas de futebol para as quais o primo, mais sociável, agregava os meninos da vizinhança. Também íamos juntos escalar o morro atrás do Hotel São Paulo, percorrer as trilhas do bosque, às vezes ensombradas de dar medo, e em dias de calor, aproveitar a piscina natural junto à fonte do Boi, lugar afastado, ao abrigo de uma parede de pedra tão inclinada que parecia desabar sobre os passantes. A piscina tinha pedras no fundo e exigia cuidados. Contava-se que uma pessoa, sem atentar para elas, ficara paraplégica ao mergulhar. Numa das férias nos tornamos amigos do Lelces, filho do dono de um bazar na rua principal. Lelces era moreno, um pouco mais velho, magro, falante, agitado e um excêntrico que gostava de armas, guerras e lugares exóticos. Mantinha correspondência com países como a Bulgária e a Romênia, cujos departamentos de propaganda lhe mandavam cartões-postais e folhetos exaltando as belezas locais e o bem-estar de suas populações.

Ficamos fascinados com a desenvoltura internacional do nosso amigo e também passaríamos a nos corresponder com as potências amigas do Leste europeu. Essas férias coincidiram com uma das crises entre a China continental e os dissidentes de Taiwan (ou Formosa, como era mais comum dizer), com escaramuças armadas entre as partes. Lelces dizia ter recebido de um correspondente local uma carta perfurada de balas. Na ausência do pai ele cuidava do bazar, que ficava junto ao Hotel São Paulo, um dos dois maiores da cidade (o outro era o Grande Hotel Prata) e cuja especialidade eram as lembranças — quadrinhos, cadernetas, cinzeiros, cigarreiras, carteiras, porta-moedas, porta-retratos, descansos para copos, toalhinhas rendadas, bandejas, pratos de pendurar na parede, porta-lápis, e tudo o mais em que se pudesse inscrever "Lembrança de Águas da Prata". Travávamos nossas tertúlias, animadas a ecos da Romênia, da Bulgária e da pavorosa guerra do estreito de Formosa, junto ao balcão, ele do lado do vendedor, nós do freguês. Ao nos despedirmos naquelas férias Lelces rabiscou num papel a chave de um código com o qual manteríamos nossa correspondência. Tivemos a sorte de suas cartas chegarem intactas, sem que os inimigos as interceptassem, e foi emocionante decifrá-las.

Mais um motivo de felicidade, a mais grandiosa, felicidade das felicidades, era andar a cavalo. A excitação começava já na aproximação do "ponto", o local em que se concentravam os animais de aluguel, à espera da freguesia, na encruzilhada para a qual confluíam a estação, o posto de gasolina, a entrada do parque das águas, a ponte sobre o rio do Quartel e o Grande Hotel Prata. Esperavam-nos as maravilhas que eram o cheiro dos cavalos, seu patear impaciente, os rabos a abanar os insetos. Acostumamos a alugar os cavalos de um senhor cujo filho, o Dito, me acompanhava nos passeios. Com o tempo nem precisávamos ir ao ponto. O Dito aparecia em casa à hora marcada e me chamava à janela. Também não mais hesitava na escolha do cavalo. Tinha me fixado no Guarani, que foi minha montaria por mais de uma temporada. Minha irmã montava a "Lemoa" (corruptela de "Alemoa", por sua vez corruptela de "Alemã"), uma égua branca de olhos verdes.

A amizade com o Dito evoluiu ao nível de pelo menos uma vez tê-lo visitado em sua casa, no distrito pobre da Barrinha, alguns quilômetros distante do núcleo central do município. E chegou às culminâncias quando ele me convidou para, juntos, darmos banho no Guarani, num barranco junto ao rio. Meu prazer ia agora além da cavalgada; tinha sido admitido aos bastidores da vida cavalar. Desamarrar a barrigueira do Guarani e soltar-lhe a sela, afrouxar-lhe as rédeas e livrá-lo do freio, em preparação para ao banho, constituíam-se em ações que exigiam afeto e conquista da confiança. Promoviam-me a um amigo, não um simples usuário de sua corcova. No passo seguinte, escovar--lhe o pescoço suado, sentir-lhe o cheiro, ensaboar-lhe o peito duro, alternar esfregadelas e carícias em seu lombo e levantar-lhe a perna para melhor eliminar o barro junto aos cascos contribuíam para aprofundar o relacionamento ao nível sagrado da intimidade.

Era melhor do que galopar, tratava-se de um investimento de comunhão com a primordial vida animal; recordando-o, compreendo melhor as virtudes da equinoterapia. Havia passeios em que íamos de charrete visitar pontos mais distantes, como a Cascatinha, a Fonte Platina e o Paiol; era quando entrávamos em comunhão com o outro lado da vida cavalar — o de trás. Os adultos se descadeiravam ao impacto do trote duro e das deficientes molas dos veículos, enquanto as crianças, entre chocadas e divertidas, contemplavam o trabalho do exigente trato intestinal do animal.

Mesmo as noites de Prata ofereciam atrações. A melhor eram as quermesses no pátio da igreja, para onde convergia toda a cidade. Quermesses, como o circo, têm o condão de operar a súbita transformação de um espaço em outro. O vazio do pátio enche-se de barraquinhas e uma realidade alternativa e provisória substitui a anterior; tal qual quando se levanta a lona do circo, o local onde antes reinava o vazio e a monotonia se enche de gente, de cor e movimento. Outra era o cinema do Hotel Prata, uma pequena sala onde eu e Antônio vimos filmes que seriam proibidos para crianças em São Paulo, como os de terror de Vincent Price. Se ficássemos em casa participaríamos com os adultos do jogo de tômbola, nome hoje substituído pelo vulgar "bingo", e marcaríamos os números já sorteados na cartela com feijões. Quando era meu pai quem "cantava", ou seja, quem tirava de um saco as pecinhas com os números e os anunciava, ele diria "dois patinhos na lagoa", e já se sabia que era 22; "idade de Cristo", e era 33.

A mesa e as cadeiras da sala eram verdes, a mesa quadrada com bordas arredondadas e as cadeiras forradas com trançados de palha nos encostos e nos assentos. Tia Donatela inventou a brincadeira de pôr minha irmã, então muito pequena, sobre a mesa e pedir-lhe que ficasse de cócoras e imitasse o cacarejo das galinhas. Sem que a irmãzinha percebesse punha então um ovo sob seu bumbum rebaixado e celebrava: "Botou! Botou!". Riam todos, menos minha irmã. Até hoje ela se diz indignada com a tia, cuja brincadeira a deixava acabrunhada e intrigada; imaginava que, se não era galinha, era de espécie próxima. Tia Donatela tinha um lado perverso com as crianças. Noto agora que não falei da cozinha da casa, e essa é uma grave omissão, pois a cozinha abrigava um portentoso fogão a lenha feito de tijolos, que ocupava porção desmesurada do acanhado espaço. A fumaça e o cheiro do fogão ofereciam um fecho de ouro à personalidade da casa.

Em Prata era-se feliz mesmo na tristeza. Ouvir o sino da igreja tocar ao cair da tarde era triste, mas de uma tristeza reconfortante, necessária, apaziguante. A igreja, pequena, de uma só torre, assentava-se (assenta-se ainda) sobre uma colina que dominava (domina) a cidade. Vista à distância e de lado, tal qual a contemplo em fotos, tem a forma de uma lhama convertida a linhas geométricas, a torre figurando de pescoço e cabeça do bicho, e a nave a representar-lhe o lombo e os membros. Vista de frente a torre representa a liderança de uma locomotiva, a puxar o vagão da nave. Subia-se à igreja pela rua da Imprensa (por que rua da Imprensa? Uma Fleet Street em lugar sem jornais?), que desembocava na lateral da nave, ou então pelas escadarias entre gramados que conduziam à porta da frente, e que eram uma delícia de subir e descer enquanto se esperava a mãe ou a tia detida pelo encontro com algum conhecido depois da missa.

Na piedosa Prata havia também novenas, realizadas em rodízio em diferentes casas. Quando ocorria em casa de dona Iolanda, nossa vizinha de parede, as mulheres de minha família participavam e reforçavam a cantilena de padres-nossos e ave-marias cujo som se espalhava por todo o quarteirão. Da rua eu ouvia a prece romper o silêncio da noite com o coração oprimido, tomado pela perplexidade do céu imenso, do vento que vergava as árvores, das montanhas como monstros em descanso. Numa noite tia Donatela contou a história de alguém que morrera subitamente: "Ele terminou a refeição, se abaixou para pegar alguma coisa no chão e morreu!". O pensamento da morte na noite escura, depois das rezas na igreja, pespegava um frio na espinha. Ainda mais aquela morte, a de alguém que abaixa e morre, vítima de execução sumária como na guilhotina — até hoje, ao abaixar para apanhar alguma coisa, temo sofrer a mesma sorte. Mas o frio na espinha, no ambiente de cidade querida e protegida, tinha o seu encanto. Enfim as férias acabavam e era hora de ir embora. Os últimos dias eram de apreensão. À medida que as horas se escoavam, a ansiedade ia pouco a pouco engolindo a frágil presa da felicidade.

* * *

Meu pai e tio Luís, como era regra entre os maridos, não ficavam em Prata todo o tempo conosco; vinham só nos fins de semana. Num fim de semana em que chovia saímos de carro, meu pai, tio Luís e eu, a procurar pão pelas poucas padarias e empórios da cidade. Tio Luís falava um português fluente, mas com a dificuldade que o "ão" impõe aos estrangeiros. Sem sair do carro, para não se molhar, ele perguntava, de longe: "Tem pão?", mas o *ão*, lhe saía *on*: "Tem *pon*?". Um dos consultados retrucou: "O quê? Pó de café". Meu pai riu muito; ao chegar em casa contou o caso aos demais e riu mais ainda. Quando meu pai ria, ria de verdade. Tio Luís era dezoito anos mais velho que meu pai, mas havia entre eles uma camaradagem de companheiros de geração.

Meu pai sentia-se muito à vontade entre as pessoas da família de minha mãe, tenho a impressão de que mais do que com as de sua própria família. Tratava igualmente como camaradas os irmãos da minha mãe e os maridos das irmãs. Tio Luís era de Pescopennataro, região de Molise. Digito Pescopennataro no Google e fico pasmo com as fotos de uma comuna encarapitada numa estreita rocha, a um canto dos Apeninos, dando nos dois lados para o abismo, último dos lugares em que se cogitaria edificar uma cidade. A altitude é de mais de mil metros; a rocha arroja-se nos ares como gigantesco animal pré-histórico ensaiando voar — e fico a pensar como meu tio pode ter nascido em semelhante ambiente, ou como famílias inteiras possam se ter estabelecido, procriado e provido suas necessidades em lugar mais apropriado a outros seres, de preferência dotados de asas. Uma fonte lhe dá 349 habitantes, outra 278, prova de que Pescopennataro é para poucos. Equivalendo essa cifra a 5% da população de Prata em 1950, conclui-se que, em comparação com as origens, tio Luís escolheu uma metrópole para as férias no Brasil.

Não tenho registro de quando ele deixou a Itália, mas sei que veio já moço (dezoito anos? 25?) e que veio só, sem pai nem mãe (teriam já morrido?) nem irmão (teria algum?). Já estava no Brasil em 1927, ano em que, aos 26 anos, casou com tia Donatela, ela com vinte. Surgi para a vida com tio Luís já de cabelos totalmente brancos; ele era na família o exemplar por excelência de uma cabeça branca, mesmo porque os demais membros da família — meu avô, os dois irmãos de minha mãe e os outros dois cunhados — eram calvos. Uma vez, na casa paulistana de tia Donatela, apanhei o pente pousado na pia do banheiro e o mergulhei nos cabelos. "Ih, você se penteou com o pente do tio Luís!?", disse a tia. "Coitado, vai ficar de cabelos brancos!" Tomei um susto. Em outra ocasião — estávamos no elevador do prédio em que morava — ela me chamou de orelhudo e me deixou por longos anos cismado com o que entendi como uma grave má-formação. Tia Donatela tinha um lado perverso com as crianças, já disse.

Tio Luís possuía uma fábrica de artigos de borracha — sei que galochas entre eles. Era portanto um industrial e portanto, segundo o entendimento comum, um homem rico. Sinal de riqueza era seu formidável automóvel Lincoln, nas cores verde e branco. Entre outros prodígios o Lincoln apresentava botões que a um leve toque fechavam os vidros das janelas. Lembro de uma conversa em que meu pai dizia a tio Luís preferir a tradicional manivela, a seu ver mais rápida e prática — e meu pai fez um rápido gesto de girá-la. Em outra conversa, ou talvez em outro ponto da mesma conversa, meu tio se queixou de que lhe haviam roubado uma das calotas do carro. Como fazer, se não existiam reposições no mercado? "Só mandando roubar", foi sua chocante conclusão. Roubar? O pacato, sereno tio Luís, respeitável em seus cabelos brancos, a cogitar ser mandante de um delito?

O Lincoln, em seu mais alto sinal de nobreza, ostentava uma chapa de apenas quatro algarismos. O número de algarismos indicava o status do proprietário. Dizia-se que "o Matarazzo" exibia em seus carros as chapas de número 1 a 10, menos a de número 2, pertencente a um médico que teimava em rejeitar suas milionárias propostas para cedê-la. O conde Francisco Matarazzo, fundador da dinastia, já tinha morrido quando nasci; esse "o Matarazzo" podia se referir a ele ou ao herdeiro Francisco Jr., o "conde Chiquinho". Segundo verifiquei mais tarde, Matarazzo ficou longe de completar o *royal street flash* da primeira dezena de chapas de São Paulo, mas realmente tinha a n$^{\underline{o}}$ 1 e realmente a de n$^{\underline{o}}$ 2 era de um médico, o cirurgião Walter Seng, fundador do Hospital Santa Catarina. A chapa de quatro algarismos de tio Luís não o credenciava a entrar nesse time, mas o afastava da massa ignara condenada a ficar com cinco ou seis.

Tio Luís e tia Donatela, por outro lado, moravam na avenida Rangel Pestana, no Brás; industrial mesmo, industrial que se prezasse, no Brás tinha suas fábricas, nunca a residência, para a qual se impunha a avenida Paulista ou, quando ela deixou de ser só residencial, o Jardim Europa. Tia Donatela era alta e esguia; achava-a mesmo elegante de porte. Era a mais alta das irmãs, mais alta até que tio Luís. Numa foto em que aparece sentada, bonita e serena, voltada para o lado, o cabelo curto a anos 1920, uma mão apoiada na outra e um xale estampado sobre os ombros, ela escreveu: "O retrato é o fiel consolo nas horas tristes de recordar. Eis portanto, Luís, que t'offereço como prova de affecto e amizade". A foto não tem data. Mas tanto a juventude da retratada quanto a dedicatória, aparentemente para alguém distante, indicam que é anterior ao casamento. Por se ter unido a um italiano, tia Donatela falava italiano, enquanto as irmãs arranhavam apenas fiapos da língua materna. Outra sua distinção era viajar para a Europa com o marido. Iam "de vapor", como dizia a tia, e o destino obrigatório era a Itália, embora pudesse incluir passagem por outros países. Meus pais e outros parentes abalavam-se então a Santos para o evento chamado bota-fora. Podia-se entrar no navio enquanto ele não dava o primeiro apito e visitar suas instalações. Dois dos prestigiosos navios da época, segundo eu ouvia dos tios, eram o *Augustus* e o *Júlio César*. Não sei se foi um desses ou outro que visitei, num certo bota-fora; lembro de percorrer extensos corredores e de encontrar oficiais de farda branca e quepe.

A última vez que vi tio Luís foi em fins de 1969, quando, com tia Donatela, veio me visitar, por ocasião do nascimento de meu primeiro filho. Acomodou-se numa poltrona e de lá não saiu, cansado e desanimado. Tinha 68 anos e sofria de um câncer nos rins. Ficou-me desse encontro a evidência de seu olhar bondoso e melancólico, realçado pela fragilidade de seu estado. Morreu menos de um mês depois e foi enterrado no túmulo de meus avós e bisavós, adotados como sua família. Tio Luís foi na vida livro sem prefácio nem posfácio; os familiares que lhe serviriam de prefácio ficaram lá atrás, encobertos pela névoa da periclitante pedra em que repousa Pescopennataro; os filhos que lhe seriam o posfácio não vieram.

Tia Donatela sobreviveu-lhe por 28 anos e teve o final trágico das pessoas que morrem esquecidas das pessoas, das coisas, do mundo e, por fim, de si mesmas. Minha mãe e tia Lia revezaram-se em acolhê-la em suas casas, quando se evidenciou que não tinha condições de viver só. Em casa de minha mãe, sentada à mesa da sala, ela apanhava o livro deixado para entretê-la e lia seguidamente as mesmas páginas, dia após dia. Em casa de tia Lia fazia tricô, sempre errando os pontos. Um dia tia Lia se deu conta da desnecessidade de comprar-lhe infindáveis novelos de lã, como fizera até então. Quando tia

Donatela ia dormir ela desfazia o que havia sido feito; no dia seguinte, longe de se dar conta de que fora fraudada, tia Donatela refazia o trabalho do dia anterior — e eis minhas tias mergulhadas nos mitos gregos, tia Lia a desfazer à noite, como Penélope, o feito durante o dia, e tia Donatela a cumprir tarefa inútil como Sísifo. Numa casa e na outra não se podiam deixar alimentos à vista. Esquecida de que já tinha almoçado, tia Donatela almoçaria de novo; esquecida de que já tinha comido duas bananas, devoraria o cacho inteiro. Um dia, saindo a passeio com a minha mãe, ela caiu e quebrou a perna. Morreu no hospital em que foi internada.

Da moradia paulistana dos tios Luís e Donatela, na rua Barão de Limeira, couberam-me dois móveis: uma sóbria escrivaninha, de madeira escura, gavetas com as bordas rendilhadas em relevo, artísticos puxadores de metal e pés como patas de felinos, e uma clássica cristaleira com dois corpos protegidos por portas de vidro bisotê e, no meio, um vão com espelho. A escrivaninha servia ao tio Luís. Usei-a como mesa de trabalho durante alguns anos, mesmo considerando-a solene demais para minhas pretensões à despretensão, até concluir que já não era apropriada para acolher computador, impressora, telefones e outras tralhas que se vão insinuando e acabam obrigatórias. Comprei um inevitável mesão de escritório em forma de "L" para substituí-la e a deslocamos, eu e minha mulher, para a sala, onde lhe coube o papel de objeto de decoração, até adequado, dados seu porte e beleza, mas talvez degradante como seria a um funcionário, depois de servir a vida inteira na diretoria, ser deslocado para a recepção da firma. Seguiu-se nova remodelação e dessa vez, não lhe sobrando lugar em casa, repassei-a ao primo Antônio e à mulher, que a receberam com entusiasmo.

Tanto a escrivaninha como a cristaleira, que ficava na sala do apartamento de tia Donatela, são provenientes da marcenaria de meu avô, e assim continuam a perpetuar a legenda moveleira que descreve as origens da família no Brasil. A cristaleira trilhou destino não menos peripatético. À morte de tia Donatela passou para a minha mãe, que assim pôde finalmente ser compensada de até então não ter tido uma peça fabricada pelas mãos, ou aos cuidados, de seu pai. Herdei-a à morte de minha mãe e de início a alocamos no quarto em que dormimos, onde, desviada da vocação original, passou a servir de penteadeira para minha mulher. Depois, à falta de melhor lugar, a transferimos para o corredor entre os quartos, até que mais recentemente foi deslocada para a sala, agora sim um lugar à altura de seus méritos. Ao fixar-se na porta de vidro bisotê, o olhar se perde num efeito que estraçalha a imagem em múltiplas miniaturas. Guardo atrás da porta uma rara foto da casa de Prata, preciosidade que recolhi das coisas de tia Lia, e a casa se multiplica em mágicas miniaturas, como as mágicas miniaturas de minhas memórias daquele lugar.

Naquele dia em que tia Lia me chamou para ver o que me interessaria no apartamento da falecida, e deparei com a águia de bronze, recolhi outras coisas. Capturei e agreguei à minha biblioteca, entre os livros dos tios, um *Il Gattopardo*, de Lampedusa, um *Prose scelte*, de D'Annunzio, com marcações a caneta em certos trechos, um dicionário Melzi em dois tomos ("Linguistico" e "Scientifico") e dois volumes da série Don Camillo, de Guareschi. Ainda trouxe para casa, por curiosidade:

1) o volume bilíngue, com capa dura, ilustrado e em rico papel couché intitulado *L'epopea di Carlo Del Prete — Omaggio all'eroe e martire/A epopéia de Carlo Del Prete — Homenagem ao heroe e martyr* [Rio de Janeiro, Officinas graphicas Paulo, Pongetti e Cia., 1928], cujo homenageado foi um pioneiro italiano da aviação, morto num acidente aéreo no Brasil;

2) cinco guias turísticos, publicados em formato para porta-luvas de automóvel pelo Touring Club italiano — dois relativos à *Italia Meridionale* (um datado de 1927, outro de 1928), um à *Italia Centrale* (1948), outro à *Italia Setentrionale* (idem) e o mais interessante deles dedicado aos *Possedimenti e colonie*, compreendendo as Ilhas Egeias, Tripolitânia, Cirenaica, Eritreia e Somália (a data deste é 1929; a Itália do período exultava por sua expansão, ainda que trôpega, rumo ao Norte da África);

3) exemplares em papel-jornal dos "Suplementos de guerra" da revista *O Cruzeiro* datados de outubro de 1943 a fevereiro de 1944, com os quais se podia acompanhar o andamento das operações no campo de batalha;

4) um guia da XVII Olimpíada, realizada em Roma, em 1960, e uma miniatura em bronze representando um atleta, evidências de que tio Luís e tia Donatela assistiram ao evento.

Julgo poder concluir deste acervo o tipo de imigrante que era tio Luís. Não era, como o meu bisavô, um *contadino* (conforme constava em seu passaporte), nem, como meu avô, um "carpinteiro" (segundo sua certidão de casamento) — ocupações características do pessoal da terceira classe dos navios. Meu tio teria nascido em outro tipo de lar e se aventurado a *fare l'America* com algum capital — não tanto quanto os grandes da indústria, Matarazzo ou Crespi, mas suficiente para propiciar-lhe o primeiro impulso. A relação com a Itália difere, num grupo e no outro. A turma da terceira classe carregava a memória da pobreza e das humilhações; a do tio Luís cultivava a fantasia de uma Itália afetuosa, com rasgos de heroísmo. O rico volume de homenagem ao aviador Carlo Del Prete tem jeito de ter sido financiado pela colônia italiana de boas posses; tio Luís estaria entre os financiadores. Ter adquirido o guia turístico dos *Possedimenti e colonie* revela orgulho pela projeção italiana além-fronteiras, assim como ter viajado a Roma para assistir à Olimpíada de 1960 trai o orgulho pela recuperação italiana apenas quinze anos depois de uma guerra que a esmagou. Nem preciso elaborar sobre o volume de D'Annunzio, o escritor oficial, cheio de glórias, da Itália pré-Segunda Guerra Mundial.

Por fim, encontrei entre os papéis do tio uma foto sem data em que perto de uma centena de pessoas posa em frente a um estabelecimento — restaurante ou cervejaria — em cuja fachada se lê, em grandes letras: "Antarctica- -Cervejas-Águas". Entre o "Cervejas" e o "Águas" há um relógio redondo marcando 12h17. Tenho diante de mim a foto, 24×18, encapada por uma pasta cinzenta com a palavra "Tucci" identificando o estúdio fotográfico que a produziu. As pessoas estão aglomeradas em fileiras — na primeira uma turma sentada no chão, depois uma sentada em cadeiras, depois uma turma de pé, e no fundo uma de pessoas trepadas em algum banco ou estrado. São quase todos homens. Há apenas duas mulheres, um padre (portanto de um sexo à parte) e duas crianças. Os homens estão de terno e gravata, muitos também de coletes, alguns de chapéu na mão, todos parecendo bem de vida e confiantes. As mulheres cobrem-se de chapéus. Tio Luís aparece na terceira fila, muito jovem. Parece não ter trinta anos; os cabelos são negros como não os conheci. O grupo está reunido em torno de uma faixa que, pendendo verticalmente de um mastro, deixa ler as palavras — "Circolo Abruzzi S. Paolo fondato 27-11-27" —, e logo abaixo da faixa vê-se um medalhão no qual está esculpido o perfil de Mussolini. Conclusão: a turma estava afinada com o regime em vigor na pátria distante.

Outras referências a Mussolini despontavam entre as tralhas do tio. Um medalhão dourado com a efígie do Duce era uma delas; também a capturei e integrei à minha coleção de quinquilharias de teor político. E ao folhear o livro de homenagem a Carlo Del Prete encontrei na página 97 uma foto de

Mussolini, ainda jovem, com a seguinte legenda: "Mussolini — reconstructor da Italia, figura maxima do scenario mundial contemporaneo, estadista-genio que fez do povo italiano um blóco formidavel lançado, na vanguarda de todos os povos, á conquista pacífica da terra, dos mares e dos céos".

Tio Luís, coitado, era fascista.

7. Admirável Admiral

A televisão entrou em nossa casa em 1954, não sei em que mês. Era um modelo Admiral de 21 polegadas, seu tubo e as veneráveis válvulas revestidos por uma carcaça escura, feita provavelmente de uma dessas matérias plásticas cujo nome, como o das inflamações, termina em "ite". (Seria galalite?) Minha experiência com esse novo meio de comunicação limitava-se até então a uma visita com meus pais a um casal aparentado à minha mãe que também morava na Cândido Espinheira. Foram as primeiras pessoas de meu conhecimento que já dispunham da fabulosa invenção, e não por acaso também possuíam um portentoso Oldsmobile, pintado de azul e branco, cujo rabo de peixe só era superado pelo Cadillac. O Oldsmobile e o televisor atestam a prosperidade da família e a sintonia com as modas e os luxos disponíveis.

Se tivesse frequentado com assiduidade a casa desses parentes eu seria um "televizinho", como se dizia, mas, tendo sido uma experiência solitária, valeu como batismo de fogo no contato com o "milagre da televisão", como afirmavam — e com razão — os locutores. Agora o milagre se operava sob nosso próprio teto e seu primeiro efeito na ordem familiar foi liberar a sala de visitas, antes sempre fechada, para as crianças. Foi lá que nossa Admiral foi entronizada (e "entronizada" é bem a palavra, dada a preeminência reservada a essa novidade na vida das famílias), no canto direito da parede que, com uma janela no meio, nos separava do jardinzinho fronteiriço e da rua. Agora estávamos autorizados, eu e minha irmã, a nos escarrapachar no antes proibido sofá, com direito a deslocar as almofadas do encosto para nelas nos reclinarmos, tudo em nome da nova rotina que era plantar-se diante da mágica telinha.

Para quem, como eu, escolheu como missão historiar, com método e prudência, a presença dos móveis e utensílios, seu status e seus deslocamentos dentro das casas, a televisão é um prato cheio. Acomodar o televisor na sala de visitas obedecia em nossa família a dois imperativos, um de ordem prática, outro não confessado, e que apenas suponho. O de ordem prática é que o ambiente provido de um sofá e de duas poltronas é o que oferece maior conforto para alguém se postar diante de semelhante aparelho. O não confessado é que possuir um televisor, e ter assim assegurado o ingresso na era da televisão, era motivo de orgulho, algo a alardear e exibir. Pelo menos na família materna, que era a mais próxima, me parece termos sido os pioneiros. Dois tios nos seguiram e puseram os televisores em suas salas de jantar, para meu estranhamento; ver televisão sentado à mesa não me parecia, nem me parece, apropriado.

Em anos mais recentes, em nossa classe social, a televisão foi escondida das visitas. A regra passou a ser confiná-la a locais mais recônditos, geralmente salinhas de convívio familiar — uma criação mais recente dos arquitetos e do mercado imobiliário. Mas o mundo dá voltas e o surgimento das telas planas, de grande porte, a desafiar as telas de cinema, repôs os televisores nos locais mais visíveis das moradias. Conheci uma casa em que as telas, dispostas em diversas paredes da mesma e ampla sala, permitiam boa visão seja de que distância e de que ângulo se estivesse. Eram de causar estupor.

Em nossa família, enquanto vivi com meus pais, a televisão continuou na sala de visitas. Mais adiante, com os filhos já casados, e agora morando em apartamento, meus pais passaram para a fase dois, transformando um dos quartos na salinha da televisão. Olho para trás e o contraste com a exuberância de telas de hoje em dia, em algumas famílias a marcar presença na cozinha, no banheiro e no quarto das crianças, em outras a exigir o apoteótico aposento chamado *home theater*, tornam comoventes a simplicidade e a solidão de nossa Admiral. Entre todos os programas da época, os primeiros que me vêm à memória são os do casal Júlio Gouveia e Tatiana Belinky, ele diretor, ela roteirista. O *Sítio do Pica-pau Amarelo* era um deles. Cada episódio começava com Júlio Gouveia abrindo um livro; ele lia um parágrafo, deixava uma reticência no ar... e a história continuava com a entrada em cena dos atores. No fim Júlio Gouveia reaparecia com seu livro, lia mais umas linhas em continuação ao que tinha sido representado, e logo interrompia a leitura, dizendo: "Mas isso já é uma outra história, que fica para a próxima vez".

Outra produção de Júlio Gouveia e Tatiana Belinky, a minha preferida, era o *Teatro da Juventude*, que ia ao ar nas manhãs de domingo. Conheci ali a história de José, filho de Jacó, vendido vilmente pelos irmãos para ser escravo no Egito e, no polo oposto em período histórico, localização geográfica e linha temática, a de Emílio Ribas e sua campanha para combater a febre amarela em São Paulo. Nesta última história, a alturas tantas apareceu — surpresa! — o dr. Cândido Espinheira, membro da equipe de Ribas; fiquei então sabendo, para não mais esquecer, quem era a personagem que dava nome à nossa rua.

Mil novecentos e cinquenta e quatro é o ano em que o mundo de fora forçou as portas de nossa vidinha familiar, e não só pela tela da televisão. Também distinguiu-se por dois eventos históricos, o primeiro dos quais as comemorações do quarto centenário da cidade de São Paulo. Vejo-me sentado no gramado do Vale do Anhangabaú, no meio de uma multidão; é o dia 9 de julho e estamos lá, eu, meus pais, minha irmã, para assistir a um desfile de bandas. Em dado momento alguém próximo adverte: "Cuidado para não estragar o jardim do Jânio". Jânio Quadros era o prefeito da cidade e, a crer no que sugere a advertência, deve se ter notabilizado pela diligência para com os parques e jardins.

Por que diabos essa frase teria de se grudar em minha memória por esses anos todos? Mistério. Ela não tem importância; importante foi o que veio depois, no início da noite, quando uma chuva de prata caiu sobre nossas cabeças. Foi, não só para mim, mas para muita gente, o momento supremo das comemorações do quarto centenário. Inauguração da catedral, finalmente, depois de quarenta anos de obras, inauguração do parque do Ibirapuera — tudo empalidece diante da chuva de pequenos triangulinhos de papel prateado, lançados por aviões da FAB e iluminados por holofotes; na queda, executavam no ar rodopios que lhes davam a forma de estrelinhas. Muita gente recolheu os papeizinhos no chão e guardou-os de lembrança. Eu não, mas um amigo que os recolhera viria a me presentear com um exemplar e então, pela inscrição nele gravada, fiquei sabendo que a chuva de prata havia sido cortesia das pratas Wolf. Nada é perfeito neste mundo; até chuvas de prata podem ter por trás vulgares interesses comerciais.

Ao registrar a chuva de prata minha memória não fez mais do que a obrigação. Mas por que, memória minha, houveste por bem juntar essa experiência única com a frase do meu vizinho de gramado, de modo que não posso evocar uma sem vir junto a outra? Memória não é uma coisa séria, eis uma das respostas possíveis. Tem um lado inteligente e outro tonto. Psicanalistas responderão que a memória nunca é tonta; Freud até nos chistes foi achar significados profundos. Resta que o jardim do Jânio fincou tão firme presença em meu íntimo repositório de coisas desconcertantes que veio a infiltrar-se neste livro.

As comemorações do quarto centenário haviam começado seis meses antes. À zero hora do dia da fundação da cidade, 25 de janeiro, os sinos das igrejas repicaram em conjunto, acompanhados de rojões e de buzinaço de motoristas. No correr do dia haveria parada militar e missa de inauguração da catedral, ambos com a presença do presidente Getúlio Vargas, ministros e governadores de outros estados. "Extraordinário entusiasmo popular nas festas do Quarto Centenário", foi a manchete da *Folha da Manhã* do dia seguinte. O jornal informava que 300 mil pessoas assistiram ao desfile militar. No meu entorno houve quem não se impressionasse. "Desfile militar e missa? Isso lá é comemoração?", perguntava o nosso vizinho da Cândido Espinheira, aquele mesmo em cuja casa travei contato com a televisão pela primeira vez. Ele era diretor de uma emissora de rádio e a associação das emissoras prometia fazer uma festa por conta própria, muito melhor, para se contrapor à oficial.

A festa começaria no dia 9 de julho, outra sagrada data paulista, e se prolongaria pelos dois dias seguintes. Para financiá-la a associação das emissoras vendia uma placa com as cores de São Paulo, que as pessoas pregavam na entrada das moradias. A televisão e sobretudo o rádio, o principal meio de comunicação, martelavam um slogan, ou talvez fosse um jingle, que começava com "Paulista de nascimento, paulista de coração" e seguia com um apelo à compra da placa. Na época eu e o primo Antônio fazíamos um jornalzinho que vendíamos aos familiares por alguns tostões à condição de que depois de lido fosse devolvido para ser negociado com o comprador seguinte. Não havia outro modo de comercializar um órgão de imprensa manuscrito e de exemplar único. Pois nosso jornalzinho foi impiedoso. "Paulista de nascimento/ paulista de coração/ não gaste os seus vencimentos/ com essa placa de latão" foi a paródia inventada pelo primo. Não está ruim, até pelo espírito crítico, para um jornalismo categoria dez anos de idade. Tampouco é ruim o pseudônimo com que o primo assinava sua seção humorística: "Vinham Gogo", em oposição ao "Vão Gogo" com que Millôr Fernandes assinava a seção "Pif-Paf" na revista *O Cruzeiro*.

A chuva de prata inscreveu-se nas festividades programadas pela associação das emissoras. No dia seguinte fomos a um evento no estádio do Pacaembu do qual constou um jogo de futebol entre palhaços. Naqueles dias houve ainda a inauguração da primeira escada rolante da cidade — até isso! —, instalada na Galeria Prestes Maia, em solenidade presidida pelo ilustre poeta Guilherme de Almeida, infelizmente não na qualidade de poeta (fomos privados de uma ode à escada rolante), mas de presidente da comissão oficial das comemorações. Eu tinha ouvido falar pela primeira vez de escada rolante quando uma prima mais velha retornou de Buenos Aires com a novidade. "Mas não é perigoso?", perguntou a mãe dela, minha tia. A prima tranquilizou-a; era só ter cuidado na hora da saída.

Para o menino que eu era, de nove para dez anos, o quarto centenário fez forte impressão. Acompanhei em anos posteriores duas comemorações similares, a dos quinhentos anos do Descobrimento e a dos 450 anos de São Paulo, ambas sem o mesmo interesse. Será a alma do menino a perturbar meu julgamento? Isso conta, mas desconfio que o entusiasmo fácil, o ingênuo civismo e a credulidade diante do mundo oficial não eram exclusivos das crianças no período; estava no ar, pelo menos em São Paulo. A cidade era "o maior centro industrial da América Latina", a que "mais cresce no mundo", a que "não pode parar", epítetos propagados nos jornais, nos discursos e na carroceria dos bondes.

Eu vivia dizendo a meus pais que queria conhecer o Rio de Janeiro. "Por que você tanto quer ir ao Rio?", perguntava minha mãe; para ela eu já estava no melhor dos lugares, por que esse anseio de visitar o maior rival? Fomos ao Rio, finalmente. Vejo minha mãe, no quarto do hotel em Copacabana, reclinada na cama e a nos chamar a atenção para o que acabara de ler na revista *Manchete*: "Os texanos são como os paulistas, que onde quer que estejam ficam a vangloriar-se de sua terra". Minha mãe sorriu satisfeita; identificou-se com o juízo do autor. Por outro lado, ela se situava na contramão do meu pai na disputa pela glória da grandeza paulista. "Seu pai não gosta que se diga isso, mas quem fez São Paulo foram os imigrantes", segredou-me uma vez.

O outro evento histórico de 1954 foi a morte de Getúlio Vargas. Tenho na memória os nomes de minhas professoras em todos os anos do curso primário (da faculdade, só saberia nomear uns poucos). No terceiro ano, que eu então cursava, a professora era dona Hebe; ela era moça e bonita, a mais bonita entre as que me couberam. No dia 24 de agosto, entre talvez as nove e dez da manhã, dona Lurdes, a diretora, irrompeu em nossa sala para um importante comunicado: morrera o presidente da República. "Graças a Deus", ouviu-se de um aluno no fundo da classe. O nome dele era Filinto e, ao escrevê-lo, acho irônico que o colega fosse xará de Filinto Müller, o chefe de polícia do Estado Novo. A diretora repreendeu-o: "Goste-se ou não era o presidente da República e merece respeito". Imagino que o Filinto pertencesse a uma família lacerdista; estaria sob o influxo dos ódios daqueles tempos.

Meus pais não eram getulistas mas tampouco, até onde posso lembrar, estavam entre os odiadores. Lembro-me de ter visto na televisão a dupla Alvarenga e Ranchinho, chapéu de palha na cabeça, violas penduradas no pescoço, a cantarolar um estribilho que dizia "É ou não é/ piada de salão", e em seguida enunciar algo bem absurdo; depois dizer de novo, "É ou não é/ piada de salão", e enunciar outro, numa fieira de absurdos acompanhados pelos acordes das violas. A certa altura entoaram: "É ou não é/ piada de salão" (pausa) "o Getúlio se candidatar.../ e ganhar a eleição". Minha mãe comentou: "Só se for piada mesmo". É prova de que não gostava de Getúlio, mas tal sentimento não se refletia num clima familiar capaz de me fazer reagir como o Filinto.

A dupla caipira Alvarenga e Ranchinho era especializada em sátiras políticas. Diziam que ao término de suas apresentações não tardava a aparecer um camburão do Dops para levá-los à delegacia. Quando teria ocorrido o programa em que os vi cantarem o "É ou não é piada de salão"? Só pode ter sido antes da morte de Getúlio; possivelmente, nos meses que a antecederam. Admitir nesse período que o presidente, pressionado pela oposição, vilipendiado pela imprensa, ainda podia ganhar uma eleição, só como piada. Se vi na TV a "piada de salão" de Alvarenga e Ranchinho é porque a querida Admiral chegou à nossa casa antes do agosto fatídico, mas não me lembro de ver Getúlio na televisão. Getúlio para mim era a figura que aparecia nos cinejornais, a cortar fitinhas de inaugurações ou a sorrir para mulheres de chapéu no Jóquei Clube, a retardar o início de meus amados filmes do Oscarito.

Por aqueles anos meu pai, entre Getúlio e Lacerda, gostava mesmo era de Ademar de Barros. Um dia, passando de carro pela rua das Palmeiras, cruzamos com um caminhão que trazia Ademar, de pé, a saudar o povo nas calçadas. Talvez fosse na campanha eleitoral daquele mesmo ano de 1954, em outubro, quando Ademar foi candidato a governador. Em nosso carro, iam nos bancos da frente meu pai e seu irmão gêmeo. Os dois deixaram seus lugares, um de cada lado, e se juntaram aos aplausos ao candidato. Por que os dois gêmeos seriam ademaristas, pelo menos nessa tenra idade — em 1954 meu pai tinha 35 anos —, se nas veias de outros membros da família, notadamente dois dos irmãos mais velhos, corria um puro sangue udenista?

Talvez por isso mesmo. Dois irmãos mais velhos, comportados e estudiosos, tinham se formado um advogado, outro médico; os gêmeos, indisciplinados e maus alunos, não passaram do curso ginasial. Os irmãos mais velhos enlaçaram--se ambos em casamento com tradicionais famílias paulistas; os gêmeos com plebeias famílias italianas. Tinham que ser ademaristas. Um ponto em que coincidia toda a irmandade era na oposição, melhor dizendo no horror, ao comunismo. Uma vez meu pai deu com os olhos numa brochura em quadrinhos que eu trouxera da escola e, ao ver que contava a história de um operário, precipitou-se a uma sinistra conclusão — "Isso é propaganda comunista!". Ao examinar melhor o material — alívio! — viu que era a história de um operário seduzido pelas ilusões do comunismo e enredado traiçoeiramente em suas artimanhas. Nem podia ser diferente; o Externato Assis Pacheco jamais distribuiria propaganda comunista aos alunos. No comunismo os proprietários de casas e apartamentos tinham de dividi-las com outras famílias, e viviam todos apertados. O comunismo era tão cruel que as mulheres tinham todas que trabalhar.

Dona Lurdes informou-nos que por força do luto nacional as aulas estavam suspensas e dispensou-nos com a recomendação de que fôssemos direto a nossas casas, sem formar grupinhos pela rua. Recomendações desse tipo me eram familiares. Nas muitas perturbações da época, greves, tumultuosas campanhas eleitorais, rumores de golpes, meu pai telefonava do cartório e avisava que não era para sair de casa. Meu pai julgava de seu dever erguer uma redoma para isolar a mulher e a pequena prole dos assaltos do mundo instável e perigoso que era o da política e o da inquietação social. Naquele dia 24 de agosto não registrei em minha volta nenhum tumulto, só uma profunda, lúgubre tristeza.

O dia da morte de Getúlio desabou sobre mim menos como a tragédia do presidente do que como o choque da morte em si. As rádios cancelaram suas programações e tocaram só música triste; a realidade enorme e espantosa da morte se fazia presente na mais aparatosa das maneiras.

Naquela noite acabamos saindo de carro, não sei por qual motivo; vejo-me atravessando o túnel da avenida Nove de Julho, o rádio do carro a tocar música fúnebre e o peso da morte a me oprimir o coração. Não era uma morte particular, restrita à dor de uma família; era a morte pública, oficial, mas chocava e doía do mesmo jeito. Muitos anos depois, em visita ao Museu da República, instalado no Palácio do Catete, me vi diante do famoso pijama que Getúlio vestia naquele dia, exibido numa redoma, um furo junto ao bolsinho da esquerda a assinalar o ponto atingido pela bala suicida. O pijama está para aquele museu como a *Mona Lisa* para o Louvre; é a peça central, o foco para o qual os visitantes tomam rumo direto. A morte da comoção pública e das pompas oficiais, em 1954, agora se individualizava numa singela peça de roupa, das mais íntimas e domésticas, de uso na hora desprevenida em que se vai para a cama. Ao término de uma dramática reunião ministerial o presidente sobe a seus aposentos, veste o pijama, sai, dirige-se ao gabinete de trabalho, volta. Um funcionário nota que por baixo do paletó do pijama esconde-se algo volumoso. Outra vez no quarto, deita-se e dispara o tiro certeiro.

Não poderia errar; ninguém mais patético do que um presidente que fracassasse nessa hora. Se levado a um hospital, ferido, seria ridicularizado até o fim de seus dias. Sorte que a vivência de gaúcho da fronteira o fizera bom atirador. O suicídio foi a obra-prima de Getúlio. De indefeso diante da ferocidade dos inimigos passou a algoz. Ao disparar o revólver atirou-lhes o cadáver, único e mais fatal projétil que lhe restava. Os adultos com certeza intuíam a reviravolta política naquela noite, enquanto percorríamos a avenida Nove de Julho. A nós, crianças, restava que tampouco na manhã seguinte iríamos para a escola; o país estava de luto, para nossa sorte continuaríamos sem aula.

Tenho em mãos o boletim daquele ano. Minha nota mais baixa foi um 80 em Aritmética, em fevereiro, mês em que só tive 100 (a nota máxima) em "comportamento" e no curioso item "polidez". Em compensação, no mês de novembro, o último do ano letivo, tirei 100 em tudo e a média anual ficou em

95. Se ia bem na escola, o mesmo não ocorria nas aulas particulares de piano, ministradas por dona Iolanda, outra das irmãs proprietárias do Assis Pacheco. Ao nos fazer tocar o "Pour Elise" de Beethoven, dona Iolanda cantarolava nas notas finais: "Não tem pedal... Não tem pedal", mas eu me distraía e fincava o pé no pedal. Ela então me fazia repetir, e agora cantarolava mais forte e ameaçadora: "Não tem pedal... Não tem pedal". Dona Iolanda dava aula de canto orfeônico na escola e aulas particulares em sua casa, a duas quadras de distância, a vetusta e algo sombria residência em que morava com as irmãs.

Nas horas em que recebia os alunos, só ela restava na casa; as irmãs davam expediente na escola. As aulas, numa salinha separada da sala maior por uma porta dupla de vidro, começavam com os dois de pé, aluno e professora, em frente ao piano, em cima do qual havia uma imagem de Nossa Senhora. Fazíamos o sinal da cruz e rezávamos duas ave-marias e padre-nossos — tudo no Assis Pacheco, até as opcionais atividades paralelas, tinha que ter reza. A religião das irmãs era obstinada, exigente, avassaladora. Dona Iolanda conduzia a reza em voz alta, olhos resolutos apontados para a Virgem. Cumpridas as orações eu tomava o cuidado de aproximar do piano o banquinho de assento redondo bem suavemente, para evitar o ruído de seus pés sobre o chão. Dona Iolanda puxava sua cadeira e sentava-se com o corpo meio de viés para o teclado, tão perto que eu podia ouvir sua respiração. Em seguida abria o piano e, esquecida da piedade religiosa, passava à sessão de tortura. "É dó, não fá", corrigia. "Outra vez. Já não disse que é dó?"

O tom de voz subia, e o grau da cobrança ia de um andante para um vivace. "Não tem pedal! Não tem pedal". Dona Iolanda era impaciente; fechava a cara, chamava a atenção — "Você não conseguiu aprender nada da última lição" —, e ao pobre incompetente restava baixar a cabeça e enterrar os braços entre as pernas, as lágrimas querendo aflorar nos olhos. Cada vez saía mais arrasado, humilhado e ofendido. Tinha vontade de dizer à minha mãe que não queria mais, que me tirasse daquela miséria, mas relutava. Renunciar ao piano me privaria de uma habilidade que eu admirava e gostaria de possuir, sem falar que viria a contrariar os propósitos, para o meu bem, de minha mãe.

Agonizei na indecisão por semanas, talvez meses, enquanto continuavam a chover as reprimendas da professora. Na classe olhava para os colegas, vasculhava suas expressões, concluía que, sim, podia haver felicidade fora do projeto de tocar piano. Os colegas sorriam e brincavam uns com os outros, o piano não lhes fazia a menor falta. Acabei por capitular; não aguentava mais as impacientes chamadas à atenção, não aguentava o fracasso. Um dia, ao ler a biografia de Beethoven, soube que o pai lhe fechava o piano em cima dos dedos para punir-lhe os erros. Beethoven aguentou os dedos esmagados e foi em frente. Eu capitulei a simples broncas e caras feias. Por uma ninharia o mundo privou-se de um novo Glenn Gould, um Horowitz, um Nelson Freire. De acasos semelhantes se fazem as glórias e os descartes da história.

Vejo-me nessa época como um garoto quieto, bom de comportamento e de polidez, ao qual assaltava uma pudicícia que lhe dava horror aos palavrões. Palavrão era pecado, era feio, sujo. Uma vez, descendo a Cardoso de Almeida, de volta da escola em companhia de dois colegas, o Luís Paulo, um lourinho de olhos azuis, e um baixinho chamado Pedro, elogiei um colega, ou grupo de colegas, com um julgamento drástico: "É gente que não fala palavrão!". Quando já atingíamos a rua São Geraldo, que dava na Cândido Espinheira, o baixinho Pedro — seria um incontrolável hábito? Seria para me provocar? — solta um palavrão. Minha pudicícia sofrera um memorável revertério.

Eu era dado à introspecção e à leitura, mas também aberto à rua, frequentador que me tornara, nos fins de tarde, da turma da esquina com a rua Monte Alegre. Ao Monteiro Lobato sucedeu, na mesma toada das histórias ambientadas num idílico Brasil rural, os livros da série Taquarapoca, de Francisco Marins. Também tinha paixão pelas histórias em quadrinhos, e colecionava as revistas da Ebal (Editora Brasil-América), das infantis, como *Mindinho*, estrelando o coelho Pernalonga, às do Super-Homem e do Batman. Os gibis despertavam controvérsia; seriam prejudiciais à educação; viciariam as crianças à preguiça da leitura facilitada. Dona Dalva, amiga de minha mãe e mãe de meu colega Carlos, os condenava. Dona Dalva partilhava com o marido ideias de um estrito sistema de educação. Uma vez disse que forçaria os filhos a fazerem o serviço militar porque era "bom para o caráter".

A condenação às histórias em quadrinhos ocorreu numa conversa em frente à casa dela, na rua Homem de Melo. Eram proibidas em sua casa, viciavam e afastavam dos bons livros. Minha mãe ponderou cautelosamente que talvez houvesse, por outro lado, algum benefício às crianças e me pôs na conversa: "Você me falou outro dia de uma revista que ensinava geografia". Eu confirmei: disse ao ouvido atencioso de dona Dalva que a revista *Mickey* ensinava geografia. O argumento era débil; tinha base em viagens da personagem em suas peripécias detetivescas. Também era falacioso; não creio que lendo o *Mickey* tenha deparado com uma única capital de país cujo nome eu já não soubesse, ou nome de rio. Mas creio ter defendido o lado certo na controvérsia.

Carlos, o filho de dona Dalva, era o primeiro da classe; a educação estrita não se contentaria com menos. Recordo-o naqueles anos compenetrado e de braços cruzados, como recomendavam as professoras que ficássemos quando não tínhamos que ler ou escrever. Eu não era o primeiro, mas era um dos melhores. Numa certa tarde, fazendo a lição de casa, derramei todo o tinteiro de nanquim sobre o caderno onde desenhava os contornos de um mapa. Minha mãe zangou-se. E agora? Como eu ia me justificar a dona Hebe? Consternado, abatido, sem outra linha de defesa, choraminguei: "Mas a dona Hebe disse que eu sou um dos melhores da classe". Ao rememorar o episódio, minha mãe dizia que nessa hora desabou de remorso; não sabia que eu era dos melhores. Infelizmente eu era.

Reconstituir a minha mãe daqueles anos requer, assim como o fiz com meu pai, percorrer um livro ao contrário, desprezando as páginas mais recentes, pulando as do meio, para focá-la no esplendor dos 34 anos que ela completou em 1954. Ela era ordeira e disciplinada. Quando nos julgava malvestidos, sua reação era: "Você está parecendo um judas". Quando nos comprava uma roupa ou um sapato mais rústico, para uso diário, dizia: "Este sapato (ou esta calça, esta camisa) é para bater". Quando alguma roupa, ou sapato, estava velho e esgarçado, o comentário era: "Esta roupa (ou sapato) está pedindo outra". Impressionava-me a destreza com que ela descascava laranjas e arrumava as camas. Com perfeito domínio dos movimentos em espiral que imprimia à faca, a casca da laranja lhe saía inteira. Podíamos até recompô-la e produzir uma laranja oca. Na arrumação da cama, em movimentos rápidos e coordenados, produzia uma mágica ao deixar os lençóis e colchas tal qual acabados de ser tirados da gaveta.

Minha mãe resguardava-se como era de rigor às senhoras de respeito. Quando se matriculou numa autoescola coube-me ir junto às aulas, no banco de trás; seria inconveniente deixá-la só com o instrutor. O instrutor (dá-lhe, memória, tu és grande!) chamava-se, a quem interessar possa, seu Idalino. Minha mãe era doce e carinhosa mas havia momentos em que se enfurecia e, enquanto dava a bronca, punha a mão fechada entre os dentes, como a evitar que a mão escapasse de controle e disparasse, espalmada, contra o corpo do filho ou da filha. Quando na escola cabia-nos algum papel especial, ou íamos a alguma disputa esportiva à qual ela não teria acesso, dizia: "Queria ser uma mosquinha para voar até lá". Perfeita parceira de meu pai, assim como ele tecia uma redoma que nos protegeria da política, o supremo objetivo, também por parte dela, era construir para os filhos um ambiente avesso ao risco. Tudo em seu lugar, tudo como em todas as famílias e tudo como imaginava que os outros gostariam de nos ver.

As transmissões de TV naquele tempo só começavam ao cair da noite. Com isso, poupavam as mães de controlar o tempo que os filhos passavam diante da tela. A Admiral entrou em nossa rotina sem provocar tensões. Meus pais até me permitiam assistir a uma atração campeã de audiência como *O Céu é o Limite*, programada para tarde da noite, e que para mais tarde ainda ficava porque a TV Tupi, aproveitando a expectativa do público, empilhava inumeráveis anúncios nos minutos anteriores à sua entrada ao ar. Nos testes de perguntas e respostas em que consistia o programa, virei proustiano sem conhecer uma página sequer do escritor francês, ao torcer pela senhora que, programa após programa, em nível de dificuldade crescente, respondeu sobre sua vida e obra. E travei conhecimento com um moço alto, simpático, algo contido, de nome Sérgio Porto, que respondia sobre música popular brasileira e que eu não sabia ter como codinome Stanislaw Ponte Preta, se é que já o tinha. A televisão nos trazia um mundo para dentro de casa, mas não sem ônus. Para bem fixar a imagem eram-nos necessárias repetidas manobras na antena, composta por duas hastes de movimentos independentes uma da outra, fixadas no cocuruto do aparelho. Vira para cá, vira para lá, e a imagem começava a se liberar dos "fantasmas" (figuras evanescentes como auras) e dos "chuviscos" (risquinhos que piscavam na tela) — isso quando se liberava.

Havia três emissoras em São Paulo: Tupi, canal 3, Paulista, canal 5, e Record, canal 7; para sintonizá-las rodava-se o maior dos botões abaixo da tela e o som era como o de uma rosca vencendo mal azeitada engrenagem. Todos os botões da época eram de girar, não só da Admiral, mas também dos rádios e das vitrolas, e isso configura uma decisiva marca dos tempos, a séculos de distância dos botões de apertar e das telas obedientes a um roçar. Estávamos na era bruta dos telefones pretos com uma roda de discar e dos relógios de pulso de dar corda. Entre rodar um botão e apertá-lo, entre rodar um botão e tocar uma tela, há uma diferença de exigência, nos movimentos dos dedos, que não pode deixar de causar alarme nos finos mecanismos do cérebro, pobres de nós, educados na primeira alternativa.

O televisor tinha também o botão chamado "vertical", cuja função era conter o defeito, muito comum, de a tela escapar de controle e passar a rolar de cima para baixo, despencando sobre si mesma e repetindo-se como as águas de uma cachoeira. Não era fácil; às vezes conseguia-se, mas logo ela voltava a rolar. Acontecia também de a imagem de repente sumir, substituída por estranhas faixas zebradas ou pelo branco puro e simples, acompanhada por um simultâneo colapso do som; abria-se então em casa uma conversa especulativa sobre a origem do problema. "É de lá", dizia minha mãe. Em seu otimismo ela sempre achava que era "de lá", quer dizer, um problema da transmissão, não de nosso aparelho receptor. Quando o problema era "de cá", cabia-nos a triste sorte de chamar o técnico. "Chamar o técnico" significava que até vir este profissional, com sua malinha de ferramentas, como os médicos de família, poderia demorar alguns dias; enquanto isso ficaríamos sem televisão. O problema poderia ser a válvula que queimou, e a solução era rápida; mas podia ser mais complicado, circunstância que obrigaria o técnico a levar o aparelho para sua oficina, privando-nos dele por mais tempo ainda.

No quinto ano, o último do curso primário, mudava o regime no Assis Pacheco. Até então meninos e meninas haviam estudado em períodos diferentes, os meninos de manhã, as meninas à tarde. No quinto ano, assombrosa inovação, a classe era mista e à tarde, mas não se imagine que com isso a bom externato escancarasse as portas à promiscuidade — havia a precaução de acomodar as meninas de um lado da sala e os meninos de outro. Naquele tempo as meninas se chamavam Regina, Vera, Ana Maria, Cristina. Uma das Reginas era a mais bonita da classe; lembro dela com cabelos negros, uma franja cobrindo-lhe a testa, talvez covinhas nas faces. As meninas usavam blusas cor-de-rosa como as nossas e saias pregueadas azul-marinho, mesma cor de nossas calças curtas.

Raros eram os meninos que se juntavam às meninas no recreio; eu não me juntava. Em minhas leituras, por essa época, onze para doze anos, as tramas amorosas já valiam tanto quanto ou mais que as aventuras. Li *Tom Sawyer* numa edição da coleção Os Audazes, da Editora Vecchi, em papel tosco, quase papel-jornal, e mais que as artimanhas do herói me empolgou o namorico entre

Tom e Becky — o momento em que ele se acomoda ao lado dela durante a aula e escreve "Eu gosto de você", o outro em que ela rasga o livro do professor e ele se acusa do delito para protegê-la, a passagem em que, de mãos dadas ou abraçados, os dois percorrem, sem achar a saída, os labirintos de uma caverna. Os livros da coleção Os Audazes eram vendidos em bancas de jornal e eu passei a acumulá-los — livros de autores como Robert Louis Stevenson, Rafael Sabatini, James Fenimore Cooper.

Outra descoberta foi a Edição Maravilhosa, coleção da Ebal com versões em quadrinhos de clássicos da literatura; eu e o primo Antônio, cada um de seu lado, viramos ávidos colecionadores. Conheci primeiro em quadrinhos histórias de Alexandre Dumas, Júlio Verne e Jack London, mas também um elenco de autores de língua portuguesa, entre os quais escolhi José de Alencar como o favorito. Contrariando a tese de dona Dalva, segundo a qual as histórias em quadrinhos viciam e inibem a leitura de livros, do Alencar quadrinizado subi ao Alencar dos livros, consumindo em edições da Melhoramentos as histórias românticas de A pata da gazela e O tronco de ipê. No jornalzinho que fazia com meu primo defini Alencar como o maior escritor brasileiro, num texto em que me socorria da autoridade de Machado de Assis para sustentar tal ponto de vista.

No quinto ano, também chamado de "curso de admissão", porque nos preparava para os exames de acesso ao ginásio, a professora era dona Ester, a única casada, entre as irmãs. Aprendia-se fácil e sem sustos, com a competente dona Ester. Minhas notas mais baixas, conforme o boletim em minhas mãos, ocorreram em fevereiro — 75 em português e 78 em caligrafia (estranho, minha letra era redondinha). Progredi nos meses seguintes e terminei com a média anual de 89,8. Curiosa é a oscilação nas notas de comportamento — de 100, em fevereiro, caí para 98 em março e alarmantes 85 em abril. Antes de desentocar o boletim, há tanto tempo esquecido nas gavetas, eu me julgava impecável em comportamento.

Guardo do quinto ano um bonito álbum encadernado, de capa preta (já com furos de traça), cujo título é "Biografias", e cujo conteúdo descreve 33 figuras da história do Brasil, de Pedro Álvares Cabral a Machado de Assis. Cada página do livro, em papel de cartolina, traz uma biografia, escrita com minha caprichada letra, e no alto o retrato do biografado, recortado, lembro-me bem, de uma série de cadernos escolares que trazia na capa os heróis da pátria. Folheio o álbum a esmo. De Felipe Camarão, o quarto homenageado, escrevo: "Vence os holandeses e recebe como prêmio o título de Dom e o de Capitão-Mór do Exército brasileiro". De Raposo Tavares: "Assombra a audácia do paulista". De Joaquim Nabuco: "Era dotado de grande inteligência". De Carlos Gomes: "Campinas ergueu-lhe uma estátua e em São Paulo há a concretização dos principais vultos das suas óperas nos jardins do Anhangabaú". Detenho-me na biografia de dom Pedro II: "Foi o mais ilustre dos reis de seu tempo. Viaja pela Europa, América do Norte e pelo Egito. Seu governo foi longo, fecundo e honestíssimo. Destacava-se na administração de artes, letras e armas. Despojado do trono, expulso da pátria, sofre resignadamente. Está sepultado juntamente com sua esposa na catedral de Petrópolis".

Outro álbum, mais importante, eu guardo na memória. No fim do ano, que era também a despedida da escola, as meninas colhiam entre os colegas textos de recordação da etapa que se encerrava em nossas vidas. Estou sentado no meu canto quando se aproxima a Regina, a menina mais bonita da classe. "Gostaria que você escrevesse no meu álbum", diz timidamente, e logo se retira. Ela sabia que eu existia! Não sei se ela fez o mesmo pedido para outros meninos. Decido naquele momento, e para sempre, que não; fui o único, o escolhido. Creio vê-la tão embaraçada quanto eu, e não sei se por iniciativa dela ou minha decidimos que eu levaria o álbum para casa e o devolveria no dia seguinte.

Seguiu-se que escondi cuidadosamente o valioso objeto entre as minhas coisas; não queria que meus pais tomassem conhecimento dele. Penei, trancado no meu quarto, em busca da palavra certa e do tom certo; perpetrei mais de um rascunho, antes de transpor para o álbum, com minha bonita letra, o texto duramente concebido. Tivesse eu guardado um dos rascunhos possuiria um documento de raro valor. Não, aquele menino não guardaria semelhante papel; e se minha mãe o descobrisse? Ninguém podia saber. Primeiro, porque era um assunto só meu; segundo, porque essas coisas de namoro, ou de enamoramento, revelam um descuido das coisas sérias da vida, que são mãe, pai, religião, estudo, dom Pedro II, Raposo Tavares, Joaquim Nabuco etc.; terceiro, porque o ato de envolver-se com o sexo oposto guarda algo de proibido, ainda que apenas intuído. No dia seguinte novo embaraço, ao devolvê-lo. Devo ter murmurado algo como "Está aqui seu álbum", ao que ela teria respondido "Obrigada". E assim acabou o nosso caso.

Meu melhor amigo na turma da rua, por esses tempos, era o Ricardo. Apesar de um ou dois anos mais velho, ele tinha a minha altura, ou até talvez fosse um pouco menor, o que o qualificava entre os "os pequenos", em oposição aos grandes, nos jogos e brincadeiras. Entre os "grandes" reinava o Bira, sujeito meio mal-encarado, temido. O Ricardo tinha sobrancelhas grossas e pele morena. O fato de ser mais velho e me dar atenção fazia eu me sentir prestigiado. Um dos programas que fazíamos juntos era assistir às sessões do cine Esmeralda, o mais perto de casa, na esquina da rua Traipu com o largo Padre Péricles. Um dia, ao deixarmos o cinema, Ricardo comentou: "Quando ele pôs a mão na perna dela, logo percebi que tinha sido tocada".

Como assim? Tocada? Como tocada? Nas muitas vezes em que esse episódio me veio à cabeça ao longo da vida, sempre me perguntei que filme teria sido esse da moça tocada; o que via na época eram chanchadas da Atlântida. Outra perplexidade é com esse termo "tocada", que estranho até hoje, para designar o que Ricardo tinha em mente, e que no entanto foi a pedra de toque para me abrir o maior dos segredos do mundo adulto. Enquanto voltávamos para casa Ricardo continuava no assunto. "Então você não sabe?" Não sabe o quê? "Não sabe como são feitos os filhos?" Eu não sabia. Ricardo explicou, o homem isso, a mulher aquilo, enfia aqui, recebe ali, esguicha acolá, cresce a barriga. Claro que reagi com estupefação e incredulidade. Meus pais fizeram isso!? Na primeira oportunidade repassei a novidade ao primo Antônio, como repassava tudo, com mais razão ainda por se tratar de algo tão bombástico, e se não estou enganado ele também não sabia. Nos meses seguintes eu e Antônio nos demos a diversas especulações sobre o assunto. Lembro que uma das questões era o que significaria exatamente uma mulher "gostosa", e a hipótese que formulei é que gostosas seriam as mulheres gordas, porque fofas e portanto mais agradáveis de se deitar em cima.

Anos depois reencontrei o Ricardo, na casa de um amigo na Granja Viana. Devíamos estar na casa dos trinta e poucos anos. Foi um breve encontro, em que trocamos poucas e inócuas palavras. Lembraria ele da mulher tocada? Uma vez de posse da estarrecedora revelação, dei minha infância por encerrada. E parti para o curso ginasial com a determinação de ser mau aluno, de piorar minha letra e de falar palavrão.

8. O piano da tia

Em 1957 registraram-se três eventos dignos de menção: mudamos para a rua Homem de Melo, entrei no ginásio e o piano de tia Carla transferiu-se para nossa casa. Pianos são seres circunspectos. Falo dos pianos de armário, como o da tia, agora nosso, não os pianos de cauda, estes, ao contrário, exuberantes como pavão. No plano das aves o piano de armário, quando mudo, equivaleria antes a um pássaro solitário, cabisbaixo e imóvel na ponta de um galho seco, a siringe silenciada pela irremediável doença da tristeza. Os móveis têm uma vida secreta, e incluo o piano entre os submetidos a esse destino porque, sem deixar de ser um instrumento, é também um móvel. Usei o indeterminado "transferiu-se" para narrar sua materialização em nossa casa porque não sei de quem partiu a iniciativa de trazê-lo: se da tia, da minha mãe, de uma insistência minha ou de minha irmã. Mais justo e compreensível seria o próprio piano ter criado asas e voado de um lugar ao outro. Era um piano infeliz, mais móvel do que instrumento, condenado ao silêncio e ao ócio na sala de jantar da casa da tia; constituía-se ao mesmo tempo numa vítima e na testemunha incômoda do fracasso do sonho que um dia levara a tia a cursar o Conservatório, conforme contei no capítulo 4.

A querida tia Carla dos olhos tristes mais entristecido me deixou quando tomei conhecimento de umas linhas de sua autoria, numa folha de papel guardada dentro de um livro que foi seu, *Corso di lingua italiana*. O livro, que capturei na casa da tia Lia, muitos anos depois da morte da tia Carla, com a intenção (não realizada) de também estudar o idioma, está encapado com um plástico de quadradinhos em dois tons de azul. Só muito recentemente descobri dentro dele, dobrada em duas, a folha contendo a peça a que me refiro: uma redação, datada de "23 giugno 1964", sob o tema "Volli, volli" (expressão equivalente a "querer é poder"). Escreveu a tia:

Io da bambina ho sempre desiderato di essere musicista. Ho studiato nel conservatorio musicale de San Paolo. La musica é stata sempre la mia passione. [...] Oggi mi ricordo con nostalgia del mio tempo de studentessa, quando con le mie colleghe facevamo delle reunioni musicali. Dopo nove anni di corso sono riuscita a laurearmi e posso dire que volere é potere.

O fato de a tia se ter proposto a aprender o italiano já é digno de nota, ainda mais que o fez em idade madura; no ano da redação ela tinha cinquenta anos. Quer dizer: não bastasse o piano ter jazido mudo em sua casa, havia até já se desfeito dele. A redação celebra um triunfo: o de ter conseguido chegar ao diploma do conservatório. Ora, isso é pouco, para quem "*da bambina*" sonhou em se tornar pianista. A tia recorre a um mero truque de estudante para se adequar ao tema proposto. Tia Carla morreu em 1970, aos 56 anos, única a contrariar a regra de longevidade que empurrou as irmãs para além dos noventa. Um dia, já na fase terminal do câncer no seio, minha mãe foi visitá-la e ela lhe soprou baixinho ao ouvido: "Eu vou morrer". Morreu poucas horas depois, deixando como legado anos e anos de severa administração da casa em que continuariam a viver seu pai e duas irmãs. O desejo "*di essere musicista*" encontrava-se tão irremediavelmente arquivado que o piano já fora despachado para fora de casa.

Eu gostaria de ter tido uma tia louca. Uma que fugisse com o trapezista do circo, ou que tivesse sido dona de bordel. Podia ser mesmo, para citar hipótese menos radical e mais próxima da opção juvenil de tia Carla, uma tia que virasse pianista de boate. Ganhei, em vez disso, tias carolas do lado de meu pai e pequeno-burguesas de estrita obediência aos bobos constrangimentos de seus círculos, do lado de minha mãe.

O piano da tia foi alojado em meu quarto, na nova casa; era um quarto comprido e estreito, minha cama ficava numa extremidade e o piano na outra. Com toda a probabilidade sua transferência teve a ver com a esperança de que eu ou minha irmã viéssemos a nos interessar por aprender a tocá-lo. Não deixamos de lhe aplicar esporádicas e descomprometidas marteladas, mas não fomos longe. Eu já tinha no passivo a frustração das aulas com dona Iolanda, ao som do impiedoso "não tem pedal, não tem pedal". Tão inexplicavelmente como veio, como se verá, um dia o piano foi embora de nossa casa. Talvez se tenha retirado de fininho.

A mudança para a Homem de Melo conferiu-nos uma distinção: trocamos a parte baixa das Perdizes pela alta. A divisão entre a parte baixa e a alta espalha-se por diferentes bairros de São Paulo. Existem os bairros de Pinheiros e do Alto de Pinheiros, da Lapa e do Alto da Lapa. Na origem, estes e outros "altos" e "baixos" assinalavam a distância em relação aos rios e as estradas de ferro. Os rios eram tidos como infectos e as estradas de ferro, muitas vezes paralelas aos rios e córregos, além de produzir barulho e sujeira, ainda atraíam as fábricas, e com elas os bairros operários, tudo em desconformidade com os ideais de ordem, silêncio e isolamento de classes sociais que, tal qual as ladeiras dos bairros "altos", também viviam processo de subir.

Ao contrário dos altos de Pinheiros e da Lapa, o "Alto das Perdizes" jamais foi promovido a denominação oficial. Partilhava com esses outros, porém, a condição de ser "estritamente residencial", e por isso mais prestigioso. O que menos os urbanistas recomendam hoje são as áreas estritamente residenciais. O uso misto dos espaços, a avizinhar residência, comércio e serviços, é tido como o ideal para o conforto (fazem-se as compras e obtêm-se os serviços a pé) e a segurança (as ruas são vigiadas por múltiplos olhos e raramente ficam desertas). Já naquela época, a distância do burburinho e do corre-corre dos núcleos comerciais era uma aspiração das classes médias e ricas.

Na rua Homem de Melo galgávamos a encosta que, centralizada na rua Cardoso de Almeida, por onde subia o bonde (linha 19), vai alcançar seu cume na rua Caiubi, lá em cima. Deixávamos para trás, aliás para baixo, a rua Cândido Espinheira, a dois passos do antigo largo das Perdizes, já então largo Padre Péricles, onde começou a povoação dos campos antes dominados pelas perdizes que lhe legaram o nome e de interesse apenas dos caçadores que se aventuravam a capturá-las. Na rua Homem de Melo, quarteirão entre ruas Cardoso de Almeida e Monte Alegre, faríamos nossa estreia na parte alta do bairro, e por lá continuaríamos ao mudar menos de dois anos depois para a rua Conselheiro Fernandes Torres, a apenas dois quarteirões de distância.

Não é que o alto das Perdizes prescindisse totalmente de comércio. Na Cardoso de Almeida havia uns poucos estabelecimentos, que rareavam à medida que a rua avançava. Na esquina de casa havia uma farmácia e entre uma ida e outra ao local acabei ficando conhecido do proprietário, seu Donaldo. Ele me perguntava da escola e me falava de suas impressões do bairro, que conhecia fazia pouco. Também conversávamos quando eu passava em frente à farmácia e o encontrava junto à porta. O assunto variava do tempo ao jogo de futebol da véspera e o tom era de igual para igual, como amigos, não como adulto com adolescente. Podia estar voltando da escola e contava-lhe algo ocorrido na aula; ou ele me contava algum caso ocorrido com um cliente. Sobretudo seu Donaldo sabia o meu nome, e eu me sentia honrado quando ele me cumprimentava declinando-o na frente de outros clientes. Mesmo para os adultos é sinal de prestígio quando um comerciante ou funcionário os trata pelo nome. Há quem frequente determinado restaurante porque os garçons o tratam pelo nome.

No caso do farmacêutico da esquina é também sinal de congraçamento com a comunidade do bairro. Invoco seu Donaldo como um homem de aparência jovem, talvez nos seus trinta e tantos, no máximo quarenta anos, cabelos negros que descreviam um alto topete e o jaleco branco de paramédico. Nossa "amizade" terá durado alguns poucos meses; um dia passo em frente à farmácia e percebo a porta de aço, daquelas de enrolar, fechada. Era dia útil e estávamos em horário comercial. Por que seria? Aproximo-me e vejo um comunicado fixado à porta. Aproximo-me mais e leio num papel margeado por tarjas negras: "A farmácia permanece hoje fechada em sinal de luto pela morte de seu proprietário, sr. Donaldo de Tal". Como descrever o choque do jovem amigo do falecido? (É assim que Stendhal, de quem estou relendo *A cartuxa de Parma*, introduz os momentos de emoção dos personagens.) Senti-me desacorçoado, como pode ser?, como acreditar?, paralisado diante daquele atroz comunicado, emoldurado por irreais tarjas negras, colado numa grosseira porta de aço. Devia haver algum equívoco. Eu estivera com seu Donaldo outro dia mesmo, e gente que esteve conosco outro dia mesmo, e se mostrava tão normal, tão como sempre, não pode morrer sem mais nem menos.

O que pesava mais não era a perda em si do parceiro, afinal nosso relacionamento era de encontros ligeiros e inconsequentes; pesava a brutalidade da morte em si mesma, a morte pura, sem preâmbulos, sem tergiversações, nem tampouco mistificações. Seu Donaldo morreu de uma morte que exige a vítima inteira e confiante, costumeira e desprevenida, só para mostrar o seu poder. Aos sete anos eu perdera minha avó materna, mas foi uma morte em família, para dividir com os parentes e doer mais em minha mãe do que em mim. Já disse em outra parte que a morte de Getúlio também me chocou, mas essa foi uma morte pública, nacional. A de seu Donaldo tinha a especificidade de ser uma morte só minha. Meus pais mal o conheciam e pouco se importaram com a notícia. Também me faltava conhecer algum parente ou amigo do farmacêutico com quem pudesse partilhar a perda. O dano que me causava era pessoal e intransferível, um peso que por semanas e semanas não me deixaria sossegar. "Seu Donaldo morreu, seu Donaldo morreu", eu repetia, incrédulo. Tentava me consolar com o pensamento de que a vida é assim mesmo, nasce-se e morre-se; não adiantava.

Se é certo que a vida é assim mesmo, não devia ser! Simplesmente não devia ser! Não pode alguém tratá-lo bem, chamá-lo pelo nome, construir uma amizade e, num certo dia, desaparecer, deixando um recado — "Morri" — na porta de aço da farmácia. Falo de um acontecimento de mais de meio século atrás. Quem ainda se lembrará de seu Donaldo? Terá deixado descendentes? Alguma lembrança, a foto em um álbum de família? Terá alguma sobrinha-neta que, folheando o álbum, explique: "Este era o tio Donaldo, pessoa de que todo mundo gostava muito, coitado, morreu tão cedo!". Nesta página faço-o ressurgir de sua obscura passagem por esse mundo e imagino a surpresa que teria ele próprio se, ressuscitado, a lesse. Quem seria esse menino?, se perguntaria. Meu amigo? Trocávamos cumprimentos? Mas eu cumprimentava tanta gente...

Eu estava então no ginásio, o nível de ensino que num futuro ainda distante viria a ser rebaixado para a denominação "fundamental 2". "Ginásio" era nome que o distinguia de forma cabal do "primário", o futuro "fundamental 1". Era água e vinho, não o vinagre da continuidade sugerida pelas novas denominações. Um dia o irmão gêmeo do meu pai comenta: "Os meninos se sentem importantes quando entram no ginásio". Estávamos os três — meu pai, seu irmão e eu — na única sala privativa do cartório, separada por tabiques e pequenas janelas do ambiente geral em que as mesas de aço dos escreventes se sucediam umas às outras. Era a sala do tabelião, o chefão do local; meu avô, que viria a morrer naquele ano, talvez estivesse doente, daí que os dois irmãos ocupassem seu lugar. Além de ginasiano eu agora ia sozinho à "cidade", como chamávamos o centro, seja para uma compra, seja para ir ao cinema, seja para

119

as aulas da Cultura Inglesa que eu começava a frequentar. A Cultura Inglesa ficava na rua José Bonifácio, paralela à Senador Feijó, a rua do cartório. Indo à cidade, não importa por qual motivo, eu passaria no cartório e voltaria para casa com meu pai. "Eu sei por minha própria experiência", continuou o irmão gêmeo de meu pai. "Entrar no ginásio era como deixar de usar calças curtas", acrescentou meu pai. Depois de bater levemente à porta entrou o Matos, um veterano escrevente, corpulento, de ralos cabelos brancos no alto da cabeça e cujo rosto, normalmente vermelho, ainda mais vermelho se apresentava, de tanto represar a gargalhada que lhe pedia passagem no peito. "Sabem como se chama a mulher que estou atendendo?", perguntou. E anunciou, junto com a gargalhada aprisionada: "Manoela Porras y Porras".

Ao que parece o escrevente me considerava "importante" o suficiente para ouvir uma história de deboche indecoroso. E ao que parece também meu pai e meu tio, porque acompanharam a risada sem se constranger com minha presença. Matos era um funcionário que já adquirira o status de amigo da família, quase parente. Outros eram primos, próximos ou distantes. O que cuidava do caixa, e ocupava uma mesa ao lado de um alto cofre, era primo próximo. O cartório era uma confraria de amigos, parentes e contraparentes amealhados desde os primórdios por meu avô.

Cartório soa a instituição velhusca, sisuda, poeirenta. Não lhe fazem bem no Brasil o adjetivo "cartorial", indicativo de uma burocracia abusiva, opressiva, nem o substantivo "cartório", no sentido de prebenda, dádiva imerecida a cúmplices do poder. Ter de ir a cartório, para mim, hoje, e creio que para a maioria das pessoas, é cumprir uma obrigação aborrecida. Naquele tempo cartório era para mim o lugar onde homens de terno e gravata trabalhavam (nenhuma mulher lhes fazia contraponto) e entre uma obrigação e outra falavam de futebol, de programas de TV, de cantoras do rádio e trocavam anedotas masculinas. O ambiente de mesas alinhadas em um amplo salão, com o chefe trancado em seu cubículo, assemelhava-se ao que eu viria a conhecer nas redações de jornal, mas onde o glamour que eu via nas redações, e que viria a me conduzir a elas, era substituído pelo ranço de tarefas sem graça nem imaginação. Não mais se executavam os documentos a mão, como secularmente se fez em semelhantes serviços; muitos já podiam ser datilografados, uma concessão aos tempos modernos. O mundo de meu pai, ordinariamente manso e sem surpresa, nos era trazido no jantar com histórias como a destreza do escrevente X, capaz de imprimir incrível velocidade à máquina de escrever, ou as do cliente Y, que ele não aguentava mais porque toda vez se queixava: "Ai, como é duro ter propriedades neste país...". Meu pai ficava com vontade de lhe sugerir que se desfizesse delas, doando-as todas.

Não sei se era o meu caso "sentir-me importante", como imaginou meu tio. Mas havia razões para me sentir diferente — mais livre, e diante de um mundo mais rico e mais plural. No Colégio Rio Branco, onde agora estudava, não havia a impregnação religiosa do Externato Assis Pacheco. Era laico e atraía uma numerosa clientela judaica. Também era uma escola que, embora perto da minha casa, no vizinho bairro de Higienópolis, não consistia numa instituição "de vizinhos", como o Externato Assis Pacheco; conhecido em toda a cidade, abrigava alunos de diferentes bairros. Outro ponto que revolucionava minha experiência escolar eram as classes mistas, e não só mistas como misturadas, os meninos e as meninas sentando-se onde bem entendessem, menino ao lado da menina se calhasse — não meninas de um lado e meninos de outro, como no quinto ano do Assis Pacheco. Havia meninas já grandes, peitudas. Havia também a turma dessa categoria maldita que são os "repetentes" e alguns, suprema audácia, fumavam, em recônditos recantos da escola ou abertamente, na saída.

Mais um traço distintivo era que tínhamos agora vários professores, um para cada matéria, e não a professora única das classes do primário. Os professores eram na maioria homens, diferentemente do primário, em que as professoras meio que acumulavam o papel de mães substitutas. O ambiente era de liberdade, embora um caso de indisciplina pudesse valer uma anotação na caderneta, à qual os pais deviam apor o seu "ciente". No meu primeiro ano o Rio Branco ainda ocupava sua antiga sede, na rua Dr. Vila Nova, onde depois viria a se instalar a Faculdade de Economia e Administração da USP. Havia uma biblioteca, que me merecia respeito, logo à entrada do prédio, e aos fundos uma piscina, à cuja beirada o japonês Sato dava aulas de natação.

Eu tomava dois bondes, para chegar ao colégio. Primeiro o "Perdizes", que descia a Cardoso de Almeida e seguia até a praça Marechal Deodoro, e em seguida o "Vila Buarque", que subia a Angélica e dobrava à esquerda na avenida Higienópolis, antes de me deixar na rua Maria Antônia. O primeiro bonde era o apelidado de "camarão", fechado e avermelhado; o segundo era aberto, com estribos nos quais se podia viajar de pé, em desafio aos ventos e aos perigos. Um teste de destreza era descer do bonde andando, num pulo que do estribo nos despejaria na calçada. Pagava-se o bonde com "passes", pequenos papeluchos que para os estudantes barateavam a passagem. Em meu segundo ano o colégio já mudou para o prédio novo, um caixotão feio, sombrio, no final da avenida Higienópolis. Agora estava mais perto de casa e eu podia ir até a pé, cruzando o vale do Pacaembu.

O propósito de ser mau aluno com que ingressei nessa nova etapa foi preenchido com as notas 5 em português e 4 em latim logo no primeiro mês de aulas, assim como pelo mergulho no abismo representado por uma nota 3, ainda em latim, no mês de agosto, pelo 6 em matemática no mesmo mês e pelo 5 em francês em outubro, segundo registra a caderneta verde, de capa dura, que guardo até hoje. Também ganhei uma anotação, no dia 31 de agosto, do seguinte teor: "Excluído da aula de matemática por excesso de conversa". Mas na "prova final", válida para o conjunto do ano, tais propósitos se anularam com notas 10 em cinco das nove disciplinas (português, francês, história do Brasil, até em desenho, eu que nunca soube desenhar, e em canto orfeônico, eu que nunca soube cantar), além de um 9,5 em latim e de notas 8 em matemática e geografia. Solitário consolo, para quem tinha por meta fracassar, foi o magro 6 em trabalhos manuais — matéria em que nos iniciavam na confecção de utensílios em gesso e em madeira.

Nenhuma surpresa. "Você é jeitoso, vai conseguir", ouço minha mãe dizer, consolando-me de meu desajeitamento. Filha de marceneiro, talvez supusesse que eu herdaria as habilidades da família. Estava errada. Ainda posso sentir as mãos melecadas do gesso em estado úmido, eu na ânsia de que aquela informe substância tomasse um rumo civilizado, ou a falta de sutileza com que aplicava a serra em finas pranchas, sem a menor expectativa de obter a projetada linha reta. O professor de trabalhos manuais tinha um nome espanhol e a unha do dedo mindinho comprida (um irmão de minha mãe também o tinha, e o primo Antônio achava que era sinal de pertencimento a uma sociedade secreta). Notável evidência de como éramos antigos é que entre as disciplinas da primeira série ginasial (falávamos agora "série", não "ano") havia o francês, mas não o inglês. Inglês só entraria no currículo na segunda série, sinal de incerteza se essa língua viria a desbancar o francês como idioma franco universal.

O professor dessa grande novidade que era a aula de latim era o Antero, magro, terno surrado, pele escura a indicar a presença de sangue africano, e que fumava um cigarro atrás do outro. Professor fumando na classe era comum, mas nenhum como ele, que tinha os dedos amarelecidos de nicotina. Antero acompanharia nossa turma pelos quatro anos de ginásio e os três de curso clássico que se seguiriam, e quando penso nisso muito me revolto por não ter saído dessa maratona com perfeito domínio da língua de Cícero. Como toda a gente, sobraram-me na memória as declinações, a/ae/ae/am/ae/a para a primeira, i/orum/is/os/i/is para o plural da segunda (a ordem em que aprendíamos era: nominativo/ genitivo/ acusativo/ dativo/ vocativo/ ablativo) e sei perfeitamente que *Galia este omnia divisa in parte tre*, mas tudo somado e multiplicado é insuficiente para acompanhar um escasso verso de Horácio.

O culpado por eu não me ter tornado um latinista gosto de pensar que foi o Antero, que Deus o tenha, como a culpada por não me ter tornado um pianista foi dona Iolanda. Seu método era um modelo de aula preguiçosa. Escrevia no quadro-negro um longo período em português, repleto de frases intercaladas, calcada nos capítulos mais aventurosos da história romana, e ordenava-nos que a vertêssemos ao latim, com base no vocabulário fornecido ao lado. Antero sentava-se à mesa, dava mais umas baforadas, abria o jornal, e nós que nos virássemos em saber qual naco do período iria para o ablativo, qual para o nominativo, e onde pôr os verbos.

Estou misturando tempos. A longa frase para ser vertida em latim deve ter sido a rotina das aulas em anos mais avançados. Nesse início de ginásio a matéria chamada matemática, e não aritmética como no primário, era ensinada por uma professora, se não me engano de nome Marli; era a única mulher. No ano seguinte ganharíamos o Carvalho, que usava jaleco branco para poupar a camisa e a gravata da poeira do giz. Tinha o rosto redondo, um bigode fino, falava pouco e dizia graças sem mexer um músculo do rosto.

O professor de história era o Aldo, que expunha a matéria com fluência, enquanto ia e voltava na sala; raras vezes recorria ao quadro-negro. Era tão bom que no ano seguinte, aprovado em concurso, foi lecionar na USP. Encontrei-o muitos e muitos anos depois, em duas ocasiões, um evento em que bebeu muito, e enrolava a língua ao falar, e uma reunião em casa de uma vizinha, quando, ao sentar-se, a poltrona desabou e ele se estatelou no chão, indefeso e vermelho de susto, de raiva e de vergonha, para alarme de todos. Aldo era autor de um livro sobre o marquês do Paraná, sua tese de doutorado. Perguntei, numa dessas vezes, se tinha escrito alguma outra coisa e ele respondeu com um muxoxo de desagrado, quase nojo; entendi que não quis saber de escrever, fosse lá o que fosse, e tinha raiva de quem perguntasse se o tinha feito.

O professor de geografia era o Otacílio. Seu método era ditar a lição, e a nós cabia escrever o que ele ditava em nossos cadernos. Otacílio tinha a mania de dizer "O Planalto Central, ele... A Amazônia, ela...". Aquilo me irritava, mas hoje constato, ao ouvir entrevistadores e entrevistados na TV, que a duplicação do sujeito virou preferência nacional. O Otacílio, ele está vingado. Muitos anos depois fiquei sabendo que um juiz assassinado no interior paulista, um caso de grande repercussão, era filho do Otacílio. O velho professor foi poupado do desgosto; estava com Alzheimer, recolhido a um asilo. Por ter tido notícia deles em tempos relativamente recentes, Aldo e Otacílio são meus exemplos de como envelhecem os professores do ginásio. Não tenho outros.

O primeiro professor de português deixei na mesma idade que o conheci, talvez 45 ou cinquenta anos. Tinha o nome de uma conhecida personagem de romance de capa e espada, falava pouco, a barba cerrada tornava-o mais moreno do que já era e o semblante era sisudo. Ainda possuo o livro de sua autoria em que apoiava suas aulas, *Os cem erros mais correntes da língua portuguesa falada no Brasil e sua correção sob forma prática*. Desconfio que alguns desses erros ainda cometo e para testar-me abro o livro ao acaso. Caio na página 30. "Errado — Todos dias ele vai ao mercado e compra figos a Cr$ 5,00 cada. Todo mercado o conhece e tudo que diz é ouvido. Certo — Todos os dias ele vai ao mercado e compra figos a Cr$ 5,00 cada um. O mercado todo o conhece (ou todo o mercado) e tudo o que diz é ouvido." Desconfiei com razão; um dos erros, "Cr$ 5,00 cada", em vez de "cada um", eu cometeria. O professor dedica o livro a seus pais, ambos professores. O pai ele chama de "saudoso" e a mãe, que o ensinou "a ler e a amar a Deus", de "extremosa". Soube em anos recentes que o professor em questão militou nas hostes integralistas, o movimento que no Brasil emulava o fascismo italiano.

Contemplo uma foto de nossa turma da primeira série ginasial. Foi tirada na sala de aula, e junto conosco aparece o professor que hoje sei ter sido integralista. Conto 44 alunos, 23 meninas e 21 meninos, só seis, entre meninas e meninos, vestidos com o blusão da aula de ginástica, os outros com diferentes blusas e casacos. Mais uma particularidade da escola foi nos ter libertado do uniforme. Eu visto um pulôver escuro e tenho no rosto não diria que um sorriso, mas uma expressão de satisfeita autossuficiência. Sento-me à última carteira da fila do meio, e estou querendo dizer que me sinto muito à vontade, naquele momento, naquela sala e naquele posto. Talvez "importante", como queria meu tio. Sentar--me aos lugares do fundo fazia parte do meu projeto de ser mau aluno, projeto esse que significava, se não me fiz entender até agora, injetar à minha pessoa um tanto de atrevimento e outro de malandragem em reação à revoltante persona certinha dos anos da infância.

Ainda lembro o nome de muitos dos colegas, mas ignoro o que foi feito deles; não sei quantos terão morrido. Bem examinada a foto, rosto por rosto, concluo que dos 44 reencontrei na vida apenas dois, e de outros três tive notícia. Um dos que tive notícia me apareceu, num programa de televisão, na constrangedora condição de presidente do fã-clube do automobilista Ayrton Senna; outro virou economista conhecido. Pessoalmente revi uma das meninas na qualidade de esposa do presidente de uma associação de industriais. Outro que revi, uma única e fortuita vez, foi o Xavier, que na foto aparece com um sorrisinho maroto, os olhos espremidos como os de um chinês e trajando um colete que deixa à vista as mangas compridas de sua camisa branca. O Xavier foi meu parceiro num episódio crucial em minha formação, a ponto de não poder ser largado por aqui. À imitação de Machado de Assis, em circunstância semelhante, decido que ele merece abordagem mais descansada, em capítulo futuro.

Em 1958 mudamos para a rua Conselheiro Fernandes Torres. Enfim tínhamos casa própria. Foi comprada de um senhor chamado Palma, que meu pai considerava muito correto e me parece também muito piedoso, pois a casa possuía na parede da pequena varanda de entrada um nicho com a imagem de um santo, se não me engano são Judas Tadeu. A Conselheiro Fernandes Torres é uma rua humilde, de apenas um quarteirão e leito que, estivéssemos nos Alpes, forneceria aos esquiadores o impulso necessário para ganhar velocidade: à sua primeira metade, em forte ladeira, segue-se um plano horizontal, na segunda metade. Nossa casa ficava no ponto em que termina a ladeira e começa o plano. Mário de Andrade, que morava na rua Lopes Chaves, afirmava nunca ter sabido quem foi Lopes Chaves. Adianto desde logo que sei quem foi José Joaquim Fernandes Torres: um conselheiro do Império, várias vezes ministro e uma vez presidente da província de São Paulo. Ignoro o motivo pelo qual o nome de tal personagem, não das mais relevantes, tenha sido escolhido para batizar nossa rua, mas não o julgo inadequado; uma personagem obscura convém a uma rua obscura.

A Fernandes Torres estende-se entre as ruas Homem de Melo e Itapicuru e corre paralela às ruas Cardoso de Almeida e Traipu. No topo da ladeira começa a rua Atibaia, que até poderia ser considerada seu prolongamento, não fosse uma radical diferença de personalidade. A rua Atibaia é asfaltada e serpenteia em curvas, denunciando um próximo parentesco com o vizinho bairro do Pacaembu. O Pacaembu foi planejado pela Companhia Citi, que tinha como marcas registradas, ali como em outros bairros, o asfalto e as curvas, estas muitas vezes com a função de amenizar os rigores das subidas e descidas. Já nossa rua era forrada de paralelepípedos, o que convidava os pneus às derrapadas em dias de chuva, e exibia as ladeiras selvagens características do bairro das Perdizes.

Em que pesem tais inconvenientes era uma rua boa de se morar, com tráfego ralo, silenciosa durante a noite e com casas de aspecto agradável, não muito grandes nem muito pequenas, de muros baixos como era a regra na época, sem pretensão a concurso de arquitetura e no entanto acenando ao observador com a promessa de conforto e aconchego. Respirava-se na nossa vizinhança não só o cheiro adocicado das damas da noite (*Cestrum nocturnum*) cultivadas em alguns dos jardins, mas a inocência dos anos 1950, embora já no final. As cidades brasileiras ainda não haviam atingido a era em que se desfigurariam em um inadministrável crescimento. Uma passagem do diário de viagem de Pero Lopes de Sousa afirma que seu irmão, Martim Afonso de Sousa, plantou no Planalto Paulista povoação capaz de proporcionar aos moradores uma vida "segura e conversável". A delícia quinhentista desse "conversável", que junta o ato de conversar à dádiva de se conviver em paz e harmonia, ainda podia ser usufruída, quinhentos anos depois, em ruas como a nossa. As crianças brincavam na rua, os adolescentes namoriscavam nos portões e as mães se comunicavam sobre os muros. Uma amiga de nossa família dizia que gostava de ouvir a *Hora do Brasil* para se embalar na boa vida de Juscelino, viajando de lá para cá. A política nos transcorria distante e inofensiva.

Um nobre inglês certa vez assacou contra o rival um terrível anátema: "O problema do Michael é que ele teve de comprar todos os seus móveis". Com ferino esnobismo ele ressaltava um dos menos falados encantos do jeito nobre de ser: herdar os móveis. Na casa do nobre amontoam-se a mesa do heptavô que lutou na Guerra dos Cem Anos, a cômoda da hexavó que foi dama de honra da rainha Elizabeth I, o berço do pentavô que serviu de camareiro ao rei George III. Famílias de outras classes suportam a maldição de ter de comprar a mobília. Eu até que me esforço, como se tem visto ao longo destas páginas, em dispor a cristaleira da tia aqui, a mesa do avô ali, a escrivaninha do tio acolá, mas ao jeito tacanho e plebeu que me coube. A meus pais, para preencher os ambientes da casa da Fernandes Torres, mais espaçosos do que os das casas anteriores, restou comprar mobília nova.

Um par de poltronas de alto espaldar, do tipo bergère, como minha mãe nos ensinou, veio a preencher o espaço vazio entre a mesa de nossas refeições e a janela, na sala de jantar. E um novo sofá veio a decorar essa grande novidade que era a salinha logo à entrada da casa, na qual agora assistiríamos à televisão. Na mesma salinha foi alojado o piano da tia Carla, ainda à espera de seduzir a seus encantos um dos habitantes da casa. Mais compras houve, inclusive para o meu quarto, das quais falarei no próximo capítulo, e não foi tudo. A limitar o amplo conjunto formado pela sala de jantar e a sala de visitas, separadas ambas por uma meia-parede, alongavam-se paredes que pediam providências para socorrê-las da monotonia das amplas superfícies brancas. Nobres penduram nelas os retratos dos antepassados, e quando são nobres dos bons, dos autênticos, tais retratos podem vir assinados por um Rembrandt ou um Velázquez.

Como não tínhamos nada semelhante, coube à parede que separava as salas da cozinha um quadro representando rosas que, de tão exuberantes, ameaçavam saltar da moldura, e à meia-parede entre a sala de jantar e a sala de visitas, voltado para esta última, o retrato de uma jovem parisiense, talvez a maneira encontrada por meus pais para encurtar a distância entre nossa periférica insignificância e a fulgurante centralidade da velha Europa. A parisiense irritava, de tão explícita. Não bastasse o rosto, o garbo, a roupinha e até o chapéu de parisiense, o artista ainda sapecou ao fundo o Sena e a torre Eiffel. O quadro é vulgar, mas tanto marcou o tempo na Fernandes Torres que eu o trouxe para casa, quando minha mãe morreu. Algo em mim julgava imperioso não abandonar a parisiense à própria sorte, entre as casas, as galerias ou os depósitos de lixo a que seria condenada, no mundo exterior. Guardo-a, mas não a exibo.

Ter comprado a casa significa que meu pai estava bem de vida. E melhor ainda ficaria no ano seguinte, quando, em função das mortes de meu avô e do mais velho dos tios, ocorridas em veloz sequência, foi promovido a tabelião. Aos 42 anos se transformaria no número um, comandante de uma tropa de vinte ou trinta escreventes e funcionários subalternos. Tenho observado na vida que quem vira chefe muda de corpo. As pernas ficam mais soltas, o pescoço estica, os braços se ampliam em gestos mais largos. O general pode ter cabelos brancos e barriga flácida, mas exibirá em algum movimento, insignificante que seja, quem é que manda. Na figura de meu pai, mal foi promovido, um transeunte já adivinharia alguém capaz de trazer alívio aos documentos carentes de fé pública e cuidadosa acolhida aos testamentos necessitados de segurança e discrição. Uma vez perguntei a um primo como ele definiria o nosso avô. Esse primo era o mais velho do lado paterno, convivera com o avô bem mais do que eu. Sua resposta resumiu-se a três palavras: "Era um tabelião". Eu não diria o mesmo de meu pai, ele foi outras coisas além de tabelião. Mas trouxe do berço o respeito à profissão, a seriedade e a honestidade em exercê-la. Não ficaria rico, ou mesmo milionário, como o geral de seus colegas. Seria um tabelião com aguda consciência de seus deveres.

Informo que meu pai foi promovido a tabelião consciente do risco que corro; agora o leitor já terá na ponta da língua a explicação de tudo a meu respeito, segundo a lição de Gertrude Stein, no livro *Autobiografia de todo o mundo*. Transcrevo a autora, respeitando sua peculiar pontuação:

[...] existe sempre um filho de tabelião eles procuram violentamente a liberdade mas nunca são livres, isto é o que é ser filho de tabelião. Jean Cocteau é, Foch era, Bernard Faÿ é, e outro dia muitas pessoas estavam aqui e Marcel Duchamp e ele ou alguém disse que Marcel Duchamp era filho de tabelião ah eu disse isso explica tudo. Tudo disse Marcel e todo mundo morreu de rir mas é verdade explica e Dalí é filho de tabelião [...]

Desnudado até a última folha de parreira, corado de vergonha pela exposição diante de quem venha a deitar os olhos sobre esse parágrafo, tento entender a categoria, tão problemática para seus filhos, segundo a Stein, de "tabelião". Não é que eu queira me escusar, mas o tabelião, ou notário, não é exatamente o *notaire* francês, objeto das conjeturas da autora. O *notaire* francês tem, ou tinha, nos romances de Balzac, funções alheias às dos correlatos nacionais, como a administração das fortunas dos clientes. Parecem-me mais numerosos do que os tabeliães no Brasil e mais presentes no dia a dia das pessoas, daí virarem personagens próximas às famílias. O que têm em comum o *notaire* francês, o tabelião brasileiro e os similares mundo afora é a condição de portadores da fé pública. Esta é a essência do papel que representam. E eu era o filho da fé pública! A assinatura de Mme. Stein não chegava aos pés da de meu pai.

9. Uma escrivaninha, uma estante

Quartos são locais de repouso, de intimidade e de recolhimento, mas também, quando se é jovem, de afirmação de individualidades. Para compor meu quarto na casa da Fernandes Torres ganhei um conjunto de escrivaninha e estante de livros, as duas do mesmo fabricante (Stol), chegadas com o aliciante cheiro de móvel novo e irmanadas pela madeira clara e as singelas linhas juvenis. A estante se dividia em uma parte aberta e outra fechada, a aberta a ocupar três quartos do total, e a oferecer, de cima a baixo, quatro prateleiras para a disposição dos livros, e a fechada, ligeiramente saliente, e por isso equipada com prateleiras de maior profundidade, própria a outras destinações. De início, por escolha de minha mãe, a parte fechada acolheu minhas roupas de banho e de cama, inclusive a grossa manta enxadrezada, de fundo azul, das noites de inverno; com o passar dos anos acabaram despejados os lençóis e toalhas, e mesmo a manta de estimação, em favor de novos espaços para o acervo de livros, que aumentava. A escrivaninha, com três gavetas à esquerda do vão para enfiar as pernas, contava 1,10 metro de comprimento por setenta centímetros de largura e oitenta centímetros de altura, e já conto porque sou capaz de tanta precisão.

Estante e escrivaninha ficavam em frente uma da outra, a estante encostada na parede à direita de quem entrava no quarto, e a escrivaninha junto à parede oposta mas sem tocá-la, de modo a abrir espaço para a cadeira de trabalho. Havia ainda no quarto um armário embutido e, no fundo, junto à janela que dava para o quintal, cama e criado-mudo. Minha mãe teve a ideia — excelente — de recobrir a escrivaninha com uma lâmina de vidro, de modo a protegê-la de danos. Digo excelente porque quem teve a ventura de possuir uma escrivaninha com vidro em cima sabe que o vidro possibilita enfiar-lhe embaixo fotografias, cartões-postais, reproduções de quadros célebres, poemas, recortes de jornais ou revistas, lembretes, cartas de entes queridos, escudos de times de futebol, retratos de escritores e o que mais em determinado momento esteja falando ao afeto ou reclamando a lembrança de quem trabalha sobre a superfície. As gavetas podiam ser trancadas a chave e com isso estabeleciam uma parceria de funções opostas e complementares, diria até dialética, com o tampo de vidro: as gavetas acenavam com a possibilidade de guardar segredos, enquanto o vidro servia à exposição de flagrantes da vida do senhor do local.

Quando me casei e deixei a casa de meus pais não levei a estante. Ela ficou para uso de minha irmã. Já a escrivaninha eu conservei na minha companhia e, exceto por alguns anos, quando a repassei ao meu filho menor, comigo permaneceu — daí eu poder tirar-lhe as medidas (o que acabo de fazer) e apresentar suas exatas dimensões. Ela não é mais minha mesa de trabalho; já disse, em capítulo anterior, que hoje trabalho num mesão em "L", capaz de receber computador, impressora, o dispositivo de backup, telefone e eventuais outras tralhas do moderno escritório. Mas mantenho a escrivaninha da juventude a um canto, útil não só para guardar documentos nas gavetas trancadas mas também para me recordar de quem fui.

Gente erudita dedicou tempo e talento a estudar o quarto. Escreveu a historiadora francesa Michelle Perrot: "Muitos caminhos levam ao quarto: o repouso, o sono, o nascimento, o desejo, o amor, a meditação, a leitura, a escrita, a busca de si mesmo, Deus, a reclusão, procurada ou imposta, a doença, a morte. Do parto à agonia, o quarto é o palco da existência, ou pelo menos seus bastidores, onde, tirada a máscara, o corpo despido se abandona às emoções, às tristezas, à volúpia".

Em meu caso, equipado de escrivaninha e estante de livros, o quarto equipou-me a mim mesmo. Era um ambiente em que me reconhecia e que parecia capaz de trazer conforto e produtividade à solidão. Possuir um quarto à sua feição, que espelhe a ideia que faz de si mesmo, e arranjado de forma a ajudar na consecução de seus desejos e seus projetos, ajuda o adolescente a sentir-se dono do próprio nariz. E ser dono do nariz, uma cômica expressão para uma séria aspiração, é muito mais precioso do que "sentir-se importante", como dizia meu tio dos meninos ao entrar no ginásio.

Meu quarto ficava nos fundos da casa; o de meus pais, que se desdobrava num "quarto de vestir" e era o maior da casa, ficava na frente. As janelas da casa eram protegidas por venezianas de dupla guilhotina, quer dizer, divididas em dois módulos que, acionados, moviam-se simultaneamente, um vindo de cima e outro de baixo, encontrando-se ambos no meio. Ao que chamo de dupla guilhotina poderiam também ser aplicados os nomes de "guilhotina de ida e volta", "guilhotina de sobe e desce", "guilhotina de ascenso e descenso" (escrevo sem consultar os amigos arquitetos sobre o nome correto do produto). Certo é que para desempenhar o papel original das guilhotinas o sistema não seria eficaz; um único módulo tem mais folga para ganhar impulso e desabar com a força necessária sobre o pescoço alvejado. No papel de janela, no entanto, considero a versão dupla uma opção atraente, e não estou só nessa opinião — o edifício Louveira, um dos clássicos do bairro de Higienópolis, projetado pelo famoso arquiteto Vilanova Artigas, a adota.

Toda essa introdução ao universo das janelas é para dizer que um dia, logo à nossa chegada à casa da Fernandes Torres, meu pai, ao observar da janela de seu quarto a casa em frente, teve uma surpresa. Chamou minha mãe e comentou: "Olha quem está entrando naquela casa. É o Mococa!". Ficar ociosamente à janela era um hábito de meu pai; também podia ficar sentado numa poltrona, tendo como única atividade tragar e soltar baforadas de seu inseparável cigarro. Posso ter certeza de que, nesse dia, também fumava, ao deparar com a inesperada personagem na calçada oposta, e ao apoiar-se na janela quebrava o quadril para o lado, como tantas vezes o vi fazer. Penso em tais imagens de meu pai e concluo que esse dia era um sábado ou domingo, quando o conforto da família se completava com sua presença às horas todas em casa.

O Mococa era um amigo de juventude de meus pais, dos tempos da Vitorino Carmilo. Meu pai e ele foram companheiros de futebol, e meu pai o considerava tão bom que poderia se ter tornado um profissional. A casa na qual ele entrava naquele dia tinha um muro baixo, que permitia divisar, mais além, uma sacada recoberta de cerâmica vermelha, em que se espalhavam algumas cadeiras, e uma parede envidraçada, dividindo a sacada e a sala. A casa tinha projeto igual a três outras, que corriam em sequência na mesma calçada, reconhecível nas linhas gerais, mas não nos detalhes, que cada proprietário, com o tempo, foi inserindo na sua.

O Mococa naquele dia visitava o irmão, que habitava a casa com a mulher e os quatro filhos. Meus pais conheciam outros membros da família, irmãos e irmãs do Mococa; quando jovens, eles moravam na rua Barão de Campinas, a duas quadras da Vitorino Carmilo. Naquele dia não houve celebração pelo reencontro, mas nos meses e anos seguintes as relações entre nossas famílias se refariam, e as de meus pais e do casal da casa em frente se repetiriam em outro bairro, o de Higienópolis, para onde foram meus pais, ao deixar a Fernandes Torres, e também o outro casal. Pode parecer coincidência, mas há uma lógica, entre pessoas de nossa classe social e de nossa cidade, em começar a vida em Santa Cecília/Campos Elíseos, na fase madura procurar as Perdizes e ao despontar da velhice recolher-se a Higienópolis.

A família nossa vizinha, com origem na cidade do interior que serviu de apelido ao amigo de meu pai, teve terras e cafezais até quebrar na crise de 1929 e vir recomeçar a vida, uns amparando os outros, em São Paulo. Na casa em frente à nossa moravam ainda a matriarca da família, uma velhinha suave e frágil, de cabelos inteiramente brancos e rosto todo vincado de rugas, e outro de seus filhos, um solteirão, o tio Otávio, como o chamavam as crianças/adolescentes da casa. A velhinha pertencia ao tipo que convida a ternuras iguais às despejadas nos bebês, tal a fragilidade e a inocência que já a haviam empurrado para além dos conflitos e das ambiguidades deste mundo. O tio Otávio era um funcionário público que todo dia, ao chegar do trabalho, depois de depositar numa poltrona a pasta em que trazia os documentos, dirigia-se ao relógio cuco, na outra extremidade da sala (eles também possuíam um cuco!), e lhe dava corda. Ora, nessa casa havia crianças, e as crianças são malvadas. Então, de malvadeza, ao aproximar-se a hora da chegada do tio, elas próprias corriam, aos risos, a dar corda no relógio. O tio entrava, desapercebido, depositava a pasta na poltrona, dava um passo em direção ao relógio e... frustração! Via-se privado de cumprir, com o rigor que se impunha, o ritual completo do retorno ao lar.

Falo, falo dessa família, tergiverso, procrastino, e não chego aonde quero chegar. As crianças da casa eram três meninos e uma menina. Um dos meninos, o segundo da série, eu já conhecia, fora da minha classe no Assis Pacheco. Os demais também estudaram na mesma escola, mas viria a conhecê-los somente agora; nossa rua, como fora a Vitorino Carmilo para meus pais, convidava à sociabilidade. Tio Otávio também saía à rua, para espairecer, e vez ou outra podia deixar-se engajar numa conversa com a garotada; em uma dessas conversas, externou uma das opiniões mais contra a corrente a que meus ouvidos jamais foram submetidos: a de que Pelé não merecia nada do que tanto se falava; seria uma criação da *Gazeta Esportiva*, que o promovera e o louvava apenas para vender mais jornal.

Chega. Vamos ao que interessa, e o que interessa é o terceiro rebento da família, o único do sexo feminino. Quando chegamos à Fernandes Torres ela tinha doze anos e cursava a primeira série do ginásio. Seu colégio agora era o Santa Marcelina, também no bairro, e pelos próximos anos eu a veria ir e voltar com o rigoroso uniforme imposto pelas freiras, em que o marrom, combinado com o bege, desenhavam xadrezinhos. A saia, pregueada, ia até bem abaixo do joelho e, combinada com a meia três-quartos, não deixava à vista nenhum pedaço de carne abaixo da cintura. A menina era linda, e graciosa, e magrinha, e pequena, e exibia excelentes olhos verdes, flamejantes, além de uma pele morena e de cabelos negros. Chamemo-la Maria, nome mais que conveniente, nome dos nomes, símbolo e sinônimo dessa raça bendita, intrigante e apaixonante que é a dos seres humanos de sexo feminino. O pai, quando ela era pequena, pegava sua mão espalmada e cantava, enquanto a acariciava: "Maria, o teu nome principia/ na palma da sua mão".

Que bom era encontrá-la na rua; outras vezes eu a espionaria, nas frestas da veneziana de dupla guilhotina do quarto de meus pais. Se fosse mais atrevido, aliás muito mais atrevido, tivesse voz de tenor e já conhecesse a trilha sonora do *West Side Story*, eu cantaria da janela: "*Maria, Maria, Maria/ the most beautiful sound I ever heard...*". Isso eu não fiz, estava a léguas de distância de minhas possibilidades, tanto em matéria de voz quanto de desembaraço, mas muitas vezes escreveria seu nome no caderno com emoção — nessa idade escrever o nome da amada provoca exaltação que eu até chamaria de "sublime", palavra que raramente uso —, para logo apagá-lo de medo que alguém o flagrasse.

Possuir um quarto a seu gosto e feitio reconforta e premia os espíritos voltados ao recolhimento. Possuir uma estante só sua permite organizar os livros, e organizá-los oferece a sensação, ou ilusão, de que a vida corre em ordem, com as coisas nos devidos lugares. Costumo dizer de mim para mim, um pouco até a sério, que gosto mais de organizá-los do que de lê-los. Mas não é que se deva viver trancado no quarto, como os monges em sua cela, isso é para as raras pessoas que mergulham em si mesmas como num poço, na intenção de lá no fundo encontrar a paz, a iluminação, o enigma da existência, Deus, ou equivalentes. O apelo do mundo, para mim, nem por isso diminuía, a começar pelo mundo que irrompia e pedia passagem, de maneira inesperada ou prevista, ao tilintar do telefone.

As longas conversas ao telefone, intermináveis, durante as quais de tempos em tempos, quando um assunto ameaçava morrer, perguntava-se "E que mais?", e agarrava-se algum fiapo de assunto para continuar, eram à época (e talvez ainda sejam, aos celulares), uma forma de relacionamento quase amoroso, ou pré-amoroso, ou pseudoamoroso, bastante frequente entre meninos e meninas. Minha colega de classe Regina Pretrish (não sei se escrevo o nome corretamente), apelidada Regina Petra, possuía o dom inato de falar ao telefone sem objeto preciso, falar por prazer, ou por desfastio, ou por coqueteria; de meu lado, eu me via enlevado pela possibilidade, favorecida pela proximidade entre os sexos reinante no ambiente do Rio Branco, de pela primeira vez ter meninas como amigas. E foi assim que eu e a Pretrish, lá pelo segundo ou terceiro ginasial, nos enredamos em diárias e inesgotáveis conversas, a ocupar o telefone de casa até alguém reclamar. "Que você está fazendo?", "Como foi seu dia?", "Você achou difícil a prova de matemática?", "Eu hoje fui à aula de balé", "Eu fui à aula de inglês", "Você já viu *Assim caminha a humanidade?*", "Você já leu algum livro do Jorge Amado?", "Fui ontem tomar sorvete no América", "Qual a sua cor predileta?".

Uma vez ela me perguntou por que na sala de aula eu estava sempre com o rosto meio encoberto entre as mãos. Não confessei, mas a questão é que me achava narigudo, e procurava esconder tal defeito. Tão grande seria o nariz, em minha alarmada imaginação, que me impediria de beijar as meninas na boca — a monstruosa protuberância se interporia no caminho. Regina Petra e eu nunca fomos além da conversinha telefônica, mas num certo domingo de manhã dois meninos tocaram a campainha em casa, obrigando-me a, mal saído da cama, meter-me numa capa de chuva sobre o pijama para atendê-los. Submeteram-me a rápida inquirição; queriam saber de minhas intenções para com a Regina. Disse-lhes que nenhumas, o que era verdade, e, satisfeitos, foram embora. Deviam ter sido enviados pelo namorado que eu sabia que ela tinha. Que acontece depois com as meninas que na adolescência ou na juventude tiveram algum papel em nossas vidas? Algumas, como a Regina

Petra, voam. Tive vagas notícias de que ela se tornara comissária de bordo em uma companhia aérea.

Queria mesmo é que minha vizinha Maria me telefonasse e se demorasse em conversas de incerto rumo e tão ingenuamente sedutoras que pareciam não o ser. De certa forma obtive um meio de comunicação melhor ainda quando, em vez de ao telefone, passei a tê-la de corpo presente, e em minha casa, quando se tornou amiga de minha irmã. Em pouco tempo ela já me chamava pelo apelido, aliás não era apelido, apenas a redução de meu nome à primeira sílaba, pelo qual me chamavam minha irmã e minha mãe; tornara-se familiar. A palavra "amor" é muito forte, não estou seguro de que a tenha amado, em tão tenra idade. De resto, a palavra "amor" traz consigo um peso duro de carregar, semelhante ao da palavra "felicidade". Foi usada sem economia pelos trovadores da Idade Média, retomada com ainda maior largueza nos romances do século XIX e levada às culminâncias pelo cinema do século XX. Recomendo usá-la com a cautela de quem não conhece os escolhos do terreno em que pisa. Ou então, como meus avós e mesmo meus pais, simplesmente a expurguem de seus vocabulários.

Guardo fragmentos de nossos encontros dessa época. Um dia encontrei-a por acaso no ônibus que a trazia de volta do clube Pinheiros, onde praticava natação; sentei a seu lado; para conferir à circunstância um toque de imerecida intimidade, ela tinha os cabelos ainda molhados. Em outra ocasião ela me pediu ajuda numa composição cujo tema incluía a palavra "arrebol". Ao conhecer, mais tarde, a poesia de Jorge de Lima, iria reencontrar essa palavra no poema em que ele descreve um desastre aéreo, o avião a explodir em chamas em pleno voo, e conclui: "E há poetas míopes que pensam que é o arrebol". É uma pena, pois desde então a menção a arrebol me acena mais com tragédia do que com o deslumbramento diante de uma pintura no céu.

Se não era amor, digamos que era um "pré-amor", um encantamento que exibia na outra face uma ingrata luta interior — a repetida, angustiosa procura de meios capazes de transferir para a realidade a promessa entrevista. Ao cair da noite os meninos e meninas da Fernandes Torres costumavam juntar-se na calçada, de pé ou sentados nos muros baixos das casas em frente à minha, inclusive a de Maria. De tocaia atrás das frestas da janela de dupla guilhotina do quarto de meus pais eu espionaria se ela havia saído à rua e, em caso positivo, se não estaria com a atenção ocupada por outro menino. O passo seguinte — dura é a vida de um adolescente enamorado — seria tomar coragem de ficar a seu lado e arriscar uma conversa que pudesse de alguma forma fazer avançar o espinhoso processo de conquista.

Numa dessas noites, sentados lado a lado no murinho, ela me perguntou o que eu "queria ser". Às crianças pequenas pergunta-se o que quer ser quando crescer. Às que já têm tamanho de adultos pergunta-se "O que quer ser". Fazia uma linda noite, estrelas no céu, um cheiro de dama-da-noite no ar, e éramos os únicos sentados, distantes dos outros garotos e garotas, que se espalhavam em rodinhas pela rua. Fora de questão que eu respondesse "Quero ser seu escravo" ao mesmo tempo que me punha de joelhos na dura calçada, com a desvergonha de um cantor de ópera. Mas era uma conveniente deixa para eu dizer, com simplicidade: "Quero ser seu namorado". Respondi: "Não sei se isso é uma profissão, mas gostaria de ser escritor".

Nos dois anos finais do ginásio tivemos o Aroldo como professor de português. A ele devo a inestimável lição de nunca usar "verdadeiro" em frases como "O Rio Grande do Sul foi um verdadeiro barril de pólvora na história do Brasil" ou "A atuação de tal ator foi uma verdadeira aula de arte dramática". Por que verdadeiro?, argumentava ele. Basta dizer que a atuação do ator foi uma aula, e que o Rio Grande foi um barril de pólvora. Aroldo, jovem, loquaz e próximo dos alunos, era o oposto do sombrio e distante professor anterior, aquele que tinha nome de personagem de romance de capa e espada. Era um professor que sacudia os alunos, chamava-os a uma participação ativa na sala de aula tanto quanto o anterior conduzia à acomodação e à passividade. Teria trinta e poucos anos e falava de literatura e cinema, para ilustrar pontos da matéria ou para estimular os alunos a amar o que ele próprio amava. No cinema uma de suas admirações era Marlon Brando. Sua testa era alta, como a de Marlon Brando, e os cabelos, claros, cortados curtos; eu achava que ele parecia com Marlon Brando. Invoco-o e neste momento até o ouço falar arrastado como Marlon Brando.

O certo é que as meninas gostavam do Aroldo. Ele nunca tinha viajado à Europa e reverenciava a cultura do Velho Mundo. "Quando sei de alguém que voltou de viagem à Europa, não o largo", disse uma vez. Também falava de televisão. Uma vez perguntou qual personalidade do rádio ou da TV mais bem falava o português. "Mário Morais", arrisquei. Mário Morais era um comentarista de futebol de quem gostava. Para os jogadores ineptos tinha uma trinca avassaladora de adjetivos, "ridículo, grotesco e caricato". Não, o melhor português era o de Blota Júnior, explicou o professor. Aroldo dava-me notas boas nas redações.

Meu pai costumava trazer para casa, às quartas-feiras, a revista *Manchete*; ao abri-la eu corria para as páginas dos cronistas, Rubem Braga, Fernando Sabino e Paulo Mendes Campos. Nenhum deles deixou obra literária de peso; desconfio que estão no caminho do esquecimento e que para as gerações jovens representem figuras tão distantes quanto, para a minha, foram João do Rio ou Humberto de Campos. No entanto encarnaram para a minha geração o papel de iniciadores no que começávamos a vislumbrar como o encantado mundo da palavra escrita. Fernando Sabino era o mais informal dos três, contava casos em linguagem de conversa; Rubem Braga, o mais lírico e ao mesmo tempo o mais engraçado, de preferência uma graça triste, de que era com frequência o protagonista e a vítima; Paulo Mendes Campos era o mais "literário", frequentador das altas esferas da literatura, a poesia de Eliot, a prosa de Proust, de que nos dava refinadas notícias. Em comum os três conduziam à boa notícia de que era possível produzir textos soltos, sem preciosismos, abertos às minudências cotidianas e ao mundo contemporâneo.

Os cronistas da *Manchete* (havia um quarto, Henrique Pongetti, mas esse eu não lia) funcionaram, para um considerável número de jovens da época, como guias rumo a um mundo em que, para culminar, a literatura caminhava a braços com o jornalismo. Era um tempo em que vigorava a mística das redações como pontos de encontro do talento com a inteligência, e do jornalismo como uma profissão de emoções e de aventura. Os três eram escritores mas também jornalistas. Rubem Braga, enviado à cobertura dos pracinhas brasileiros na Itália, durante a Segunda Guerra Mundial, havia conhecido até esta culminância da carreira de repórter que era a condição de correspondente de guerra.

Digo que nenhum deles deixou obra de peso no sentido de que seus legados não estão à altura dos de um Graciliano Ramos ou de um Carlos Drummond de Andrade, mas guardo, daqueles tempos, em minha antologia íntima, peças como "Sizenando, a vida é triste", de Rubem Braga, em que o cronista acorda cedo, liga o rádio e dá com uma aula de esperanto. O professor cita a frase "*La verando estas vera jardeno, plena de floroi*", e o Braga continua: "Nunca estudei esperanto, mas suponho que a varanda ou o verão está com muitas flores no jardim; de qualquer modo é uma boa notícia, algo de construtivo". O "algo de construtivo" é um regalo ao leitor. Segue-se a parte do programa em que o professor lê as cartas dos ouvintes, entre eles um Sizenando Mendes Ferreira, de Iporá, Goiás; Sizenando afirma achar as aulas muito interessantes e pede para ser inscrito entre os alunos. "Sou um homem do interior, tenho uma certa emoção do interior; às vezes penso que eu merecia ser goiano", prossegue o cronista (e o "merecia ser goiano" é outro regalo). "A manhã estava escura e chuvosa em Ipanema; e me comoveu saber que naquele instante mesmo, a um mundo de remotas léguas, no interior de Goiás, havia um Sizenando, brasileiro como eu, aprendendo que o *jardeno* está *plena de floroi* — e talvez escrevendo isso num caderno." Sizenando escrevendo a frase num caderno, com sua graça triste, é o terceiro regalo, no curto trecho que transcrevo.

De Paulo Mendes Campos não me sairia da memória a crônica em que saúda o *Grande sertão: Veredas*. "Porque esse livro conta uma história que ainda não ouvíramos, que precisávamos ouvir", começa ele. E linhas depois: "...porque devemos escutar uma história ao amanhecer, outra ao meio-dia, outra ao cair da noite...". E depois: "...porque todas as partes desse livro cooperam entre si e aspiram a um fim...". É Paulo Mendes Campos em uma de suas especialidades, a enumeração reiterativa, como numa ladainha. Ao cabo de muitos "porquês" ele conclui: "...porque um livro como esse é guardado para sempre, eu o louvo com modéstia e espanto". O "modéstia e espanto" para qualificar sua reação a um livro seminal é o regalo supremo que por sua vez nos traz, comparável aos do Braga.

Um dia, em minha casa, li para Maria uma crônica de Rubem Braga, ou lemos juntos, e ela riu do trecho em que ele dizia que, ao comer manga, era imperativo sujar até a nuca. Outro dia, aconteceu de ela estar em minha casa quando cheguei com os nove volumes de obras de Machado de Assis publicados pela editora Cultrix, com organização do professor Massaud Moisés, que eu acabara de comprar. Metódico, lancei mão de nove números autocolantes dourados que tinha em casa e ela me ajudou a aplicá-los na lombada de cada um dos volumes, do primeiro, *Ressurreição — A mão e a luva*, ao nono, *Crônica — Crítica — Poesia — Teatro*. Cada oportunidade dessas, levadas com método como ao numerar os livros, seria um avanço no tabuleiro.

Ocorria também que ela viesse à nossa casa à noite, para ver um programa de televisão, com minha irmã e comigo. Um desses programas era o de Maysa. Era o tempo da Bossa Nova; Maysa não era bem da Bossa Nova, mas fazia parte do movimento de ressurgimento do prestígio da música popular brasileira que veio junto com a Bossa Nova. Sentamo-nos lado a lado no sofá para escutar os clássicos da fossa, "ouça, vá viver a sua vida com outro bem, hoje eu já cansei de pra você, não ser ninguém". No número seguinte, "meu mundo caiu e me fez ficar assim, você conseguiu e agora diz que tem pena de mim", nossos braços se tocaram. Outro número ainda, "bom dia tristeza, que tarde tristeza, você veio hoje me ver" — e peguei na mão dela! E ela deixou-a ficar! E ficamos de mãos dadas!, hora de alegria, de Maysa, de leveza e elevação, e o barquinho vai, e a tardinha cai... Minha irmã, zombeteira, escreveu os nomes da Regina Petra e de um namorado, ou suposto namorado da Maria, no vidro suado da janela, como se os dois estivessem sendo traídos.

Tinha atingido enfim o ponto de chegada no tabuleiro? Longe disso. Eu queria muito namorá-la. Queria — sem desmerecê-la, muito pelo contrário, pois se fosse ela teria mais motivos para comemorar — namorar alguém. Ao meu redor crescia o número de amigos e colegas que tinham namorada, e eu não tinha. Não sei se aquela noite da Maysa foi única em que lhe peguei na mão ou se houve outra. Suspeito, sem ter certeza, de que num show de Bossa Nova, dos que na época ocorriam nos colégios, também ficamos lado a lado e o excelso momento se repetiu. Ocorre que pegar na mão, em princípio, sucedia apenas depois da obrigatória cerimônia do pedido em namoro. No caso foi, digamos, um pegar na mão informal, fora do protocolo, e por isso não significava em absoluto estarem abertas as portas do namoro. Para que isso ocorresse seria preciso voltar um passo atrás e formalizar o pedido. Acresce que os dois momentos citados foram fugazes e sem continuidade. Mas como pedi-la em namoro se a minha suspeita, quase certeza, era de que seria rejeitado? Como arriscar uma derrota acachapante? Não arrisquei e Maria seguiu representando um assunto mal resolvido, um bloqueio e uma frustração. De tempos em tempos minha atenção viria a ser desviada para outros encantamentos, mas os encantamentos passavam e ela voltava ao primeiro plano, e assim seguidamente.

Na quarta série ginasial ascendi enfim ao prestigioso patamar dos meninos que têm namorada. Agora eu tinha uma nova parceira de conversas telefônicas, a Maria Lúcia, outra colega de classe; não chegava a ser uma paquera, como foi, ou julguei que tinha sido, com a Regina Petra; era pura amizade. E a Lúcia era amiga da Valéria, menina que até o ano anterior estudara no período da tarde e agora mudara para o período da manhã. O impacto da chegada da Valéria não foi pequeno. Tinha grandes olhos escuros, os cabelos claros e um não sei quê de olhar de esguelha, e um não sei quê de sorriso apenas sugerido, que para mim, e suspeito que não só para mim, consagrou-a como a mais bonita da turma.

Lúcia, gorducha, simpática, dada a cultivar e reunir pessoas, filha de um professor universitário (de química), costumava dar em sua casa no Pacaembu festas a que acorriam não só seus amigos mas os de seu irmão um pouco mais velho e da irmã um pouco mais nova. Tirei Valéria para dançar, numa dessas ocasiões, e escrevo assim só para enfatizar a expressão "tirar para dançar", que é como "tirar" a sorte. Vale a comparação porque é uma aposta, e pode dar errado; nesse caso a terrível expressão que caracteriza a vítima (estará ainda em voga?) é "levar tábua". Não levei tábua; tanto que depois de pagar o devido tributo à anfitriã, dançando com Maria Lúcia, voltei a tirar Valéria, não apenas uma vez, e sempre que terminava a música demorávamos a conversar num canto, ela muito alegre, rindo até de coisas que eu falava sem intenção de fazer graça. No dia seguinte Maria Lúcia me disse ao telefone que Valéria tinha gostado de dançar comigo e que ela, Maria Lúcia, estava feliz por nos aproximar.

No colégio, nos dias seguintes, eu fazia de tudo (e Valéria também) para nos encontrarmos no recreio ou ao fim da aula, como que por acaso; durante a aula trocávamos olhares e sorrisos, e que sorrisos luminosos ela tinha, e que lindos olhares de esguelha. Na festa seguinte da Maria Lúcia os sinais estavam maduros. Não havia erro; a convicção com que me dirigi à casa do Pacaembu foi a de que era pedir em namoro e ela aceitaria, não havia dúvida. A convicção enchia de coragem o apostador covarde que sou, o apostador que só vai na certa. Encontrei o pai da Maria Lúcia na porta da casa; ele tinha um ar tristonho, perguntou meu nome e disse que a filha falava muito de mim. Mais encorajamento, ainda que quem falava de mim não fosse o objeto de minha aposta.

A casa da Maria Lúcia, como tantas no Pacaembu, tinha uma sala grande, onde dançávamos, e outra contígua, pequena, separadas as duas por um arco que percorria o teto. A pequena dava para o jardim em frente da casa, mas não era por ela que entrávamos; era por uma porta lateral, dando para a sala maior. Dançamos e conversamos muito, eu e Valéria, como da vez anterior, e ao terminar uma das músicas a conduzi para a sala menor; distante das outras pessoas, junto à janela, fiz enfim o pedido. Que palavras teria usado? Você quer namorar comigo? Eu ficaria muito feliz se você namorasse comigo? Você quer ser minha namorada? Não me lembro, mas posso assegurar que foi algo ensaiado. Não sou de improvisar, nessas horas, embora haja ocasiões em que o que foi ensaiado acabe não se encaixando no momento decisivo. Torço para que tenha sido a última opção, com o recurso da linda palavra "namorada", melhor do que o verbo "namorar", que ainda por cima tem o inconveniente de, na pureza das regras gramaticais, recusar o popular "namorar com".

Ela disse "sim"! E foi um "sim" satisfeito, radioso, de quem estava mesmo querendo. Não a beijei; ou, se a beijei, foi no rosto. Creio que nos seguramos as mãos, mas ao voltar à sala de dança nos soltamos — seria muito precipitado nos apresentarmos desde logo, tão velozes, tão subitamente, como namorados. Dormi naquela noite um sono de glória; tinha uma namorada! Era uma promoção nesta mais dura das carreiras que é a de viver. Se eu fosse militar, era como ter ganhado mais uma estrela no ombro. Se fosse professor, era como se tivesse tido a tese aprovada pela banca. Foi uma vitória, sem dúvida, e a ascensão a um novo patamar na escala das conquistas humanas, mas ao mesmo tempo abria-se uma nova e não pequena questão: o que era namorar? Comecei pelo básico: andava de mãos dadas com ela, e com que orgulho o fazia nas cercanias do colégio — olhem para mim, tenho namorada! À tarde ia visitá-la em casa, que era longe, numa das travessas que partiam da então rua Iguatemi (hoje absorvida pela avenida Faria Lima) em direção ao rio Pinheiros. Fiquei conhecendo a mãe dela e tive vislumbres do pai, quando calhava de ele chegar do serviço enquanto eu ainda estava lá; também conheci seus amigos da rua, que, como na Fernandes Torres, reuniam-se no fim do dia nas calçadas.

Mãos dadas e beijo no rosto continuaram a ser o padrão, em nosso contato físico; beijo na boca eu não arriscava, não mais pelo receio da interposição do nariz, mas pelo de faltar-me ciência e habilidade — expertise, numa palavra — para semelhante manobra. Acresce que meninas de nossa idade e nossa classe social eram para ser respeitadas como a Virgem Maria. Mas isso não impedia que o "império dos sentidos", como diz o título do famoso filme japonês, se insinuasse. Depois da aula eu costumava levá-la até o ponto onde tomaria o ônibus de volta para casa, e enquanto o ônibus não chegava, entre um beijo para cá e um abraço apertado para lá, nossos corpos grudados — ai que ardor, ai que vontade de não desgrudar mais, e ai que frustração ao desgrudar e voltar para casa doído de incompletude. Íamos aos cinemas da rua Augusta, nos fins de semana. Além de possuir status superior aos cinemas de bairro, ficavam mais perto da casa dela.

Mãos dadas de cá para lá, longas viagens de ônibus até a casa dela, cinema, cumpríamos uma rotina que, ao virar obrigação, começou a ficar chata. Quanto terá durado nosso namoro, três, quatro, cinco meses? Um dia fui encontrá-la no cine Paulista (rua Augusta, altura de Oscar Freire) e a surpreendo, antes de começar o filme, sentada ao lado de um seu antigo namorado. Não tem nada demais, encontrei-o por acaso e sentei-me a seu lado, justificou-se ela. Não aceitei a explicação. Agarrei-me ao vil pretexto para terminar o namoro. No dia seguinte sua mãe me telefonou; era uma entusiasta de nosso namoro, e insistiu para que reconsiderasse minha decisão. Não cedi.

Muitos anos depois reencontrei Valéria e marcamos encontro num restaurante. Ela disse duas coisas que me tocaram: primeira, que eu tinha sido o único amor de sua vida e segunda, e mais importante, que nós "não fazíamos nada". A primeira atribuo-a às desilusões de um divórcio amargo. A segunda valeu-me como explicação ao tédio que se sucedeu ao entusiasmo das primeiras semanas de namoro. Por "não fazíamos nada" ela quis dizer que nosso relacionamento não passou das mãos dadas e beijinhos nas faces. Eu deveria lhe ter pedido perdão naquela hora. Perdão por não tê-la tocado, não tê-la apertado mais forte, não ter ousado desvestir partes de seu corpo, não ter deitado em cima dela e beijado seu pescoço, seu colo, seu peito. Teria sido mais construtivo (no sentido de contribuir para a construção de nossas imaturas pessoas) e, claro, mais gostoso, além de muito provavelmente contribuir para que o namoro durasse mais — mas como fazê-lo? Valéria era uma coisa, a rua do Arouche outra. Não dava para confundir papéis e tomar uma pela outra. Assim era a ordem do mundo, assim que funcionava.

Falei em rua do Arouche porque é hora de voltar ao Xavier, anunciado no capítulo anterior. Nosso colega Xavier era do tipo que fala alto. Pessoas que falam alto não têm medo de ser ouvidas, o que indica não terem o que esconder, mas também que não se importam em incomodar os circundantes com o ruído de sua voz. Era um pouco mais velho; já tinha no rosto pelos que podiam ser chamados de barba, não de penugem, como os meus: usava óculos grandes, nos dias mais frios vestia coletes de lã sobre a camisa de mangas compridas e, além de falar alto, falava muito. Ficamos amigos de combinarmos programas juntos e frequentarmos as casas um do outro. Ele pertencia à minoria de colegas que morava em apartamento, o dele situado pelos lados em que a avenida Nove de Julho cruza com a São Gabriel. O Xavier começou a se tornar decisivo em minha formação no dia em que sugeriu, a mim, virgenzinho ainda, embora não o confessasse, que fizéssemos uma incursão noturna à zona das putas. (Prefiro esta palavra, das mais sonoras, vigorosas, ultrajantes, estigmatizantes, malditas e belas — sim, belas — da língua à sua rica coorte de sinônimos — 127 ao todo, no dicionário Houaiss, de "alcouceira" a "zorra". "Puta" reina com autoridade única para expressar o que expressa.)

Isso ocorreu na quarta série ginasial, 1960 — mesmo ano em que namorei Valéria, não sei se antes mas mais possivelmente depois. Eu tinha de quinze para dezesseis anos. Nas rodas dos colegas ouvia calado e humilhado conversas em que se alardeavam façanhas sexuais. Uma vez o Ariel S. (que viria a ser um prestigiado neurocirurgião) contou ter ido no dia anterior a um puteiro junto com o Euder (que viria a trilhar uma curta carreira de político municipal). "Nada demais, foi tudo muito tranquilo." O comentário exprimia experiência e maturidade. Nada demais! Apenas o cumprimento de uma rotina! Tudo muito tranquilo. Talvez mentisse; se não mentia, oferecia uma medida de meu atraso, a mim que estremecia de antecipado prazer e de medo, à expectativa da primeira vez.

Aguardei com ansiedade o dia da secreta aventura. Xavier sugeriu a rua do Arouche; ele já a conhecia, talvez já fosse freguês. A rua do Arouche não era famosa como a rua Aurora, na especialidade, nem abrigava tantas profissionais; tanto melhor — nos exporíamos menos. Também não sei dizer se a qualidade das profissionais era superior à da rua Aurora, tida como a capital do meretrício considerado "baixo". As mulheres ficavam à porta dos velhos e decadentes prédios, chamando os clientes. O ritual previa uma, duas, três ou mais idas e voltas pela calçada, até definir a escolha. Não achei recomendável nos demorarmos nesse vaivém. Não havia muita gente, era cedo ainda, mas éramos menores em meio a adultos e Xavier, com sua impossibilidade de baixar o tom de voz, chamava a atenção para os dois pirralhos que, chegando a polícia, talvez acabassem arrastados à delegacia e, suprema humilhação, teriam os pais convocados a buscá-los. O nervosismo bloqueava o deleite que poderia advir da situação. Insisti para que nos decidíssemos logo, não valia a pena nos expormos no ritual da calçada. Rendemo-nos a duas moças que nos acenaram com simpatia e aceitamos o convite de segui-las pelo corredor em que se enfiaram. O ambiente era de penumbra; todo o filme desse dia me ressurge envolto na penumbra. Subimos dois ou três lances de escada atentos aos alertas de "Cuidado!" com que as moças nos conduziam pela semiescuridão, até nos distribuirmos, cada um com sua parceira, em quartos diferentes.

A minha percebeu meu nervosismo. "É a primeira vez?", perguntou, enquanto tirava a roupa. Ela era morena, magra, miúda, de poucas palavras e de poucos sorrisos. "Não, mas já faz tempo...", respondi. A Vargas Llosa foi feita pergunta igual, no dia de seu desvirginamento, também por uma puta, segundo conta no livro *O peixe na água*. Ele disse que sim, e a puta respondeu que estava feliz, porque desvirginar um rapaz dava sorte. A minha resposta foi a mais idiota jamais proferida em semelhante situação. Com uma mentira, eu encobria o que me parecia uma inconfessável falha, a de até então não ter conhecido o sexo; ao mesmo tempo defendia-me previamente de uma eventual performance fracassada alegando falta de uso das habilidades sexuais nos últimos tempos. Não sei se minha puta teria a mesma generosidade da de Vargas Llosa; se a tivesse, minha infeliz resposta a impediria de ter a mesma afetuosa reação da dele ao dizer: "Agora você está com muito medo, mas depois vai adorar".

No meu caso as coisas se desenvolveram muito rápido. Mal encostei nela e pronto, efeito de uma excitação nervosa misturada à pressa de safar-se da situação. Àquela altura da vida, mais importante do que praticar o sexo era ter praticado. Prazer para valer, mesmo, só recorrendo ao ato solitário. No quartinho com uma cama, mesa de cabeceira, um tosco abajur e mais nada, a penumbra que continuou a reinar impediu-me de ver com nitidez a nudez de minha pobre puta, se é que ela ficou inteiramente nua. Não guardei seu nome; aliás teria ela me dito seu nome?, teria eu perguntado? O que me ficou foi seu silêncio e sua falta de peito. Ela era "uma tábua", como dizia meu pai das mulheres com pouco ou nenhum desse atributo. Deitar sobre ela fora como deitar sobre um rapaz. No caso de Vargas Llosa, sua amável puta justificou no fim o espanhol trôpego com que se exprimia informando ser brasileira. Ao ler o livro, rendido à delicadeza da moça, enchi-me de orgulho pelas cores nacionais.

Vim a reencontrar o Xavier alguns anos atrás; passeando na rua, ouço um grito, me chamando; ele continuava falando alto. Seria ocasião para lhe dizer que ele me desvirginou. Besteira não lhe ter dito.

Mil novecentos e sessenta foi o ano da inauguração de Brasília. No dia 21 de abril fui com meu pai ao estádio do Pacaembu, assistir a um jogo do nosso time. Calhou de naquele dia dar-se a estreia do meia Mengálvio, que viria a completar a mais célebre linha de ataque do futebol brasileiro. "Achei ele meio moleirão", comentou no intervalo um amigo do meu pai que encontramos no estádio. Meu pai objetou que parecia um jogador de muita técnica. Meu pai e eu não perdíamos jogo do nosso time; íamos com frequência a Santos, para vê-los. Naquele dia o alto-falante do estádio comemorou a data histórica tocando a marchinha "Brasília, capital da esperança".

Anos Dourados foi como uma série de TV chamou o período Juscelino. Para muitos podem não ter sido tão dourados, mas se diferenciaram pelo empenho em manter o ambiente da República sem fabricadas crispações ou inúteis conflitos. JK era um mago desfazedor de crises, tolerante a ponto de ter anistiado os militares baderneiros responsáveis por duas tentativas de golpe contra o seu governo. Não esquecer que ele ocupou o interregno entre a tormenta Vargas e a tormenta João Goulart (o farsesco Jânio não conta). Seu jeito afável e o temperamento conciliador proporcionaram uma trégua na em geral convulsionada política brasileira. Mas essa ainda não foi sua principal obra. A principal foi seu desempenho de mestre no manejo dessa entidade abstrata chamada futuro. JK empenhou-se fundo na construção da esperança e fez-nos acreditar, com suas metas ambiciosas, coroadas com a construção de Brasília, que o caminho do Brasil só poderia ser o de uma grandeza proporcional ao seu tamanho. Naquele 21 de abril nos emocionamos ao ouvir a marchinha. Estávamos, todos os presentes ao estádio do Pacaembu, irmanados. Por mérito de JK, um presidente reconfortante — qualidade rara, em nossa história —, acreditávamos no Brasil.

O país experimentou um novo recomeço, em 1960, e eu também. Não importa que o namoro tivesse conhecido um fim melancólico e que a estreia no sexo tivesse sido frustrante. Importa que, ao fim do ano, o mesmo em que terminei o ginásio, eu já colecionava uma namorada e um ato sexual no currículo. A questão sexo seguiria na mesma toada, nos anos seguintes; era para ser resolvida na alçada das putas. Não se confundia com a questão meninas. Gostava-se das meninas, às vezes morria-se de paixão e com sorte se podia pegar nas mãos delas — sexo, não. Elas não haviam sido feitas para isso. E foi assim que conheci o sexo antes de conhecer o beijo na boca.

10. Uma Remington

Dois Sauls, o escritor Bellow e o ilustrador/ caricaturista/ artista plástico Steinberg, juntaram-se certa vez para um cruzeiro no Nilo, o maior rio da África, no trecho de Uganda em que é conhecido como "Nilo Branco". Ver crocodilos em seu ambiente natural seria uma das atrações do passeio, de especial interesse para Steinberg, que desenhou esse bicho inúmeras vezes e o considerava um exemplar dos tempos em que certas espécies acumulavam mais privilégios do que outras. O "filho da puta do crocodilo", afirmava, "é malvado, tem dentes terríveis, é um grande nadador e, para culminar, é blindado". A certa altura do passeio a lancha em que vinham aproximou-se de um banco de areia onde um grupo de crocodilos dormitava, na característica imobilidade com que escondem suas más atenções. Acabaram tão próximos dos bichos que num átimo um deles deu um salto e pousou as patas dianteiras na embarcação. "A velocidade dessas criaturas, por causa de sua construção gótica e sua aparência entorpecida, é de desconsertar o observador", escreveu Saul Bellow. Uma turista nórdica que também participava do cruzeiro correu para o fundo da lancha. Steinberg desequilibrou-se e caiu. Bellow pensou: "É isso! Morto na África por um crocodilo!". Achou que Steinberg não tinha salvação e que lhe caberia escrever seu necrológio. Logo corrigiu-se, e se deu conta de que todos a bordo iriam morrer. Foram salvos quando um dos barqueiros sacou de um remo, fixou-o no banco de areia, aplicou-lhe um forte empuxo e, na mesma medida em que fez a lancha recuar, o crocodilo deslizou de volta às águas.

Há mortes que, de tão absurdas, soam grotescas. A Bellow, tanto quanto o horror da morte, ocorreu naquele momento o horror do necrológio: "Morto comido por um crocodilo!".

É a maldição de um necrológio desabonador que me interessa nessa história. E isso me leva, numa virada brusca, como nos enredos dos filmes de suspense, à máquina de escrever. Exceto para uns tantos tecnofóbicos e outros tantos excêntricos, a máquina de escrever está morta. O computador aplastou-a com a voracidade de um furacão a avançar sobre uma antiga civilização. Poucos objetos condenados à obsolescência merecem, porém, necrológio mais favorável. A máquina de escrever tornou o exercício da escrita mais ágil, livrou os documentos das letras ilegíveis, incentivou milhões de pessoas a desenvolver uma nova habilidade com os dedos, criou milhões de empregos para os que dominavam seu manejo, proporcionou a milhões de mulheres (predominantes como profissionais de datilografia) o ingresso a escritórios em que antes só reinavam os machos — e fez a felicidade de outros tantos jovenzinhos e jovenzinhas ao oferecer-lhes a experiência emocionante de ver seus textos em letras de forma.

Foi o meu caso. Não lembro de presente mais gratificante, estimulante e útil do que a máquina que ganhei de meu pai em 1960. Era uma Remington portátil, de cor prata; ela veio a completar com chave de ouro o propício ambiente que no meu quarto alinhava a estante e a escrivaninha. Na época, inspirado por meus admirados modelos da *Manchete*, eu escrevia crônicas. A pretensão de escrever ficção esbarrava num insuperável imperativo: não me vinham as histórias. Busquei consolo nas crônicas. Lembro-me de um dia em que essas coisas me cruzavam a mente enquanto caminhava na rua; ao cruzar a esquina da Fernandes Torres com a Itapicuru decidi, com firmeza: serei cronista! Entre 26 abril de 1960 e 4 de junho de 1961 realmente o fui. São as datas entre as quais produzi as 35 crônicas datilografadas num caderno espiral sem pauta que, abrigado no fundo da "caixa" (vide capítulo 3), ainda não tive coragem de jogar fora. No fim do caderno, com pretensão única, está escrito: "Copyright by...", seguindo-se meu nome, endereço, telefone e o ano do que seria o arremedo de uma impressão: 1961.

Não me custou pouco trabalho transpor a produção literária do período para a forma de um "livro". Breve manual de como executar semelhante tarefa, para os jovens de hoje em dia: 1) Retire o arame em espiral que segura

148

as páginas do caderno, fazendo-o correr entre o indicador e o polegar em movimentos como os de quem desaperta um parafuso com as mãos; 2) Separe o arame, de um lado, e as páginas agora liberadas, de outro; 3) Insira as páginas, uma a uma, na máquina de escrever; 4) Datilografe da primeira à última página os textos que comporão a obra; 5) Reintroduza o arame em espiral, devolvendo-o aos furinhos à margem das páginas com a mesma combinação de movimentos entre o indicador e o polegar, agora em sentido contrário.

Devo confessar que nessa última etapa não prestei a devida atenção à numeração das páginas, de modo que, entre outros problemas, à página 39 segue-se a 43, e a sequência entre 40 e 42 vai surgir só lá no fim, depois da indicação do "copyright" — mas esse é o único defeito da obra que me permito assinalar. Sobre os textos em si me calo. O importante a ressaltar é que sem a Remington não apenas o livro, no formato descrito, mas os próprios textos, desconfio, não teriam sido produzidos. A Remington aplicou um poderoso incentivo às fantasias do rapazinho; independentemente da qualidade da produção que se seguiu, naquele período e mesmo muito depois, ajudou a definir uma vocação. Lamentavelmente não a tenho mais comigo; tampouco me lembro qual destino teve, depois de ser substituída por uma Olivetti Studio 44 que, esta sim, guardo até hoje dentro de sua caixa vermelha, à espera, já há anos, de decidir se devo ou não mandá-la a uma revisão para devolvê-la ao funcionamento. Até já pesquisei e consegui as coordenadas de quem o faça, e nesse processo aprendi o nome dos profissionais dedicados a tal atividade: "mecanógrafos". Admiro-os. São como socorristas de última instância que massageiam o peito do paciente na tentativa de ressuscitá-los.

Em 1961 iniciei, no mesmo Colégio Rio Branco, o curso clássico, como era chamado o ensino médio com ênfase nas ciências humanas; opunha-se ao "científico", com ênfase nas ciências exatas e biológicas. Os três anos do clássico, somados às experiências na escola e fora dela, constituíram-se para mim numa plataforma de veloz mergulho na vida adulta. Tínhamos agora um professor que até nos convidava a fazer, de viva voz, análises políticas e dar nossas opiniões. Um dia, ao pontificar sobre a conjuntura nacional, pus-me a afirmar que o "senhor" Jânio Quadros isso, o "senhor" Carlos Lacerda aquilo, o "senhor" Magalhães Pinto" aquiloutro... Era influência dos editoriais do jornal *O Estado de S. Paulo*, escritos com pureza de vernáculo e solenidade no tratamento das autoridades. O professor cortou: "Vamos deixar esse 'o senhor' de lado".

Jânio Quadros iniciava o que seria um breve mandato presidencial e o mundo encarava as tensões da guerra fria entre as duas superpotências, Estados Unidos e União Soviética. Neófito na leitura das páginas políticas dos jornais, eu teria variadas emoções a experimentar naquele ano: em abril, a fracassada tentativa americana de desestabilizar o regime de Cuba, agora declaradamente comunista, com a invasão da Baía dos Porcos; em agosto, o início da construção do muro de Berlim, separando fisicamente a Berlim Oriental da Ocidental; entre uma data e outra, o aumento da presença dos Estados Unidos no distante e dilacerado Vietnã. Em outra convocação para vir à frente da classe, o professor me perguntou quem levaria vantagem, em caso de guerra entre Estados Unidos e União Soviética. Hesitei, respirei fundo e decidi, urbi et orbi, que seria a União Soviética.

Os colegas reagiram com sussurros de estranhamento, o professor olhou-me com descrença: "Por quê?", perguntou. Minha escolha era na verdade pelo novo e pelo imprevisto; pelo "avesso", se é que me entendem, tomando por base que o lado "direito" eram os Estados Unidos. Os americanos eram os heróis que haviam vencido a Segunda Guerra Mundial, conforme nos ensinavam as reportagens das revistas e os filmes de cinema; eram nossos salvadores e nossos protetores. No curso primário, quando a professora nos ensinou o que era a Doutrina Monroe, enchi-me de orgulho. A América para os americanos! Contei à minha mãe o que tinha aprendido naquele dia e concluí, triunfante: "É por isso que ninguém mexe conosco!". Até parecia a versão geopolítica do empolgante lema dos três mosqueteiros: um por todos, todos por um! Em caso de agressão extracontinental os países americanos, em formidável ação conjunta, sairiam em defesa do agredido.

Apostar na União Soviética como vencedora do confronto como fiz naquele dia fazia parte de um começo de desconfiança de que as coisas não fossem bem assim. Eu começava a corrigir meu entendimento torto da Doutrina Monroe. Mas... "Por quê?", perguntara o professor. Eu precisava desesperadamente de uma justificativa para minha apressada assertiva. A que me veio, no atropelo das ideias, foi: "Porque a União Soviética tem mais aliados, a África está quase toda com ela". O professor cutucou: "Que valor tem isso, diante de uma bomba nuclear?". De novo improvisei: "Os soviéticos dominam mais territórios do que os Estados Unidos. Considerada a totalidade do planeta, contam com mais campo, mais espaço". O professor olhava para o alto, era o seu jeito, como a pesar e avaliar minhas ponderações. "Não", disse finalmente. "Numa guerra nuclear ninguém ganha. Os dois se destroem." Os colegas concordaram; voltei derrotado para o meu lugar.

O professor em questão era o Sales, Antônio Sales Campos; ele viria a marcar fundo não só a mim mas a sucessivas gerações que passaram por suas aulas de português e literatura, com desvios para as questões políticas e sociais e as belezas e percalços da vida em geral. Sales teria entre sessenta e 65 anos. Talvez não fosse o mais velho, mas era o que mais tinha cara de velho, corpo de velho e jeito de velho, entre os nossos professores. A cabeça era calva no alto e rodeada abaixo por escassos e finos cabelos brancos; não era gordo, mas possuía uma preeminente barriga que, ao projetar-se, lançava o tronco para trás. Num de seus gestos característicos, a barriga para a frente e as costas para trás, a segurar a prova que trouxera corrigida no braço estendido até o alto, acenando com ela como quem agita uma bandeira, era assim que convidava o aluno ou a aluna a vir buscá-la, enquanto anunciava a nota e tecia comentários não raro arrasadores.

Podia acontecer que, à aproximação do aluno ou da aluna, ele já tivesse jogado o braço para trás da cabeça, de forma a ser preciso, num cômico balé, contorná-lo para enfim, às suas costas, agarrar a folha de papel. Ainda o vejo, nítido, em outro de seus repentes teatrais, a citar o verso de Baudelaire "*Pascal avait son gouffre, avec lui se mouvant*", enquanto, balançando o corpo, como se desestabilizado pela vertigem, o rosto voltado para baixo e para o lado direito, tentava imitar a impossível situação de um homem que caminhasse em companhia de um abismo. Nada era estudado; suas coreografias nasciam-lhe naturais como lhe era natural a descarada preferência por certos alunos, aqueles mais dados à leitura e aos fenômenos político-sociais. Estes o veneravam; os outros o temiam.

Todo dia era dia de aula de português e literatura; todo dia, portanto, convivíamos com o Sales, que usava ternos cinzentos já batidos, o paletó sempre aberto sobre a camisa branca e a gravata, e na rua cobria-se com um chapéu de feltro. Sábado era o dia em que éramos chamados à frente para ou discutir o assunto do momento, ou ler uma peça literária. O gosto do Sales em poesia parara no parnasianismo e no simbolismo; o modernismo lhe soava uma brincadeira inconsequente. Um aluno certo dia escolheu "Pneumotórax", de Manuel Bandeira, para ler:

[...]

— *O senhor tem uma escavação no pulmão esquerdo e o pulmão direito infiltrado.*

— *Então, doutor, não é possível tentar o pneumotórax?*

— *Não. A única coisa a fazer é tocar um tango argentino.*

A classe continha o riso; ou melhor: a parte da classe que se interessava por literatura e acompanhava com deleite as idiossincrasias do Sales. O próprio Sales sorria zombeteiro. Sabíamos o que ele estava a pensar: "Lá isso é poesia?". Em seguida ele me chamou. Juro que não foi de propósito; desde o dia anterior, em casa, havia preparado o texto que leria naquele sábado. Anunciei: "Vou ler 'O poeta come amendoim', de Mário de Andrade". Foi uma explosão de risos, daquela parte, digamos, ilustrada da classe. Não bastasse o lirismo do "Pneumotórax", vinha agora épico dos amendoins! O riso mais alto era do Jorge, um menino da mesma idade, mas que já ria como homem-feito, um riso vigoroso, desabrido; não era riso de aluno, era já um riso de igual para igual para com os adultos. Sales riu também e conformou-se a ouvir-me até o fim, olhos para o alto, barriga para a frente, braços para trás:

[...]

Brasil que eu amo porque é o ritmo do meu braço aventuroso,

O gosto dos meus descansos,

O balanço das minhas cantigas amores e danças.

Brasil que eu sou porque é a minha expressão muito engraçada,

Porque é o meu sentimento pachorrento,

Porque é o meu jeito de ganhar dinheiro, de comer e de dormir.

Sales era do Ceará e se alfabetizara tardiamente. Caricaturava a si mesmo ao descrever-se sob a inclemência do sertão: "Eu, debaixo do sol, trepado num jegue (nesse momento fazia um 'V' ao contrário, os dedos voltados para baixo, a imitar as pernas abertas do cavaleiro sobre a montaria), um livro na mão...". Encantou-se com a poesia sob o reinado de Olavo Bilac... "O ouro fulvo do ocaso as velhas casas cobre..." Em tais condições, como pretender que viesse a apreciar as maluquices desses modernistas? No seu livro *Português colegial*, que servia de apoio às aulas, escreveu: "É cedo para julgarmos os escritores modernistas.

Falta-nos a perspectiva do tempo, sem a qual todos os juízos podem ser precários e efêmeros. Entretanto, é inegável que revolucionaram a nossa literatura. A poesia, o romance, a novela, o conto, enfim, todas as formas de arte, a partir de 1922, tomaram novas feições. Parece-nos que se aproximam da verdade estes conceitos de Álvaro Lins, que é um *novo*: 'Toda a importância do modernismo decorre da circunstância de ter sido um movimento de destruição e não de criação. E movimento criador o modernismo não foi, porque não deixou nenhuma grande obra representativa, o que levou o sr. Otávio de Faria a assinalar que o seu nome pode figurar na história literária mas não na literatura'".

Eu não conservei os livros do Sales. Mas tive a felicidade de recentemente encontrar num sebo dois deles, os relativos ao primeiro e ao terceiro ano colegial; o achado deu-me a oportunidade de reatar relações com o velho professor. Escaramuças bem-humoradas entre o professor passadista e os alunos fãs dos modernistas eram uma constante nas aulas e reforçavam o clima de maturidade e liberdade que agora nos envolvia. Ao retomar contato com os livros de Sales recobro a certeza de quão admirável professor de literatura era ele, claro e preciso ao nos ensinar a contar as sílabas de um poema e ao dissecar as características das diversas escolas literárias. Ao contar as sílabas, vejo-o com as mãos espalmadas, os dedos a demonstrar as diferenças de ritmo entre o decassílabo e o alexandrino. "Não esquecer que não se consideram as sílabas pós-tônicas do último vocábulo de um verso", e nesse momento com a mão desabada, demonstrava graficamente o desterro das pobres sílabas átonas do final. Ser/ mo/ ça e/ be/ la/ ser/ por/ que é/ que/ não/ lhe/ bas... *ta*.

Sales era excelente nos fundamentos da literatura mas era mais, para quem soubesse aproveitá-lo: ensinava também a vida e o mundo. Dava voz aos alunos e não o fazia com outro propósito senão despertá-los para as aventuras maravilhosas e perigosas de conhecer, pensar e tentar ser eles mesmos. Podia ser implacável como na ocasião em que uma aluna defendeu seu direito de gostar de uma obra medíocre. "É uma questão de gosto, professor", insistiu ela. "Claro", ele respondeu. "De bom gosto e de mau gosto." Ou quando um aluno, ao ser chamado para apresentar-se à frente, na aula de sábado, olhou distraído para o livro que acabara de receber do colega ao lado e disse: "Estava aqui folheando este livro...". Sales cortou-o: "Se escolheu ao folhear o livro está dispensado". Ele queria que os alunos preparassem de véspera e fossem capazes de dissertar com um mínimo de reflexão sobre o que liam.

Sales dispensava as gentilezas sociais: era brusco e impiedoso com quem não fosse capaz de acompanhá-lo tanto quanto era afável e pródigo de estímulos para com os seus eleitos, entre os quais eu me incluía. A poesia parnasiana e o romance realista constituíam o ápice do campo em que se assentava sua formação literária. Entre Machado de Assis e Eça de Queirós ele nos convidava a estabelecer uma competição que até hoje ainda se fere em minha cabeça. Um dia me perguntou o que eu tinha lido do Machado. "Li tudo da segunda fase", respondi. Seus olhos brilharam por trás dos óculos pequenos: "É assim que tem que ser". Em outra ocasião escrevi uma composição com foco na disparidade social no Brasil e ele me deu uma nota 10 mais calorosa do que outras. Foi um privilégio ter figurado entre os "queridos" do Sales. Nunca aprendi tanto de um professor; nem tive professor melhor.

Outros professores no clássico eram, para citar dois tipos opostos, o Pena e o Haddock Lobo. O Pena, elegante nos modos e no vestir, era homem do establishment; o Haddock Lobo, desbocado e desleixado nos modos e no vestir, era comunista. O primeiro era professor de filosofia, o segundo de história. Nenhum alardeava sua posição política, nem impregnava o conteúdo das respectivas matérias com suas convicções, pelo menos não com tintas por demais explícitas. Mas todos as conheciam, e isso era sinal de que nossos cérebros já estavam mais equipados para decifrar o mundo. Pena, irônico, costumava dizer, ao chamar o aluno ou a aluna à sua mesa: "Apropinquai-vos ao tabernáculo". Seu nome já me era familiar antes de ser seu aluno, porque ele era amigo de um dos irmãos mais velhos de meu pai, o tio Magno, de quem ainda muito falarei. Haddock Lobo abusava do gesto de esfregar o nariz com a palma da mão, enquanto respirava ruidosamente. Às vezes soltava um palavrão mudo, que se adivinhava por leitura labial. Um dia teve comigo uma discordância que nos fez a ambos levantar a voz de tal forma que assustou as meninas da classe. No fim me disse que eu fizera bem em defender com ardor meu ponto de vista.

Na tarde da sexta-feira, 25 de agosto de 1961, eu tinha marcado um encontro na escola com o Álvaro e o Klaus, colegas de classe e companheiros de programas nas horas de ócio. Nosso período de estudo era o da manhã; estávamos de folga àquela hora. Encontrei o Álvaro na quadra junto ao pátio, brincando com outros meninos de arremessar a bola à cesta. "O Jânio renunciou", ele disse. A notícia era estarrecedora. Havíamos acompanhado, nos últimos dias, o vaivém de desencontros entre o presidente e o governador da Guanabara, Carlos Lacerda, dois antigos aliados, inclusive a confusa história de uma mala que Lacerda encaminhara ao Palácio da Alvorada para ali passar a noite, a convite do presidente, e que horas depois lhe fora devolvida por um funcionário. Era de se ver o páthos com que Lacerda, um mestre da oratória dramática, contava no rádio e na TV essa história, em que se sentia espezinhado. A singela justificativa para a devolução da mala, para maior humilhação do governador, fora que o presidente estava cansado e se recolhera ao leito; o convidado era aconselhado a dormir num hotel.

O episódio de ópera-bufa não justificava a renúncia, não podia ser; o Brasil, que já era trágico, não podia ainda por cima ser tão cômico. Também passei a arriscar alguns arremessos à cesta, e entre um acerto calculado e outro acidental, uma bola no aro e outra na tabela, discutíamos os desdobramentos do inopinado gesto do homenzinho que trançava os pés ao andar e, segundo o folclore, dizia "Fi-lo porque qui-lo". Álvaro achava que o vice-presidente João Goulart, em visita oficial à China, devia voltar logo ao Brasil e assumir a presidência para não deixar margem a um vácuo no poder.

Eu conhecia o Álvaro desde que entrara no Rio Branco, época (quatro anos antes) em que ele era um menino baixo e gordinho, mas nunca antes havíamos frequentado a mesma classe. Agora ele era magro, da minha altura e distinguia-se entre nós como o de antenas mais ligadas na política nacional. Ponderei que seria preciso esperar se a renúncia era mesmo para valer ou mais um golpe de cena de um mestre na especialidade. Klaus, que chegou em seguida, trouxe a notícia de que a carta de renúncia já estava no Congresso. Klaus tinha um rosto redondo e avermelhado por problemas de pele e se destacava pela exótica singularidade de gostar de corridas de cavalos. A renúncia do presidente adiantava que teríamos muito a discutir nas aulas de sábado do Sales, mas não nesse sábado porque, por determinação do governo federal, as aulas estavam suspensas e os bancos não abririam na segunda-feira. Com o acréscimo de mais polícia na rua, cumpria-se o script dos dias de crise no país.

É curioso revisitar a edição do dia seguinte de *O Estado de S. Paulo* (hoje é fácil: as coleções estão disponíveis pela internet). A parte superior da primeira página estampa as seguintes notícias: "Persiste a tensão em Berlim; tanques norte-americanos ao longo da linha de demarcação"; "Prosseguem as consultas em Washington sobre a resposta ocidental às notas da URSS"; "Bizerta: aprova a Assembléia Geral a moção afro-asiática" (Bizerta é um porto da Tunísia onde a França mantinha uma base que se recusava a devolver aos tunisianos). Na parte inferior, entre outras notícias internacionais, o destaque era: "Kruchev preconiza a rápida realização de conversações sobre o problema de Berlim". O altivo jornal da família Mesquita não admitia à época notícias nacionais na primeira página; o espaço era reservado com exclusividade às severas e eruditas questões internacionais.

Suponhamos que não tivesse havido o meu encontro com Álvaro; suponhamos ainda, o que não é absurdo, pois à época a circulação das notícias não era tão veloz, que meus pais e outras pessoas próximas não tivessem sabido na véspera da renúncia do presidente; ao receber o jornal que assinávamos, na manhã do dia 26, e ao apanhá-lo à porta, dobrado como costumam chegar os jornais, nada nos sacudiria além da já crônica, ainda que explosiva, disputa das superpotências em torno de Berlim. A segunda página também era reserva de caça das notícias internacionais. Só ao chegar à terceira, a dos editoriais, depararíamos, sem alarde, abaixo da tradicional etiqueta "Notas e informações", com as linhas seguintes: "No início da tarde de ontem foi a Nação sacudida por uma notícia das mais graves: o sr. presidente da República tomara a decisão de renunciar ao cargo para o qual havia sido eleito, isto é, a mais alta investidura do país".

Como assim, *O Estado de S. Paulo*? Estamos sem presidente e Vossa Senhoria só nos avisa agora? O escritor Jean Cocteau disse uma vez que o jornal *Le Monde* era o único do mundo que não tinha correspondente em Paris. *Le Monde* sofria de síndrome semelhante à do *Estado de S. Paulo*: notícias dignas de primeira página, só as de padrão à altura dos sábios enfronhados na geopolítica das potências. Nessa alta ordem das coisas a renúncia do presidente de nossa irrelevante república não tinha lugar. Nelson Rodrigues lamentava que os jornais modernos (os editados a partir das décadas de 1950-60) tivessem aposentado o ponto de exclamação. Mesmo o editor que acabara de assistir pela janela à queda da bomba atômica, argumentava, não juntaria o ponto de exclamação à respectiva manchete. Se um repórter obtivesse a informação exclusiva de que o mundo acabaria no dia seguinte, igualmente o dispensaria. Pois o jornal *O Estado de S. Paulo* daqueles áureos tempos foi além. Presidentes da República caíam sem merecer sequer um murmúrio na primeira e mais relevante de suas páginas.

Os dias seguintes à renúncia constituíram-se numa característica novela terceiro-mundista. Para começar por seu aspecto peripatético, logo teríamos dois presidentes zanzando pelo mundo: Jânio, porque, frustrado em seu intento de voltar "nos braços do povo", embarcou no navio *Uruguai Star* e lá foi para um giro de gostosos sete meses (mesma duração de seu mandato) pela Europa, e João Goulart, porque, impedido de tomar posse pelos militares, iniciou uma demorada errância pelo planeta, Cingapura, Malásia, Paris, Nova York, a ganhar tempo, enquanto no Brasil se procurava solução para o impasse. Foi a primeira vez que acompanhei em detalhes um drama político, com a agonia de a cada desdobramento tentar adivinhar o passo seguinte.

Entre os três ministros militares, responsáveis pelo veto à posse do vice-presidente, destacava-se o da Guerra, Odylio Denys. Dizia ele que se Jango ousasse voltar ao país seria preso no exato momento em que pusesse o pé em território nacional. Era assim, por aqueles anos; os homens de farda decidiam ao modo simples das repúblicas de bananas que o vice-presidente, legitimamente eleito para ocupar a presidência em caso de vacância, não podia fazê-lo e pronto — o prejudicado que reclamasse ao bispo. Ocorre que contra os arroubos do general havia uma resistência — armada — no Rio Grande do Sul. O poderoso III Exército, a maior e mais bem equipada das quatro fatias em que se dividia a força, alinhou-se à resistência comandada pelo governador gaúcho, Leonel Brizola, e defendia a posse de Jango.

Um vento de guerra civil estava no ar. Na escala de Nova York Jango abriu a camisa diante dos jornalistas e mostrou uma medalha de Nossa Senhora para provar que não era comunista. Seus adversários ameaçavam com o bombardeio do Palácio Piratini, sede do governo do Rio Grande e da resistência comandada por Brizola. Tecia-se em Brasília a adoção do sistema parlamentarista como solução. O jornal que líamos em casa defendia outra saída, uma emenda que riscasse do texto constitucional o mandamento segundo o qual o vice é o substituto legal do presidente, em caso de renúncia ou morte. Ganhou a tese parlamentarista e Jango pôde tomar posse, como presidente que reina mas não governa, no dia 7 de setembro.

Não apenas o professor Sales, mas também os colegas com quem agora eu convivia, atestavam a mudança de patamar que representava o ingresso no curso clássico. Do Jorge eu já falei, aquele que ria alto, como homem-feito. Ele disse uma vez ao professor Sales que gostava de Guimarães Rosa e eu admirei que já lesse esse autor, considerado "difícil". Eu tinha visto uma vez, no programa do Silveira Sampaio, um dos meus preferidos na TV, o crítico literário Agripino Grieco dizer, com a língua afiada que o caracterizava: "Guimarães Rosa é um grande escritor. Pena que escreve em húngaro!". Jorge tinha sobrenome de políticos do passado e outra de suas peculiaridades é que amava o jazz, e na minha cabeça arquivei o jazz no rol dos fenômenos a considerar.

Tamanha era minha ignorância no assunto que certa ocasião passei vexame perante outro admirador do jazz, o Santoro, também meu colega de classe. Vez ou outra o Santoro, um menino reservado, que raramente se manifestava na aula, e que morava no Sumaré, me convidava a aproveitar a carona no carro em que o pai e o motorista vinham buscá-lo. Numa dessas viagens, entusiasmado pelo que ouvia no rádio, Santoro me perguntou se eu sabia quem estava tocando o piano. Respondi que não tinha ideia e ele insistiu: "Arrisca". "Carmen Cavallaro", respondi. O popular Carmen Cavallaro era um dos poucos nomes de pianista que tinha na memória. "É Thelonious Monk", corrigiu-me o doce Santoro, que por ser doce poupou-me da zombaria.

Íamos no banco de trás, eu e Santoro, e contemplávamos no banco da frente, de costas para nós, o pescoço negro do motorista (seu José) e a careca do pai de meu colega. Digo isso porque me impressiona como hoje o Santoro, com quem não perdi contato, visto de costas é a réplica perfeita do pai naqueles dias — e mais ainda seu irmão menor, o Baptista, com quem também mantive a amizade e que, adulto, tornado artista gráfico, faria a capa de meus livros. Os irmãos são para mim a prova provada de que a silhueta do pai ou da mãe constitui como um recorte inscrito no tabuleiro de um quebra-cabeças para o qual os filhos e filhas um dia fatalmente vão convergir e se encaixar, como as peças do jogo em seus preestabelecidos compartimentos.

Havia ainda um aspirante a artista plástico, na nossa turma; dele ouvi pela primeira vez nomes como Manet e Monet. Ficou-me o dia em que, numa roda, ele disse ter acordado com a notícia no rádio de que o filme *O pagador de promessas* tinha ganhado a Palma de Ouro em Cannes. Incrédulo, afirmou ter interpelado o rádio: "O quê? Repete". A graça grudou-me no cérebro de tal forma que até hoje, diante de uma notícia que causa espanto, peço mentalmente ao rádio ou à TV: "O quê? Repete". A Palma de Ouro revigorou a animação que nos tomava naqueles anos diante do que parecia ser uma arrancada brasileira em diferentes frentes culturais. A Bossa Nova ganhava o mundo, o cinema acumulava prestígio. Nossas conversas giravam em torno de João Gilberto e de Glauber Rocha, e como nos sentíamos doutos, ao discutir os rumos das artes nacionais; era uma surpresa e um deslumbramento que tivéssemos atingido patamar que nos capacitasse a abordar tão elevadas questões.

Na literatura, com destaque para a brasileira, ninguém seria capaz de competir com o Valentim, menino de pele clara, nariz pequeno, óculos e cabelos encaracolados como anjo do Aleijadinho. O prodigioso Valentim chegou com a fama de aos doze anos já ter lido "todos os livros" da Biblioteca Infantil Monteiro Lobato. Era órfão de pai e vinha de família pobre; estudava conosco graças a uma bolsa por sua mãe ter sido professora no colégio. Valentim sabia de cor trechos do *Macário*, de Álvares de Azevedo, e, insolente que também era, corrigiu a abertura do famoso soneto de Bilac para: "Porra, direis, ouvir estrelas?". E com uma voz sussurrada, os olhinhos semicerrados, cantava o "Ninguém me ama", de Antônio Maria, dizendo: "Ninguém me ama/ ninguém me quer/ ninguém me chama/ de Baudelaire". O professor Haddock Lobo chamava-o de "Nijinsky"; não sei que *cabrioles* e *arabesques* enxergava nos passos do amigo, só se fossem as cabriolas e arabescos mentais. Ele era rápido na provocação e no sarcasmo. Quando um colega disse morar na rua Itacolomi, Valentim perguntou se ele sabia o que significava "Itacolomi" e explicou: "Ita, pedra; co, onde moram; lomi, os veados. Portanto, pedra onde moram os veados". Ninguém se importava com homofobia; aliás, não existia a palavra "homofobia". Numa certa Semana Santa, Valentim dedicou-me um soneto bufo a que deu o título de "Ovos de páscoa". Recebi-o rabiscado numa pequena folha de papel de seda de embrulhar alguma coisa (chocolate? as cigarrilhas que ele fumava?); amarelado e meio corroído nas bordas, guardo-o até hoje:

Quinta-feira, santa,
meu coração se espanta,
bancários e eu não trabalhamos
por Jesus, que tanto amamos.

Sexta-feira, da paixão,
pouca carne e a devoção.

*Meu coração ao fim de março
é um sapato sem cadarço.*

Sábado, de aleluia,
[ilegível] *como* [rasurado] *queria,
viver na puta que o paria.*

*Domingo, de páscoa,
a vida, descasco-a
como aos ovos de meu saco.*

Eu me via cercado de colegas que eram mais ou menos como eu, gostavam de ler, interessavam-se pelas artes, começavam a analisar o Brasil e o mundo pela lente da política, e isso era uma inspiradora novidade. Numa manhã de domingo, ao passar pela avenida Angélica com o primo Tomás, notamos que um bar novo surgira no quarteirão abaixo da praça Buenos Aires. Ainda não falei do primo Tomás. Ela era filho do irmão gêmeo de meu pai e se tornou companheiro constante desde que mudamos para a Fernandes Torres porque morava a poucos metros de distância, num predinho da rua Itapicuru. Sua cabeça era diferente da minha, mais convencional, mais prática; ele fazia o científico e faria engenharia, o que o classifica como membro da tribo oposta; apesar das diferenças, era um bom e fiel companheiro. O bar era pequeno e simpático, com mais mesinhas na metade ao ar livre, dando para a calçada, do que na parte interna. O chope era a especialidade da casa.

Para quem era ainda um novato nas bebidas alcoólicas (não à revelia das normas familiares: meu pai as apreciava e até começava a me chamar para compartilhá-las) não me pareceu ruim. Mas a qualidade do chope era o de menos; bom é que era um espaço agradável, perto do colégio e não longe de casa. O nome do bar era Chic Chá e essa combinação de *ch* com *ch*, fruto de um singelo gosto pelas aliterações e difusora de uma falsidade — o que menos ali se servia era chá, muito menos um chá chique —, entraria na minha vida, para marcar-lhe uma etapa e converter-se num símbolo. Não só na minha, aliás; o Chic Chá seria mencionado até num poema do antropólogo e poeta Carlos Vogt, que não conheci na época; ele o incluiu entre os deslumbramentos que experimentou quando, vindo do interior, conheceu São Paulo. O modesto mas marcante boteco passou a ser o ponto de encontro, da turma do colégio e de outros amigos que se agregaram, e de que falarei adiante.

Ali se juntavam os "*happy few*", eu diria, o "*band of brothers*", conforme o discurso que Shakespeare pôs na boca do rei Henrique v, ao animar seus soldados para enfrentar os franceses. Avançávamos juntos, não para encarar um exército inimigo, mas para encarar a vida que, de tocaia, atrás do biombo do tempo de estudante, nos aguardava. No Chic Chá nos entregávamos a tertúlias que varavam a madrugada; ali reverenciamos como musa, sentada entre nós, uma futura grande atriz, à época estudante na Escola de Arte Dramática e moradora de uma pensão na avenida Angélica; no Chic Chá espreitamos, em mesas vizinhas, o físico Mário Schenberg e o filósofo Bento Prado. À nossa mesa, mais de uma vez, sentou o artista plástico Raimundo de Oliveira, também morador da Angélica, autor de quadros em que figurinhas de comovente simplicidade reproduzem cenas bíblicas, e que, de alma atormentada até o desespero, viria a se suicidar. Ali, com a cabeça entupida de chope, eu imaginei um conto em que jovens ociosos observavam uma guerra de assustadores insetos, dotados de ferrões venenosos e capazes de voos rasantes, contra uma colônia de formigas instalada junto à raiz da sibipiruna vizinha ao bar; seria uma alegoria de nossa letárgica passividade enquanto o destino de mundo se definia na guerra do Vietnã.

Atrás do balcão, tirando o chope e fazendo a soma de nossas despesas, ficava o Romeu, um dos sócios do estabelecimento; o garçom era um só por período, e o que atendia à noite, nas horas em que mais estávamos por lá, era o Fonseca. Romeu, moreno, magro, reinava no ambiente penumbroso que era a parte interna do bar. Puxava-se conversa sobre política, e ele externaria opiniões desfavoráveis ao rumo que as coisas vinham tomando no governo Goulart; preocupava-se com a inflação e o ambiente desfavorável ao bom andamento dos negócios. Lembremos que nosso curso clássico coincidiu quase inteiramente com o governo Goulart, anos de turbulência econômica e de radicalização política, a tecer o pano de fundo à turbulência mental e à radicalização nos impulsos próprias de nossas idades.

O presidente era assunto nas aulas de sábado e no bar. Fonseca parecia tudo, menos garçom: não fosse a camisa social branca e a gravata-borboleta preta, e seria tomado por um alto executivo, de equivocada passagem por um lugar em que, se faltava algum tipo na freguesia, eram os executivos. Alto, corpo massudo — não gordo, mas bem constituído —, de idade entre os 45 e os cinquenta anos, exalava autoridade; falava com correção, sabia ser irônico e ignorava a servilidade. "Deixa de besteiras", dizia-nos, ao ouvir opiniões que repudiava. Conhecia-nos pelos nomes e repassava nossos recados, uns para os outros. Olhava com concupiscência as mulheres perdidas que dessem com os costados no bar num fim de sábado. Tudo somado, o tipo do Fonseca não fazia prever a cena presenciada por Álvaro, anos depois, em outra parte da cidade. O homem que se aproximou lhe parecia familiar. Será que é quem estou pensando?, perguntou-se meu amigo. O homem usava roupas esgarça-das e tinha a expressão desamparada. "Fonseca, é você?", perguntou. Fonseca tinha virado mendigo.

"*Coming of age*" é como na língua inglesa se chama a entrada na vida adulta. Literalmente "*coming of age*" significa a "vinda da idade", e é curioso considerar que para os anglófonos só nessa fase começa aquilo que se chama "idade", descartando tudo o que veio antes. Com o "*coming of age*" muda o corpo, mudam os gostos, muda o estilo de vida, muda a visão do mundo — e muda o vocabulário. "Tudo bem?", dizia-se agora entre os jovens. Meus pais não diziam "tudo bem". Os jovens diziam "legal" para qualificar algo bom, agradável, bem-feito. Para meus pais "legal" era o que estava de acordo com a lei. E nos meios, digamos, mais refinados, ou afetados (recuso-me a escrever "sofisticados", palavra que, junto com "ameno" e "descontraído", foi proibida aos subordinados por um diretor de redação com o qual trabalhei, por meio de um ucasse que acato com respeito e reverência), nesses meios, dizia, entraram em circulação três adjetivos com pretensões a ressaltar o superior bom gosto de quem os pronunciava.

Os adjetivos eram "bitolado", "genial" e "antológico". Uma pessoa era "bito-lada" quando carecia de visão de conjunto. A palavra era acompanhada do gesto de levar as mãos às têmporas, em imitação aos antolhos postos nos cavalos para lhes impedir a visão lateral; a pessoa era assim, prisioneira de um enfoque único, limitado e gasto das coisas, avessa a abrir-se ao novo, inimiga da descoberta e da invenção. A primeira vez que ouvi "bitolado" foi da boca do colega Jorge, numa aula do Sales. Curioso como uma palavra posta em circulação entre gente "avançada", que aspirava ao "novo" e ao "moderno", fosse se apoiar num mundo já em declínio no Brasil, o mundo das ferrovias, cujas bitolas marcavam a distância a separar o par de trilhos sobre o qual corriam os trens.

"Genial" não era só Einstein, tampouco Mozart. Tudo era genial: o filme de Godard, o disco de Johnny Alf, *O Cristo recrucificado* de Nikos Kazantzakis — assim como a lasanha da casa da vovó, a praia recém-descoberta do Litoral Norte e o jeito de o cãozinho de estimação abanar o rabo. Penitencio-me não empregando hoje a palavra "gênio" senão no sentido de "índole", "aptidão" ou, no máximo, "índole invulgar" e "especial aptidão". Eu poderia escrever que ao gênio de Leonardo da Vinci (sua especial aptidão, ou índole invulgar) atribui-se a qualidade de suas obras, mas não escreveria que era "um gênio". Gênio, nesse sentido, conduz a uma categoria de indivíduos destacada da raça humana, produto de safra especial e restrita, como na geração de certos vinhos. Leonardo não merece que seu pesado investimento na busca do conhecimento, o mergulho nos segredos da perfeição artística, a pesquisa, a dedicação, os anos de treino, a persistência e a abnegação sejam debitados à loteria que o premiou com uma vaga na galeria dos eleitos pela preferência dos céus ou os acasos da biologia.

O caso de "antológico" é mais sério. A palavra é mais pesada e específica, e por isso o ruído de corpo estranho, ao se imiscuir numa frase com um sentido frívolo e inespecífico, soa mais agudo. "Antológico" era basicamente o mesmo que "genial" nos meios a que me refiro: queria dizer magnífico, soberbo. Antológicos podiam ser o novo filme de Antonioni, o *Quarteto de Alexandria* de Laurence Durrel e a música de Tom Jobim — tanto quanto o dia de sol que fez ontem, a caneta descartável que eliminou a canseira de reabastecer a caneta-tinteiro ou o hot dog da lanchonete da rua Augusta que, dada a novidade da iguaria em oferta, chamava-se exatamente Hot Dog.

Exemplo extremo do uso abusivo do tal "antológico" ocorreu quando combinei com um colega encontrá-lo no Chic Chá para que me devolvesse o livro que lhe emprestara. Ele me encontrou sozinho a uma das mesas e convidei-o a sentar-se. Não era das pessoas de que eu mais gostasse, mas a solidão numa mesa de bar pode ser excruciante. O colega entregou-me o livro e escusou-se: "Estou com uma pressa antológica". Jamais esqueci dessa preciosidade. Bem pesada, na inteireza de sua literalidade, o que ela revela? Que há uma antologia das pressas, as mais prementes, as mais justificadas, as mais angustiosas, as mais apressadas — e também as mais formidáveis, as mais fascinantes, as mais dignas de registro, e que a de meu amigo, naquele dia, naquela hora e naquele lugar, merecia figurar entre elas.

Comecei este capítulo com a Remington e termino com uma aventura num bar. Uma coisa tem tudo a ver com a outra. Muitos dos escritores que eu admirava consideravam os bares sagrados como igrejas. Hemingway escrevia contos nos cafés e brasseries de Paris e ao término da Segunda Guerra Mundial, ao reingressar na capital francesa, atribuiu-se a tarefa de "libertar" o bar do hotel Ritz. Agora eu tinha minha máquina de escrever e, não menos importante, conquistei meu bar. Só faltava, entre uma e outra, escrever minhas obras-primas. Paulo Mendes Campos escreveu que se devia trocar de bar como se troca de camisa. De um ponto de vista mais aventureiro tem razão, mas no começo talvez o jovem tenda a sentir mais amparo e conforto fixando-se num único, como quem se filia a uma família de adoção, em contraponto à família verdadeira, e como quem procura uma síntese da vida lá fora, em contraponto ao recolhimento do quarto. Os americanos cultuam sua "alma mater" — a universidade em que se formaram. Eu não dou esse valor à faculdade em que viria a estudar. Minha alma mater, gosto de pensar, foi o Chic Chá.

11. Criado e mudo

O criado-mudo é o mais humilde dos móveis. Nestas páginas tenho falado de móveis com a marca de relíquias familiares, como a mesa feita pelo meu avô; de outros que são coadjuvantes na formação de um jovem, como a escrivaninha e a estante de meu quarto na rua Conselheiro Fernandes Torres; e de móveis que, se não históricos, contêm os vestígios da história, como a "caixa" — o baú que, herdado de meus pais, hoje abriga parte dos documentos em que me venho apoiando. Se alguma vez falei em criado-mudo foi de passagem, com o pouco-caso que em regra nos merecem. Criados-mudos carregam o estigma do nome. São "criados", ou seja, ostentam a mesma designação dos filhos dos escravos criados em casa, e além de criados são mudos. Exceto por esporádicos estalos da madeira, ou por rangidos quando manipulados por fantasmas nos castelos ingleses, todos os móveis são mudos. Mas ninguém chama a cama de muda, nem a cadeira ou a mesa; só aos criados-mudos se cassa a voz de modo explícito, o que equivale a desertá-lo à mais desprezível das castas, na estrutura social vigente entre os móveis.

O criado-mudo que tenho em mente é o do meu quarto na casa da Fernandes Torres. A provável origem do termo nas mazelas da escravidão passou a desrecomendar o uso de "criado-mudo", em anos recentes. Mas como reconhecer o móvel que procuro reviver na memória chamando-o de "mesinha de cabeceira"? Ninguém falava "mesinha de cabeceira". Meu criado-mudo era da mesma madeira clara da cama, da escrivaninha e da estante, e em suas linhas exibia a banal simplicidade de sua espécie. Seu "design", se é que sua humildade comporta tão presunçosa palavra, pode ser descrito em poucas palavras: uma gaveta, um tampo quadrado e quatro longas pernas em linhas retas, entre os quais abria-se um vão por onde um jovem, deitado no chão, de barriga para cima, seria capaz de nele enfiar a cabeça e mesmo um braço. Não estou dizendo isso à toa; era o que eu fazia, e essa é a razão de ter elegido o criado-mudo, já de si filho de uma humilde família dos móveis, e ainda mais o meu criado-mudo, um humilde entre os humildes, para lembrá-lo neste texto. A tresloucada ação de deitar no chão e enfiar a cabeça debaixo do criado-mudo, eu a cometia para, lápis na mão, escrever, na face de baixo da gaveta, o título e a data do poema que acabara de compor.

Coisas de jovem. Primeiro, o corpo esguio, capaz de enfiar-se sob as pernas do pequeno móvel, e flexível a ponto de deitar e levantar do chão com a facilidade com que se move um dedo; segundo, a travessura de datar os textos num lugar improvável, não para guardar segredo, mas por simples jogo, para divertir-se e rir de si mesmo; e terceiro o descaso que viria na sequência com os registros de sua própria história pessoal, ao abandonar o criado-mudo à própria sorte. Nem cogitei levá-lo comigo, ao deixar a casa de meus pais, talvez até esquecido dos registros que continha, e para todo o sempre não soube que fim levou. Se por um instante chamaram a atenção de alguém, aquelas inscrições no avesso de uma gaveta, um nome e uma data, cada uma envolvida num rabiscado círculo, emboladas umas às outras como as lápides no cemitério judeu de Praga, seriam desprezadas como uma Pedra de Roseta para sempre indecifrada.

Peço perdão pela audácia e condescendência para a chocante revelação, mas sim, fui poeta quando jovem. De 1961, meu primeiro ano de curso clássico, até pelo menos o fim da faculdade, sete anos depois, frequentei as musas com assiduidade; ao contrário de tantos jovens, portanto, persisti. Mas, ao contrário dos poetas verdadeiros, a partir da entrada para valer na vida profissional só reincidi em raros momentos. A certa altura inventei a brincadeira de registrar as datas dos poemas no criado-mudo. O momento em que o fazia era de euforia, de arrebatamento, de transbordamento, de exultação. Quando me perguntam se encontro prazer em escrever, respondo: "Prazer mesmo não é escrever, é ter escrito". O ato de escrever pode ser penoso, permeado de indecisões e inseguranças. Uma vez comparei-o a domar um cavalo bravio. Finalizar um texto, e ficar satisfeito com ele, leva a um estado de júbilo. Alguns abririam um champanhe. Eu me enfiava pelo túnel entre as pernas do criado-mudo.

Meus primeiros poemas encontram-se enfeixados numa agenda de bolso, um pouco maior do que as clássicas do gênero, oferta da indústria Groz-Beckert, fabricante de agulhas para máquinas industriais. Não consigo atinar por que diabos um brinde de fabricante de agulhas, cujos diversos modelos são especificados em detalhe nas páginas finais, teria chegado em minhas mãos; não tinha e continuo não tendo interesse em agulhas, ainda mais as de uso industrial. Mas tenho interesse nos utensílios que me prestam serviços, e este é o caso da bizarra agenda. Sua capa é de tessitura que imita o couro, de tom marrom-escuro, e o texto está escrito em espanhol. Fica-se sabendo que, entre as especializações da Groz-Beckert estavam as *"agujas para máquinas tricotosas"* e as *"agujas para la fabricación de medias finas sin costura"*. Pela ilustração anexa concluo que as tais *"medias finas sin costura"* são as meias de nylon das mulheres; a outra, como o nome indica, é para a produção de artigos de tricô. Alguém que acreditasse não haver acasos no mundo, e que tudo tem a ver com tudo, teria aí uma pista de como uma coleção de poemas foi parar numa agenda de fabricante de agulhas: fazer poesias exige a precisão de quem tricota, somada à delicadeza de quem tece uma transparente meia fina.

A agenda é relativa ao ano de 1962, mas os primeiros textos, certamente transpostos de um suporte anterior, são datados de 1961 (ainda estava longe do hábito de datá-los no criado-mudo). Num deles, de 19 de outubro de 1961, sob o título "Encontro", escrevi:

Ei-lo.
Despreocupadamente,
Desavergonhadamente,
Apareceu de repente,
Dobrou a esquina e me topou,
Despudoradamente nu.
Aqui e agora,
De minha vida,
O primeiro "to be or not to be".

A poesia atropelou-me a existência por via da *Antologia poética*, de Vinicius de Moraes, publicada em 1960 pela Editora do Autor. Hoje encadernado e com uma capa forrada de um pano vermelho, o volume tem melhor aspecto. Mas, de tanto manuseá-lo, tinha antes dessa operação de resgate cadernos descosturados, uma ou outra folha solta, e bem fatigada a bela capa, em que, acima do título e do nome do autor, transcreve-se um fragmento de poema, "Não, tu não és um sonho, és/ Tens carne, tens fadiga e tens/ No calmo peito teu. Tu és a". É o começo do poema "Cântico", que é apresentado assim, com os versos cortados em suas letras finais porque ultrapassavam a largura da capa. O livro de Vinicius inaugurou uma série de "antologias poéticas" publicadas pela mesma editora (que tinha Rubem Braga e Fernando Sabino como sócios), entre as quais possuo as de Manuel Bandeira, Cecília Meireles, Alphonsus Guimaraens Filho e Cassiano Ricardo. As capas seguiam igual padrão. A de Cecília Meireles tem um recorte do poema "Retrato": "Eu não tinha este rosto de/ Assim calmo, assim triste, a/ Nem estes olhos tão vazios".

Os livros da Editora do Autor recuperaram para o leitor dos anos 1960 autores que vinham publicando desde os anos 1930 livros de tiragem pequena, não mais encontráveis no mercado. A antologia de Vinicius, autor cujo renome já se expandira para o público muito maior da música, foi talvez o maior sucesso de vendas de um livro de poesia até então. À descoberta de Vinicius de Moraes seguiu-se a de Drummond, cujo alentado volume *Fazendeiro do ar e poesia até agora*, de 1955, comprei num sebo. Foi uma passagem de bastão. O artista múltiplo, boêmio, carioca de agitada vida amorosa, que por sua pessoa seduzia tanto quanto pela obra, cedeu lugar, como influência maior, ao mineiro introvertido, pacato e funcionário público, cujo "No meio do caminho tinha uma pedra, tinha uma pedra no meio do caminho" é a suposta inspiração do "meu primeiro 'to be or not to be'".

Qual dúvida, qual dilema, qual encruzilhada atormentaria o rapazola de outubro de 1961? "*To be or not to be*" é, em sua concisão, expressividade e múltiplas sugestões de sentido, um exemplo das alturas a que pode chegar a criação literária. Tem treze letras e meras quatro palavras, descontadas as duas duplicadas. A duplicação do "*to be*" dá-lhe ênfase semelhante ao tchan-tchan-tchan-tchan da *Quinta sinfonia* de Beethoven. Quando Hamlet o pronuncia está se perguntando se deve ou não se suicidar. Vale a pena aguentar a carga enorme dos sofrimentos do mundo, quando um golpe de punhal no próprio peito seria o suficiente para lhes dar cabo?, pergunta-se. A mágica frase expandiu-se, no entanto, como balão inflado por poderoso sopro, e se ajusta a qualquer momento de crucial dilema. No rapazola pode ser apenas fruto de intoxicação pela literatura; é bonito e romântico partilhar da angústia existencial do jovem príncipe da Dinamarca. Mas prossigamos na suposição de que nada é gratuito, e investiguemos as causas profundas que estariam a atormentar nossa personagem.

A idade de dezessete anos, início do fim dos *teens*, anuncia um período de turbulência, como sabemos. A perspectiva de tornar-se adulto é tão fascinante quanto assustadora. Começa uma luta contra o ambiente ao redor, contra o estado do mundo, contra si próprio. À abertura para a vida lá fora contrapõe--se a segurança do lar protetor. *To be or not to be?* Para romper com o impasse anunciado na frase de Shakespeare há a frase de Júlio César, "*Alea jacta est*", igualmente concisa e de múltiplos significados. A sorte está lançada, a escolha feita, e vamos em frente, custe o que custar. Contra as duas há o "*Never more*" do corvo de Edgar Allan Poe; não há mais o que fazer.

A família, aquele mundinho cálido e generoso, começa a mostrar a contra-face de instituição estreita e castradora. Só o fato de agora ser compreendida como "instituição" já a desgraça. O pai, aquela figura de autoridade, mesmo sem ser autoritário, começa a exibir o que, para o rapazola, parecem defeitos: ele nem sabe quem é Carlos Drummond de Andrade, nunca refletiu sobre "*to be or not to be*". Só de muito em muito o pai lia um romance. Por aqueles dias lia *Gabriela, cravo e canela* e espantava-se com os palavrões que o autor se permitia. O pai não lia numa poltrona; lia na sala de jantar, sentado na cadeira dura, com o livro estendido à frente e os cotovelos apoiados na mesa. Quando trazia um dos pesados livros do cartório para terminar um trabalho era a mesma coisa: o livro sobre a mesa, ele sentado numa das mesmas cadeiras em que nos acomodávamos para comer. O filho lia escarrapachado numa das poltronas, como aliás ocorre até hoje, ou deitado na cama. O filho começava a contaminar-se com a síndrome de achar que o pai devia ser não como era, mas como ele, filho, gostaria que fosse. Uma vez o filho pôs-se a falar com entusiasmo de um filme de Antonioni. Era uma maravilha, nada dos lugares--comuns hollywoodianos, fazia pensar e blá-blá-blá, a câmera a flagrar cada nuance no rosto dos personagens e blá-blá-blá. Nesse dia estava em casa um dos poucos amigos do pai que, não sendo da família, a frequentava. Um olhou para o outro com enfado. "Quero ver quando você voltar do trabalho cansado, o que achará de um filme desses", disse o pai.

O cinema europeu fazia parte do conjunto que contestava a ordem estabelecida. Assistir a *La Dolce Vita*, o marco zero dessa transformação na vida do rapaz, foi para ele uma transgressão e um choque — transgressão porque conseguiu entrar no cinema mesmo sem ter completado os dezoito anos requeridos pelo estrito regulamento da época, e um choque porque demonstrava ser possível fazer cinema sem a disputa entre o xerife e o bandido, sem um casal amoroso que depois de sucessivos desencontros se beija no final, sem o herói que estraçalha um batalhão inteiro de japoneses, sem o detetive que no final aponta o autor do crime. Era possível fazer cinema sem uma trama redondinha, que caminha para um desfecho em que tudo se completa e se explica.

O rapaz não se conteve do orgulho que lhe inflava o peito. "Fui ver *A doce vida* ontem", contei, pouco antes do almoço, quando a família começava a se reunir na copa. Minha mãe punha a mesa, a empregada fritava o bife. Minha irmã, que conversava com tia Lia ao telefone, fez uma pausa, afastou o bocal do aparelho e perguntou, surpresa: "Você conseguiu entrar?". *A doce vida* constituía-se no escândalo da temporada; tinha até striptease. Tia Lia mandou minha irmã perguntar o que eu tinha achado. "Nada demais", respondi. O "nada demais" referia-se ao striptease e se o filme ficasse por aí eu tinha razão: era um striptease que não mostrava nada. No restante o filme era "tudo demais", sequências desconexas, Mastroianni atrás de Anita Ekberg na Fontana di Trevi, corta e crianças a correr de lá para cá e rir enquanto fingem ver a Virgem Maria, corta e Steiner, intelectual sério, pacato, de vida regrada, suicida-se depois de matar os filhos. Que tem a ver uma coisa com a outra? É o tipo do filme do qual tia Lia, que gostava de cinema, diria: "Não entendi nada".

Era imperioso entender, no entanto, ou por outra parar com a mania de querer entender e permitir-se envolver pela interrogação contínua que é a vida. Meu pai achava que o cinema francês era permissivo. Não estava sozinho. Eu viria a conhecer na faculdade um professor que lamentava ter Romy Schneider, a encantadora Sissy, aderido ao "cinema pornográfico italiano e francês". "Coisa de cinema francês" era fórmula que meu pai usava para designar cenas que chamava de "fortes", seja no cinema como numa revista ou na televisão. De minha parte a Nouvelle Vague, Truffaut, Godard e companhia logo teriam lugar no arsenal contra a alienação hollywoodiana. Com Ingmar

Bergman travei relações graças a um mal-entendido; queria ver mulher pelada e com esse propósito fui com um amigo ao cine Jussara, no qual estava em cartaz *Monika e o desejo*.

O Jussara, na rua Dom José de Barros, atraía uma plateia masculina e nas sessões vespertinas era tolerante com os rapazes imberbes ainda abaixo dos dezoito anos. Antes do filme principal projetavam-se documentários sobre doenças venéreas em que com sorte apareceria um pedaço de seio ou um tufo de pelo pubiano. *Monika e o desejo* não nos decepcionou, ao apresentar a jovem Harriet Andersson nua, embora a cena fosse tão breve quanto seria depois a de Brigitte Bardot, de costas, em *E Deus criou a mulher*, de Vadim. Mas era um filme de Bergman, do grande Bergman de *Morangos silvestres*, de *O sétimo selo*, de *Gritos e sussurros*, e eu nem sabia, naquela tarde no saudoso Jussara tão antiestablishment, tão atencioso com o voyerismo dos rapazes e tão malandro (mudou o título sueco, *Verão com Monika*, para nele encaixar a palavra "desejo"), quem era Bergman. Fellini, Visconti, Bergman, Truffaut, Godard — o cinema europeu era alimento de primeira necessidade na formação de rapazes como nós. Muitos anos depois, numa de minhas recaídas no vício dos versos (foram raras), brinquei com isso, num poema a que dei o título de "Antonioni":

Ai que angústia,
que trava na
comunicação...
No entanto,
finda a sessão,
quanto a dizer,
quanto palpite
enquanto desce
o chope (mais um!)
e rola na língua
a batata frita.
Céus, que sede, que apetite
nos deu Monica Vitti!

Nas férias de verão de 1962 fomos, meus pais, minha irmã, o primo Antônio e eu, a Poços de Caldas. Águas da Prata não era mais para mim a capital da felicidade que fora na infância. Meus pais tampouco lhe conferiam a fidelidade de outrora, mas não abandonaram o gosto da "estação de águas". Hospedamo-nos no Hotel Quisisana, que disputava com o Palace o posto de o mais prestigioso da cidade. O Palace ficava no centro do parque, que, por sua vez, era o centro da cidade; isso quer dizer que se situava no coração de um centro urbano de razoáveis proporções, comparado à franzina Prata. O natural era que seus hóspedes circulassem pelos vários bares, restaurantes e lojas, com a facilidade de poder fazê-lo a pé. O Quisisana ficava numa zona afastada do centro e alongava-se por uma área onde se sucediam a piscina, as quadras, os jardins e os bosques. Tanto quanto o Palace convidava ao alvoroço da vida urbana, o Quisisana, como o nome indica ("Aqui se cura", em italiano), convidava ao recolhimento. O natural era ficar por ali mesmo, a usufruir dos amplos espaços e do sossego.

Ficávamos por ali mesmo e logo numa das primeiras noites, depois do jantar, nos aproximamos, eu, minha irmã e o primo, do piano onde uma jovem tocava a "Marcha triunfal" da *Aída*. Dias depois, eu criei a coragem de me aproximar de um jovem gordo, da minha idade, que eu vira circular pelo hotel com o livro *Contos de Hemingway*, de capa vermelha, debaixo do braço. Revelou-se que a moça do piano era de Salvador e passava as férias acompanhada da irmã e de uma prima, além da mãe e de uma tia. O rapaz dos *Contos de Hemingway* era de São Paulo e estava acompanhado no hotel pelo irmão menor e a mãe. Tinha ascendência francesa, mas estudava no Dante Alighieri, um colégio italiano. Tanto a pianista quanto o jovem gordo viriam a se tornar amizades que conservei pela vida afora, mesmo a pianista morando na Bahia e o rapaz gordo deixando de ser gordo. Naquela temporada em Poços de Caldas ambos ajudaram, cada um a seu modo, a reforçar meus laços com a poesia.

Cássia, este o nome da pianista, sua irmã Otávia e a prima Adriana tornaram-se nossas companheiras de todas as horas, nas manhãs na piscina, em passeios nos arredores, em caminhadas nos jardins do hotel ou nos jogos de mímica ou "da verdade" que preenchiam nossas noites, nos salões. A pele clara de Cássia e Otávia traía sua origem alemã; Adriana era morena. Cássia dizia-se rígida como um alemão, estrita no cumprimento dos deveres e devota da mais rigorosa pontualidade, mas a tão elevados propósitos seguia-se uma gargalhada que os desmoralizava. Ela tinha o riso solto. Otávia era mais contida. Quando, no jogo da verdade, dizíamos: "Agora é sua vez, Otávia", ela escapava: "Ah, eu não". A romântica Adriana pedia para a prima tocar "Alamo" ao piano e ouvia enlevada.

As baianas nos cativaram, antes de mais nada, por sua qualidade de baianas. Que bom, que interessante cruzar fronteiras, fazer amizades com gente de outras referências na vida e fala diferente. O doce sotaque baiano era uma delícia aos nossos duros ouvidos. Ríamos quando, ao soletrar, elas diziam "fê", e não "efe", e "rê", e não "erre", ou quando diziam "filósófia". Otávia magoava-se com nossos risos e respondia com uma severa afirmação de orgulho regional: "Eu a-do-ro a Bahia!". Para Cássia, nós paulistas dizíamos "filôsofos". Aprendemos com elas que caipira é tabaréu em "baianês", e que se deve dizer "Desponga" quando se intima alguém a cair fora de um ambiente. Encetamos com as baianas uma perfeita intimidade de férias, de trecho de vida entre parênteses, de rir, brincar, cantar, provocar uns aos outros.

Mais relevante, para fins do que venho narrando neste capítulo, é que elas se constituíram numa audiência para meus experimentos poéticos. Farra por farra, brincadeira por brincadeira, e já que Cássia tocava piano, por que não ler poemas? Eu recitava alguns dos meus poetas prediletos e tanto o fiz, e tanto falei de poesia, que acabei por ler também algumas de minha autoria. Cássia, que amava Mozart sobre todas as coisas e viria a ser uma concertista e professora de música, era, com sua alma de artista, quem mais as apreciava. Dou-me conta agora, sem que nunca isso me tivesse ocorrido antes, que as três baianas formaram a primeira plateia a quem tive a audácia de ler coisas minhas. Corrijo-me: nem foi audácia, dado o clima amigo, seguro e encorajador; e nem fica bem dizer "primeira plateia", como se outras se tivessem seguido. Em todo caso me ouviam e eu lhes despejava minha escassa e rude produção como nunca o fizera antes senão ao primo Antônio. Invoco aqueles dias e vejo-me trepado no alto do trampolim da piscina do Quisisana, a recitar os versos de Drummond, que desde então conheço de cor:

Os ombros suportam o mundo
e ele não pesa mais que o ombro de uma criança.
As greves, as fomes, as discussões dentro dos edifícios
provam apenas que a vida prossegue,
e nem todos se libertaram ainda.

Era dado a esses rompantes, aos dezessete anos, em Poços de Caldas. *Never more*. Nunca mais se repetiriam, em minha vida.

Quando não estava com as baianas estava com o jovem gordo. Seu nome era Teodoro, aliás Théodore. "Você já leu Hemingway?", me perguntou. "Seus contos são diretos, com frases curtas, sem frescura." Seu preferido, na antologia que estava lendo, era "Um lugar limpo e bem iluminado". Eu disse que preferia Fitzgerald: "Você já leu?". Ele disse que tinha lido *O grande Gatsby*, eu respondi que também tinha, e ambos concordamos que era um grande livro. Mais adiante a conversa girou para a poesia e ele disse que gostava de Manuel Bandeira. "Para mim Bandeira é o terceiro", disse eu, revelando que os dois primeiros, pela ordem, eram Drummond e Vinicius. Teodoro disse que gostava da simplicidade de Bandeira e citou o poema "Irene no céu":

Irene preta
Irene boa
Irene sempre de bom humor.
Imagino Irene entrando no céu:
— Licença, meu branco!
E são Pedro, bonachão:
— Entra, Irene. Você não precisa pedir licença.

Falamos de "Pasárgada" e eu disse que meu verso preferido desse poema era: "Lá tem prostituta bonita pra gente namorar". Eu gostava, e gosto ainda, do jeito carinhoso de falar das putas, mulheres que estariam aí para a gente "namorar". Lembramos os dois que Bandeira considerava o verso "Tu pisavas nos astros distraída", do "Chão de estrelas", de Orestes Barbosa, o mais bonito da língua portuguesa.

Teodoro não era apenas leitor de poesia; também era poeta. Nossa amizade prosseguiria em São Vicente, naquele verão mesmo, para onde fomos nas mesmas semanas — eu hospedado no apartamento de uma tia (a mais velha das irmãs de minha mãe), ele num apartamento alugado —, e depois em São Paulo. Ele morava num prédio no final da avenida Nove de Julho, com o pai e o irmão; a mãe, com quem estivera em Poços de Caldas, sofria de transtorno psiquiátrico e se separara do pai. Tornamo-nos confidentes literários, mostrávamos nossas criações um para o outro. Lembro-me de uma tarde, na minha casa, os dois na varanda que dava para a rua, ele pergunta: "Quando você vai publicar?". Respondi que não sabia, não me sentia maduro para isso. "Nem li ainda Proust, Joyce." Ele contestou: "Ora, diga que você não está nem aí para isso".

Nossa peculiar maneira de "jogar conversa fora", como se diz hoje, era jogá-la com autores e livros, às vezes desviávamos para a política, o futebol ou as mulheres, mas voltávamos aos autores e livros, com intervalos para especulações sobre nosso futuro literário. Teodoro descendia de judeus franceses pelo lado da mãe tanto quanto do pai e falava francês em família. Pelo lado paterno, a família estava estabelecida no Brasil desde o século XIX, quando dois irmãos abriram em São Paulo a loja Au Bon Diable, de nome copiado de similar parisiense. Chegaram atraídos pelo impulso que a riqueza do café prometia à cidade. Mesmo com laços já tão antigos com o Brasil, o pai do Teodoro, aliás Théodore, não só lhe deu um nome francês, a ele e ao irmão (Laurent), como forçou-os a falar francês, e nisso se diferenciava de meu avô italiano, cujos filhos e filhas não se impregnaram da língua paterna.

Eu e Téo percorremos juntos a raia da poesia e chegamos a João Cabral de Melo Neto, que numa atropelada de cavalo na reta final superou um a um os adversários e atingiu o primeiro lugar. Conheci João Cabral graças a outro lançamento da Editora do Autor, o livro *Terceira feira*, vindo à luz em 1961, e que devo ter comprado naquele mesmo ano de 1962. Maravilhou-me o lirismo entre aquático/geométrico do poema "Rio e/ou poço", em que ele louva a mulher na horizontal (rio) e vertical (poço), extraindo daí quadras como:

Tens a alegria infantil,
popular, passarinheira
de um riacho horizontal,
embora de pé estejas.

Que jeito novo, original, que do-jamais-visto! Que descobertas, como esses adjetivos "popular", e principalmente "passarinheiro", no contexto do poema! Que lições sobre o artesanato da poesia como exercício não de expansão, mas de contenção das emoções, para torná-las mais vigorosas. João Cabral foi uma descoberta que mudaria o rumo de minha poesia, a amadureceria e afinal, como se saberá no último capítulo deste livro, a perderia, com involuntário impulso do mesmo Teodoro. Adiante, nos caminhos da poesia, nossos pontos altos seriam Baudelaire (que Teodoro lia correntemente, eu com esforço), T.S. Eliot (ambos com esforço), Fernando Pessoa. Meu primeiro Pessoa foi um livrinho do mesmo tamanho da querida agenda Groz-Beckert, um volume da série Nossos Clássicos da Editora Agir. Comprei em seguida muitos outros títulos da mesma série, entre eles Castro Alves, Fagundes Varella, Olavo Bilac, Mário de Andrade, todos iniciados com textos de especialistas sobre a vida e a obra do autor, seguidos de uma antologia de suas criações.

Tenho todos ainda. O volume de Fernando Pessoa vem precedido de ensaio de Adolfo Casais Monteiro. Meu amigo Teodoro incorporou-se à turma do Chic Chá. Lá ouvíamos Valentim, bêbado, recitar, com insolentes esgares, o "Poema em linha reta", do Pessoa/Álvaro de Campos: "Nunca conheci quem tivesse levado porrada" etc. A que eu respondia com o "Tabacaria":

Não sou nada.
Nunca serei nada.
Não posso querer ser nada.
À parte isso, tenho em mim todos os sonhos do mundo.

To be or not? Muitas espécies de *"to be or not to be"* podem entravar a vida de um jovem. Vou falar de mais uma, mas antes quero recuar até uma crônica que escrevi há alguns anos. Começava assim:

O smoking era obrigatório. O smoking é cheio de esquisitices, a começar do nome. Vem de *"smoking jacket"*, literalmente "paletó de fumar", em inglês — uma peça, informam os dicionários, que se usava em casa, para relaxar, enquanto se saboreava um cigarro ou um charuto. Nada mais esquisito, entre todas as invenções humanas no campo do vestuário — e eis um campo em que não faltam esquisitices — do que existir, ou ter existido, uma peça para acompanhar o ato de fumar. Ou melhor: mais esquisito ainda é que esse nome tenha, num acrobático salto semântico, vindo a designar também o traje escuro, algo sorumbático, exigido dos homens em certos eventos noturnos, e ninguém achar estranho que esse traje tenha esse nome, smoking, evocativo de cigarro, fumo e fumaça, de bárbaras orgias de nicotina e de memoráveis cachimbadas. O smoking era obrigatório, para retomar o fio da meada — e smoking sabe-se como é: gravata-borboleta preta, camisa branca à qual se cola uma espécie de babador e, para coroar, uma faixa, também preta, que se enrola entre o peito e a barriga, algo que lembra arreio de cavalo — o que, combinado com a origem da palavra smoking, leva a esquisitice às culminâncias absurdas de sugerir a um tempo cavalo e cigarro, montaria e fumaça, jumento e fogaréu. As meninas apresentavam-se com vestidos brancos, longos, e luvas, longas luvas que chegavam aos cotovelos. Eram todas muito comportadinhas e ingenuazinhas, pelo menos na aparência, mas que festim para o depravado, que potencial de fetiche podia-se ler naquelas luvas! Nos cabelos esculpiam penteados fixados com laquê.

O tema da crônica eram os bailes de formatura dos anos 1960 e vinha a propósito da morte do maestro Sylvio Mazzucca, ou melhor: da surpresa que me causou a notícia da morte do maestro Sylvio Mazzucca. Escrevi: "É dessas pessoas das quais há muito tempo não se ouvia falar. Quando reaparecem, e é comum que só reapareçam na forma de uma notícia dando conta de sua morte, provocam um sobressalto na memória: 'É mesmo, tinha o Sylvio Mazzucca!'. Há tanto tempo que não se pensava nele, há tanto que andava sumido... E no entanto foi tão presente, em certa época...". Quem não é de São Paulo não conhece o Mazzucca, mas em São Paulo, à frente de sua orquestra, ele era o rei dos bailes de formatura. De bigodinho, óculos, cara de rato acuado, não era no entanto um rei de causar arrebatamento, como os ídolos pop. "Fazia figura, por assim dizer" — prosseguia meu texto —, "de um burocrata do entretenimento, inevitável no baile como o salão, as bebidas e as mesas, e não despertava curiosidade sobre sua vida. Foi preciso que morresse para que se soubesse, pelo necrológio do jornal *O Estado de S. Paulo*, que seu pai era pianista na igreja de Nossa Senhora de Achiropita, no bairro do Bixiga, e que ele próprio começou, aos doze anos, na orquestra da — repare-se o nome — Sociedade Recreativa Esportiva Gabrielle d'Annunzio. Grande Mazzucca, filho modelar da áspera pátria ítalo-paulistana!"

Ninguém como Mazzucca, de seu pódio de maestro, viu lá embaixo tanto smoking e tanto laquê. Os bailes de formatura, no fim de um ano ou começo do próximo, provocavam um frenesi entre a mocidade. Ia-se a muitos deles, não necessariamente porque se conhecia tal ou qual formando e recebera um convite para comparecer. O tráfico de convites era intenso. Chegava a sexta ou o sábado e telefonava-se aos amigos: "Você tem convite para o baile do colégio X? E do Y?". Ia-se ao baile acompanhado de algum amigo e, depois de algumas doses de cuba-libre ou de gim-tônica, abriam-se três possibilidades: 1) ficar o tempo todo conversando com o amigo; 2) encontrar uma menina conhecida e dançar uma ou duas vezes com ela; 3) criar coragem e, depois de muitas voltas pelo salão — vou ou não?, arrisco ou não arrisco? —, tirar uma desconhecida para dançar.

Ia-se a bailes de formatura com o objetivo último, claro, de arrumar uma namorada. Fui a muitos tendo isso em mente, e fracassei em todos. Restava a melancolia de ouvir o maestro Sylvio Mazzucca, que nem de longe exibia a imponência e a largueza de gestos que se costuma associar aos profissionais da batuta. "Mais se apresentava como um mestre de obras da música dançante", prossegue meu artigo. "O cabelo era curto como o de um chefe de repartição, os gestos ostentavam tão pouco brio como os de um caixa de banco. De vez em quando, abandonava o centro do palco e ia solar no vibrafone."

Houve porém no ano de 1962 um baile de formatura especial, e aqui chego ao "*to be or not to be*" anunciado atrás. Guardo desse baile uma foto, a cena de um jovem casal a dançar, ou melhor, a interromper a dança para posar para o fotógrafo, ele de smoking e gravata-borboleta com duas tiras do laço a cair sobre o peito (era moda, então), ela de vestido branco e luvas da mesma cor a cobrir os bonitos braços até o cotovelo. A menina encara a câmera com um ar de moleca sedução, no qual dá para adivinhar a ponta da língua entre os dentes; o rapaz finge um certo distanciamento, melhor dizendo um aplomb; melhor ainda, e recorrendo a outra palavra francesa, um ar blasé de quem cumpre nada mais do que uma rotina, já executada mil vezes na vida e que está a ponto de, antes de divertir, começar a entediar.

O rapaz sou eu, e a menina a Maria, a *girl next door* de minha paixão intermitente, às vezes esmaecida por outra a desbancar-lhe a preeminência, mas sempre viva lá no fundo, em estado de latência, e de tal forma duradoura que seguidamente assumia a forma aguda. O ponto culminante dos bailes de formatura era a valsa das formandas (ou dos formandos), aliás três valsas: uma que dançavam com o pai, a segunda com o irmão ou primo, e a terceira com o namorado. Como não tinha namorado, Maria convidou o *boy next door* para preencher a vaga. Seria uma excelente oportunidade para o rapaz enfim declarar-se mas... *to be or not to be?* A dúvida de sempre o paralisava, o medo de ser rejeitado, a suspeita de não ser o tipo que ela almejava. Aquele baile teria sido oportunidade de permanecer longas horas ao lado dela, quem sabe cochichar-lhe coisas ao ouvido enquanto dançavam — mas o ar blasé revela que o rapaz trancou-se em copas, preferiu a postura distante de quem não estava nem alegre nem lisonjeado pelo convite de dançar com tão cobiçada dama, e mais uma vez perdeu de saída porque não jogou.

12. Uma cômoda sem pregos

Tia Lia foi a última das irmãs de minha mãe a morrer. Viveu até os 96 anos, mesma idade em que se foram seu pai, seu avô e a irmã mais velha, os outros que chegaram a esse limite de longevidade na família. Os últimos anos da tia, trancada em casa, foram de uma espera arrastada da morte, que ela afirmava desejar chegasse logo. Há uma tristeza profunda nas pessoas que querem morrer e esse objetivo demora a se realizar. Anos atrás conversei com um embaixador sobre o período sombrio que atravessava então o poeta João Cabral de Melo Neto, deprimido, recluso, amargurado, com a vista fraca, as célebres dores de cabeça e uma melancolia funda, cotidiana e sem remédio. Disse o embaixador, colega de Cabral no Itamaraty: "O problema dele é que quer morrer e não consegue". Tia Lia sentia-se só; faltavam-lhe em especial as irmãs, as companheiras mais constantes ao longo da vida, dentre as quais minha mãe fora a mais recente perda. Se a espera arrastava-se, sobrou-lhe em compensação tempo disponível a certas determinações para o grande dia, aquele que, junto à data de nascimento, se vai gravar para sempre às nossas pessoas, a começar pela inscrição na lápide junto ao túmulo.

Numa das periódicas visitas que eu lhe fazia nesse tempo ela apontou para um móvel em sua sala e advertiu: "Quando for vender, vocês precisam chamar um antiquário para a avaliação". Acrescentou que um profissional do ramo lhe dissera valer muito. O tal móvel é uma cômoda, feita por meu avô ou sob sua supervisão; quatro robustos gavetões são encimados por um tampo de mármore e um espelho amparado por guardas com finos trabalhos de torneamento. Cômodas são destinadas aos quartos, mas, quando atingem a velhice, conservam bom estado e possuem alguma qualidade estética, são promovidas a objetos de decoração e vão para a sala. Tia Lia abriu o primeiro dos gavetões e mostrou: "Olha que trabalho, não tem um único prego; é tudo encaixado". Ouvi essa mesma apreciação muitas vezes, da minha mãe, das tias e dos tios, para exaltar a qualidade dos móveis produzidos por meu avô. Se fosse o caso de a família constituir um brasão de armas, um dos campos deveria conter um prego, com um humilhante "X" cruzado em cima, a mostrar que prego, conosco, não tem vez. Perguntei à tia onde ficava o móvel na casa da Vitorino Carmilo e a resposta foi o mais eloquente sinal de um começo de avaria em seu cérebro: "Não sei, não me lembro mais daquela casa. Era um sobrado, não era?". Desgrudava-se de suas lembranças a casa em que nasceu e viveu por mais de meio século, como nave que se afasta do porto.

Penso naquela cômoda, que permaneceu com a tia até o fim e hoje está com minha irmã, e me assaltam sentimentos opostos aos dos tempos de curso clássico, de Chic Chá e de novas posturas diante da vida, dos quais venho me ocupando. Penso nela com carinho e respeito e folgo em sabê-la na sala de minha irmã, ao alcance de uma visita em que possa lhe prestar as devidas honras. Naqueles anos não passaria de um traste velho a uma mente atrapalhada entre as epifanias e as aflições do limiar da vida adulta. Se lhe prestasse a mínima atenção, seria um símbolo daquilo de que eu tentava me despregar, em troca de uma vislumbrada independência. Mas como lhe prestar atenção, se nem frequentava mais a casa do avô e das tias? A família me cheirava a mofo, como os móveis velhos, como a velha conversa das tias, como a casa velha do vovô. Novas eram as brilhantes relações que eu vinha agregando, como o Honório e o Camilo, colegas do Teodoro no cursinho para o vestibular, logo feitos também meus amigos e, com maior ou menor grau de frequência, integrados ao núcleo do Chic Chá.

Outro local de frequentes encontros era a minha casa, que em 1962, um ano antes de eu conhecer esses novos amigos, sofrera uma reforma. Entre outras modificações a garagem, que era nos fundos, passou para a frente, e a antiga garagem virou salinha de uso múltiplo, inclusive recepção dos amigos, para nós, os filhos. Numa noite, vários de nós reunidos, Honório, já avançado nos drinques que vínhamos consumindo, ergueu o copo e brindou: "Nunca seremos tão jovens!". Honório era moreno, tinha o cabelo preto puxado em ondas para trás, os olhos afundados pelas grossas pálpebras, e uma aveludada voz grave, que pouco depois o levaria a empregar-se como locutor de rádio, enquanto cursava a faculdade. "Nunca seremos tão jovens" é uma paradoxal proclamação. A qualquer momento, mesmo octogenários, podemos dizer que nunca seremos tão jovens, pois no momento seguinte já teremos envelhecido. Mas no caso "Nunca seremos tão jovens" era ao mesmo tempo uma triunfante celebração de nossa juventude e a melancólica constatação de que não mais seríamos os mesmos, tão entregues uns aos outros, tão livres, tão disponíveis ao futuro. A estimulante sensação era a oposta ao mofo da casa do vovô. O grupo que naquele dia brindava, Honório, Camilo, Álvaro, Klaus, Teodoro, Valentim, Santoro, nunca foi, verdadeiramente, tão jovem.

Móveis foram feitos também para brincadeiras, como prova meu hábito de enfiar-me embaixo do criado-mudo para datar meus poemas, e inventei mais uma, de mais graves consequências, com a mesa destinada à decoração de nossa nova salinha. Tratava-se de uma mesa de madeira vulgar, de uma cor bege tendendo ao amarelo e já veterana de várias de nossas casas anteriores, nas quais cumprira, na copa ou na cozinha, o papel de suporte a refeições íntimas ou improvisadas. Pois eu julguei que era convencional demais, "careta" demais (para usar qualificativo inexistente na época) e — que fiz? — serrei-lhe as pernas pela metade. Foi uma das únicas vezes na vida em que me atrevi a algo semelhante ao ofício de meu avô, mas em sentido oposto, o da destruição de um móvel. Minha mãe protestou, mas o mal já estava feito. Gostei de minha obra, e a partir de então os jogos de cartas, uma das atividades entre os amigos nos encontros em casa, realizaram-se na mesa baixa, os contendores sentados no chão.

Anos e anos depois, eu já fora de casa havia muito tempo, e meus pais já tendo deixado a casa da Fernandes Torres, minha mãe mandou restaurar as pernas da pobre mesa e pintá-la de branco. Até o fim da vida ela a teve a seu serviço, cumprindo, no apartamento da rua Pará, a humilde mas importante incumbência de fornecer apoio à tarefa de passar a roupa. Estava de volta à plenitude das quatro patas mas, se às mesas coubesse traçar-lhes a autobiografia, aposto que elegeria como seu momento de maior glória o que viveu na salinha dos fundos, amputada mas dedicada ao amparo de copos e cartas de jogar, e em ótimas companhias.

Para a mesma nova salinha veio o piano da tia Carla, e eu e minha irmã enfim concordamos em sair da letargia e tomar aulas com um exótico professor filipino, surgido sabe-se lá de onde, que prometia um método de aprendizado rápido. A experiência durou algumas poucas semanas; o triste destino do piano era mesmo o de permanecer mudo e não tenho ideia de que rumo tomou. Muitos anos depois perguntei à minha mãe o que tinha sido feito dele, pois nos endereços subsequentes dos meus pais ele já não se fazia presente, e ela não se lembrava. Mal se lembrava que havíamos herdado o piano da tia Carla. Fico com a hipótese de que, de desgosto, escorregou daquela antiga garagem para o quintal e dali alçou voo em busca de paragens menos inóspitas.

Honório e Camilo tornaram-se os novos leitores de meus poemas. Camilo também escrevia; Honório gostava de Fernando Pessoa (recitava "Meu coração é uma nau com todas as velas pandas...") e dos versos do Eclesiastes ("O que foi, será,/ o que se fez, se tornará a fazer/ nada há de novo debaixo do sol"). Na época todos lemos o *Quarteto de Alexandria*, numa edição portuguesa, os quatro volumes no formato de livro de bolso, e ele gostava da resposta da personagem Pursewarden, quando lhe perguntaram qual era sua religião: "Protestante. No sentido de que protesto!". Dita com seu vozeirão a afirmação adquiria um grau superior de contundência. Honório encantava pelos modos afáveis, a viva presença de espírito, o jeito inteligente de dizer as coisas, as citações que sacava da memória, as histórias que contava. Uma vez contou que Oscar Niemeyer, ao ser conduzido a uma recepção, pediu ao motorista que parasse o carro e desceu para urinar na rua. "Não gosto de chegar na casa dos outros e logo pedir para ir ao banheiro", justificou. Achamos graça da excentricidade do arquiteto. Hoje acho sua atitude bastante justificável, quase uma deferência aos anfitriões que dali a pouco o receberiam.

Honório era de São José do Rio Preto e veio criança para São Paulo com a família, em virtude da transferência do pai, delegado de polícia. Um dos pontos altos de seu repertório repousava no folclore da cidade natal. Por exemplo, a história de um conhecido político e escritor, com base eleitoral em Rio Preto, que de socialista na juventude transmudou-se em deputado conservador. Como explicar a mudança?, perguntaram-lhe uma vez. Respondeu: "Ah, isso foi antes de eu sentir o clamor da propriedade!". Outra história era a do primeiro treino do Feijão, jogador contratado pelo América, o time de futebol local. Feijão erra na primeira bola e é vaiado pelo grupo que acompanhava o treino junto ao alambrado; erra na segunda, erra na terceira, mais uma vez na quarta, e é vaiado sem descanso. Na quinta perde a paciência, vira-se para os apupadores e desabafa: "Contratado por duzentos cruzeiros por mês vocês queriam o quê? O Pelé?". Saber casos da intimidade de pessoas conhecidas, como o de Niemeyer, era outra de suas especialidades. E os sabia porque, para nossa admiração, frequentava pessoas conhecidas, ou à beira de se tornarem conhecidas. No primeiro caso estava o dramaturgo Gianfrancesco Guarnieri, um dos criadores do Teatro de Arena, que costumávamos frequentar; no segundo o promissor compositor Chico Buarque de Hollanda, que conhecíamos dos shows de música popular nos colégios. Honório era um imbatível fazedor de amigos.

Camilo era discreto e recolhido a seu canto tanto quanto Honório era expansivo e aventureiro na prospecção de novas relações sociais. Com seus quase 1,90 metro tinha a altura de jogador de basquete do período (depois eles cresceram), tronco esguio sobre as pernas finas, fartos cabelos lisos, nariz agudo, e vinha de uma família humilde de origem italiana. Morava numa travessa da rua Augusta e o pai era alfaiate. Na pequena sala da casa havia uma estante na qual figuravam os vários volumes das *Memórias*, de Casanova, pelas quais o pai deve ter tido sabe-se lá que interesse em algum momento da vida. (Faço o registro porque penso com carinho num pacato pai de família que, entre um golpe de tesoura e outro, entre as provas de um terno e outro, tenha sonhado com uma vida como a do libertino veneziano.) A família antes morara no Brás, e o Brás jamais deixou de habitar o coração do meu amigo, a quem cabe exemplarmente o juízo de um conhecido médico e escritor: "A gente deixa o Brás mas o Brás não deixa a gente". O bairro da infância é assim para muita gente, mas desconfio que em São Paulo nenhum como o Brás. Na idade madura Camilo gostava de revisitar o bairro e, se estivesse com um amigo, como esteve uma vez comigo, fazia-se de guia de seu roteiro sentimental. Camilo e Teodoro, numa aliança França-Itália, desenvolveram, por toda a vida, estreita relação. Juntos exemplificavam o encontro de duas das muitas origens e culturas aportadas em São Paulo.

Camilo escrevia contos que, se bem me lembro, variavam entre uma dor sublimada e uma explicitada sordidez. Um deles falava de uma guerra entre quadrados e cubos. Os quadrados eram austeros, pesados, cheios de certeza; os cubos, alegres, audazes, abertos à novidade. Os cubos acabam esmagados pelos quadrados. O pessimismo era seu tom e a catástrofe, ou a beira da catástrofe, quase sempre o seu tema. A julgar por sua literatura concluiríamos que estava na vida como num velório, enquanto Honório a desfrutava como uma festa. Mas literatura é uma coisa, ainda que abra vislumbres dos subterrâneos sombrios do autor, e a vida outra, ainda que imponha disfarces para ser levada de acordo com as conveniências, e na vida Camilo era um agradável, ilustrado e sorridente companheiro. Um dos livros que mais o haviam marcado era o *Jean Cristophe*, de Romain Rolland; recomendou que o lesse, mas nunca o fiz. Foi em sua casa, onde ele gostava de partilhar com os amigos suas últimas descobertas musicais, que ouvi pela primeira vez Mercedes Sosa e o *Carmina Burana*.

Álvaro e Klaus, ambos companheiros do colégio, eram os amigos com quem, depois de uns pares de chope no Chic Chá, eu rumava para a rua Major Sertório, onde nos engraçaríamos com as putas. O romance *A educação sentimental*, de Flaubert, termina com os dois velhos amigos protagonistas da história recordando, anos depois, a ida ao bordel de uma cafetina alcunhada "A Turca". Um deles diz: "Foi aí que tivemos o melhor". O outro responde: "Sim, talvez. Foi aí que tivemos o melhor". Não diria que as putas foram o que tivemos de melhor, na educação sentimental de nossa geração, mas não desprezo o valor de seus serviços. Havia algumas que dava vontade de namorar, como em Pasárgada, e outras que, como a vontade de namorar era recíproca, nem cobravam pelos serviços. Chegaram-me rumores, ao longo da vida, de homens de destaque na sociedade que se casaram com putas e foram felizes. Não sei se é verdade, mas torço para que seja.

Descendo um pouco mais a Major Sertório fomos algumas vezes ao Clube dos Artistas e Amigos da Arte, o "Clubinho", que ficava no subsolo do prédio do Instituto dos Arquitetos. O Clubinho era na cidade uma instituição artístico-intelectual de primeira ordem. Reunia conhecidas figuras das artes plásticas, das letras e da música, sediava vernissages e lançamentos de livro e abrigava um bar que oferecia o legítimo uísque escocês a preço camarada e um restaurante em que se podia escolher entre seu reputado picadinho e um filé na mostarda. Não pegamos o tempo em que Oswald de Andrade pontificava no local. A figura central para nós era Luís Lopes Coelho, advogado e escritor, um dos poucos cultores da literatura policial no Brasil. Frequentamos o Clubinho por cortesia do Klaus ou, mais exatamente, do pai do Klaus, que não era artista mas, na qualidade de "amigo da arte", era sócio da entidade e ali tinha assento na mesa boêmia em que se destacavam Luís Lopes Coelho e um professor da Faculdade de Direito do largo de São Francisco. Essa roda tinha seus excessos mas também suas previdências. Quando, encharcados de uísque, voltavam para casa, faziam-no dirigindo seus carros com o freio de mão puxado. A mesa de Luís Lopes Coelho, um tipo esfuziante, de gargalhada fácil, vez ou outra acolhia visitantes do Rio de Janeiro, como Rubem Braga e Fernando Sabino.

Nós nos sentávamos a outra mesa, recolhidos à insignificância de recém-saídos das fraldas, e a observávamos à distância. Mas a amizade do pai do Klaus com Luís Lopes Coelho abriu-nos as portas para uma entrevista com o escritor, a ser publicada na revista do colégio, que naquele ano de 1963 seria editada por nós três — eu, Álvaro e Klaus. A entrevista não foi presencial; mandamos as perguntas e ele nos enviou as respostas por escrito. Resgato da "caixa" a publicação de capa azul, com papel castigado pelos anos, em que ela foi publicada, e dela extraio três respostas, as duas primeiras reveladoras da engenharia do conto policial, e a terceira da arte de se livrar de pergunta boba. Nas três sobressai a inteligência do entrevistado.

P — Como é o processo de elaboração de uma história policial?
R — Preliminarmente elabora-se o fim, depois constrói-se a história. Imagine um andaime ao contrário.
P — *Crime e castigo*, de Dostoiévski, é um romance policial?
R — Não. Entraram na história apenas alguns ingredientes da novelística policial. Seria, na classificação de Ellery Queen, uma história de crime. Mas, na verdade, é um romance magistral, em que a parte delituosa é um elemento de composição como outro qualquer.
P — Como vai a literatura no Brasil?
R — Se a sua revista dispuser de espaço e se quiser saber mesmo, deve procurar o prof. Antonio Candido, da Faculdade de Filosofia.

O ano de 1963, último do curso colegial, era também o desse maior dos bichos-papões, entre os ritos de passagem dos jovens, que é o exame vestibular. Em páginas soltas dentro de um caderno de capa azul deparo com uma anotação datada de 1º de agosto desse ano: "Estudar, estudar, estudar... Grande meta: Faculdade de Direito; sou um vestibulando, e urge que me compenetre disso". Mais adiante confesso que "meus instintos atuais de grande notívago" predominaram durante todo o primeiro semestre, mas que a meta então seria "estudar, estudar, estudar", e exponho uma dúvida: "Fazer cursinho para o vestibular? Ou estudar sozinho? Sozinho conseguirei entrar na faculdade?". Arrebatado, confesso "um medo incrível do futuro", e acrescento, com carga ainda mais fenomenal de drama: "Porque o futuro se me afigura coberto por espessa camada de dúvidas transformadas em fumaça, de pontos de interrogação transformados em terríveis espadas de gumes afiadíssimos, apontadas para mim".

Gostei do castiço "se me afigura", não o esperava, de um fedelho de dezessete anos. As páginas onde estão expostos seus desabafos revelam a tentativa de escrever um diário, uma das muitas que teve na vida, todas de vida efêmera. Na mesma entrada do 1º de agosto, lê-se: "Preciso ler, preciso estudar para entrar na faculdade (sublinhado no original), preciso escrever. Mas, no momento, nem mesmo a literatura — meu grande sonho — consegue despertar meu entusiasmo". No dia 7 de agosto há uma outra anotação, a última (a menos que outras páginas tenham sido extraviadas). Resume-se a uma citação de Vinicius de Moraes:

Talvez seja o menino que um dia escreveu um soneto para o dia de teus anos
E te confessava um terrível pudor de amar, e que chorava às escondidas
Porque via em muitos dúvidas sobre uma inteligência que ele estimava genial.

Confiro agora em meu exemplar da *Antologia poética* que são versos do poema "Elegia ao primeiro amigo".

Temo ter cometido uma violência ao vasculhar o caderno azul. O rapaz de 1963 é outra pessoa; só por uma convenção burocrática temos o mesmo nome nos documentos. Estou lhe invadindo a intimidade. A anotação dá a entender que o curso de direito já era questão decidida em sua cabeça. Talvez já fosse mesmo àquela altura do ano. Mas ele teve em mente dois outros caminhos, a tomar como alternativa ou cumulativamente ao curso de direito — a diplomacia e as ciências sociais. Para o direito iria como que por força da gravidade; era a opção ganhadora, sob os critérios da solidez inerente a uma carreira e do prestígio de que gozava em seu meio familiar; a diplomacia e as ciências sociais a sobrepujavam sob os critérios do glamour e da aventura, mas se constituíam em carreiras que seus pais nem sabiam bem de que tratavam. Uma terceira opção, claro, era o jornalismo, mas essa à época não carecia de curso algum para ser trilhada.

A angústia da escolha extravasou quase em choro — e numa grosseria —, num dia em que, na salinha dos fundos, sentado sobre a mesa de pés cortados, o rapaz, num raro momento de expansão de seus sentimentos, confessou aos pais as dúvidas que o corroíam. "No fim dá tudo certo", disse-lhe o pai a título de consolo. "Eu também sofri, todos sofrem, na escolha da profissão, depois as coisas se ajeitam, tome-se o rumo que se tome." A grosseria veio numa frase impiedosa, enquanto o rapaz mal continha lágrimas: "Ah, mas você foi trabalhar com seu pai!". Nessa época, como veremos, os conflitos com o pai eram frequentes. O pai ensaiou reagir: "Eu não daria tanta importância a isso". A mãe veio ao socorro do filho: "Faz diferença sim". O pai, como de outras vezes, disse que a escolha, fosse qual fosse, teria seu apoio e, como de outras vezes, acrescentou que, se escolhesse o direito, teria como ajudá-lo no início da vida profissional. Além da convivência diária com advogados que frequentavam o cartório em nome dos clientes, o pai tinha o exemplo de seu irmão Magno para lhe alimentar a admiração pela profissão.

O rapaz chegou a extravasar sua angústia também ao médico da família, dr. Irajá. Falou-lhe da diplomacia, das ciências sociais, do jornalismo. Ele gostava do dr. Irajá, de sua conversa agradável e da atenção que lhe prestava, em assuntos que podiam ir muito além das dores de cabeça ou de barriga que motivavam a ida ao consultório. O doutor ouviu-o e concluiu: "Só posso dizer que para mim os advogados sempre estiveram nos píncaros", com ênfase na palavra "píncaros" e a levantar os braços, para mais ilustrativo entendimento das alturas a que erguia tais profissionais. Há certas palavras que, em nossa memória, se colam às pessoas. Até hoje, sempre que deparo com a palavra "píncaros" me vem à mente o dr. Irajá.

O cruel para um jovem é que a escolha da profissão diz respeito apenas residualmente à escolha da profissão. Mais decisiva é a projeção que o jovem faz, frequentemente com terror, de si mesmo na vida adulta. Não é à toa que a pergunta convencional que se faz às crianças é o que ela vai ser quando crescer. A questão é o "ser". Mais adiante, na vida adulta, a identificação usual que se faz de uma pessoa é: "Ele é médico", "Ela é professora", "Ele é frentista em

188

posto de gasolina", "Ela é empregada doméstica". A profissão "veste" a pessoa, "preenche-a" de forma a tirar da imprecisão o desconhecido a que acabamos de ser apresentados.

O pai do rapaz considerava a advocacia a mais nobre das profissões, pois o advogado defende os outros. Não há dúvida de que, conduzida com elevados propósitos, consiste numa nobre missão. O advogado é também, por outro lado, o sujeito que veste terno e gravata, carrega uma pasta com os processos e frequenta fóruns e tribunais, ambientes nos quais é tratado por "doutor" e trata o interlocutor do outro lado da mesa por "meritíssimo" — elementos dos mais prestigiados na sociedade, incrustrados no mundo da austeridade e da respeitabilidade que é o ideal de pais honestos e prestimosos. O resultado dessa dupla face é que se compra a nobre causa da defesa dos outros e leva-se de troco o "doutor", o "meritíssimo", o terno, a gravata e a pasta, de fino couro marrom ou preto, para carregar os processos. Ora, não era essa a pessoa que o rapaz queria ser. Ao contrário da diplomacia, profissão muito conveniente a escritores, tanto que abrigou em suas fileiras Guimarães Rosa, João Cabral e Vinicius de Moraes, não havia advogados entre seus heróis. Mas ser o quê, então? As "dúvidas sobre uma inteligência que ele estimava genial" do verso de Vinicius espelhavam a meu ver (estou falando a léguas de distância da cabeça do rapaz) as dúvidas sobre sua capacidade de ser um hábil diplomata, um bom jornalista e, sobretudo, de ser escritor.

Optar por um caminho significa sacrificar os demais, e aqui temos outra fonte de angústias para pessoas no limiar da vida adulta. *Adeus à disponibilidade* é o título do livro em que o crítico literário Alceu Amoroso Lima descreve sua conversão ao catolicismo. Agora ele estaria a serviço de um programa que excluía os demais, um gesto de entrega, de lúcida opção por um projeto de vida e do tipo de pessoa que pretendia ser dali por diante, perante o mundo e perante si mesmo. No entanto... a disponibilidade é tão boa! Tão confortável ter todas as opções a seu dispor! O rapaz até escreveria, em data que não sei precisar (faz parte da safra datada sob o criado-mudo), um poema que, alegoricamente, aborda essa questão:

Certo, é bela a bala velocíssima navegando
seu bravo curso reto, paralelo à terra, prá frente
prá frente projetando-se, peito aberto, contra os ares,

direta ponta aguda, fazendo o barulho finíssimo
do chicote espancando o espaço, prá frente, prá frente
velocíssima finíssima ponta aérea reta.
Prefiro-a, porém, jóia na caixa, dentro
do revólver, miúda pérola na concha, uterina;
não projetando-se, pró, mas prévia, pré, potencial,
projeto de projétil, piano intocado
que enfeixa todas as possibilidades de sons
sem exercer nenhuma; pequena bomba recolhida
no segredo de não estourar ainda, podendo.

O título do poema é "A bala dentro". Recorrer a bala, revólver e tiro como metáforas para suas angústias não condiz, ó rapaz!, com seu credo pacifista, nem com a realidade de jamais ter tocado revólver que não fosse de brinquedo (não era ainda politicamente incorreto), mas vá lá — meio século depois, o poema possui a utilidade de confirmar um certo estado de espírito, em certa etapa da vida.

Para simplificar a balbúrdia que caracterizou o governo João Goulart, digamos que se desenvolveu em torno de dois eixos: plebiscito e reformas. Para inconformismo do presidente, estava programado apenas para o distante 1965 o plebiscito que confirmaria ou revogaria o sistema parlamentarista instituído com a renúncia de Jânio. Desde logo os governistas abraçaram a causa da antecipação de sua realização, e nessa batalha entre antecipação e confirmação da data prevista transcorreu o ano de 1962. Duros e intermináveis debates se sucederam, no Congresso e nos jornais, mas em comparação com o furor que caracterizou a etapa seguinte — a das reformas — foi brincadeira de crianças. Nas aulas de sábado do professor Sales, podíamos discutir as vantagens e desvantagens dos dois sistemas de governo com serenidade de acadêmicos. Sales intrigava-se com a figura de Jango. "Ele nunca olha direto nos olhos do interlocutor, o olhar é sempre baixo" — e ele virava a cabeça para o lado e baixava os olhos.

Nos primeiros meses do ano o presidente navegava em águas favoráveis; viajou aos Estados Unidos e, além de ser recebido com honras pelo presidente

John Kennedy, teve direito a cortejo em Nova York sob papel picado lançado dos edifícios. "Que presidente o nosso, hein? Nem fala inglês", disse eu na mesa da sala de jantar, onde nos demorávamos, já terminada a refeição. Era costume de minha mãe depois de tirar pratos, talheres, guardanapos e demais apetrechos ainda deixar a recobrir a mesa o forro verde emborrachado que se estendia sob a toalha. Nesse forro podia-se, com uma ponta de faca, gravar rabiscos e escrever gracinhas, atividade a que eu e minha irmã costumávamos nos dedicar. Minha mãe deixava; era um traste velho, que só servia para proteger a mesa de líquidos derramados na toalha. Uma das frases que escrevi nesse forro foi "O uso do superlativo deixa a boca longa", tirado do *Dom Casmurro*. Não sei que boca longa, de minha parte, motivou a tola observação sobre o presidente, como se Jango fosse o único a ocupar o posto sem saber falar inglês (pelos meus cálculos teriam sido dois, ou no máximo três, com boa vontade), ou como se cada candidato a presidente precisasse mostrar sua proficiência no idioma de Shakespeare. Meu pai, que tragava o cigarro, não disse nada. Talvez se sentisse constrangido por também não falar inglês. Ignorou-me como se não gostasse daquele assunto. Enterrou a bituca do cigarro no cinzeiro, levantou-se e deixou a mesa. Foi fumar o cigarro seguinte numa das duas poltronas junto à janela.

Em outubro de 1962, convocado para eleger governadores, deputados e senadores, o eleitorado brasileiro elegeu seus representantes pela última vez no período regido pela Constituição de 1946. Com dezoito anos recém--completados inaugurei nessa ocasião meu título de eleitor. Falamos da eleição na aula do professor Sales, e me vangloriei do voto que havia dado para deputado estadual e deputado federal. "Como não tinha identificação com nenhum candidato, resolvi prestigiar a raça negra", disse. Votara em um candidato negro para cada um dos dois cargos. Sales deu um sorriso solidário; sem dizê-lo, achou justa a minha opção. Para governador votei no socialista Cid Franco, que ficou em último lugar; ganhou Ademar de Barros.

Meu amigo Valentim sabia mais dos meus candidatos do que eu. Explicou--me que Cid Franco, além de socialista, era espírita, e que um dos negros em que eu votara era um próspero empresário, dono de frota de táxis em São Paulo. Não me importei com a primeira informação, mesmo considerando extravagante a mistura de socialismo com espiritismo; no Brasil de todos os sincretismos era assim, tínhamos que nos acostumar. Votaria de novo no mesmo candidato, ainda mais as alternativas sendo Ademar e — quem mais? — Jânio, o qual, redivivo, tentava reencontrar algum rumo. Já a "ficha" de meu candidato a deputado me decepcionou; ingênuo eleitor de primeira viagem, eu imaginara outro perfil para o escolhido.

O uso seguinte de meu título de eleitor foi no plebiscito parlamentarismo × presidencialismo. Jango vencera a batalha e o plebiscito fora antecipado para janeiro de 1963. Devo ter votado no "não" ao parlamentarismo, objeto de uma campanha contrária avassaladora, que resultou em folgada vitória. Fim do capítulo "Plebiscito". Jango considerou o resultado sua "verdadeira vitória" eleitoral. Ia começar o mais nervoso e dramático capítulo "Reformas", palavra geralmente acompanhada, para maior requinte e precisão, pelo complemento "de base".

O presidente atribuía ao parlamentarismo uma crise institucional que impedia a implementação de seu programa de governo; e seu programa exibia como ponto de honra as reformas de base, a começar pela reforma agrária. No Chic Chá e em casa me engajei na causa das reformas. No Chic Chá, entre nós, havia unanimidade a favor delas, mas a classe operária, representada pelo Fonseca, e a empresarial, encarnada no Romeu, o dono do estabelecimento, resistiam. "Isso vai acabar mal", dizia o Romeu. Fonseca concordava. Em casa eu argumentava que os Estados Unidos e o Japão, cada qual a seu modo, haviam feito reformas agrárias. Estaríamos mais do que atrasados nesse ponto. Meu pai concordava com algum tipo de reforma, mas não com radicalismo, nem com bagunça. As discussões se tornavam mais acaloradas quando lubrificadas pela caipirinha antes do almoço de domingo ou o uísque ao cair da noite. Os radicais e bagunceiros a que meu pai aludia tinham sede em dois extremos do país; um era o governador do Rio Grande do Sul, Leonel Brizola, para quem as reformas haveriam de ser feitas "na lei ou na marra"; outro era Francisco Julião, líder no Nordeste das Ligas Camponesas, vistas pelos mais assustados como prelúdio de uma guerrilha ao estilo cubano.

No macro e no micro, ou seja, no país e em casa, a exaltação foi num crescendo ao longo do segundo semestre. Em setembro eclodiu a famosa greve dos sargentos, movimento tão atrevido, no interior de umas Forças Armadas em transe, que chegou a prender por algumas horas o presidente da Câmara dos Deputados e um ministro do Supremo Tribunal Federal. Do outro lado o governador do estado da Guanabara, Carlos Lacerda, a voz mais estridente da oposição, teve atrevimento ainda maior ao pedir a intervenção dos Estados Unidos para depor o governo de Jango. Nosso Brasil era assim, meus queridos futuros bisnetos e trinetos, não é chocante? Ou será que continua o mesmo? Meu pai temia a bagunça e, claro, o comunismo, seu inevitável corolário. O governo Jango era para ele composto por um bando de aventureiros, quando não incompetentes. "Mas como?", reagia eu. "Darcy Ribeiro é o maior antropólogo do Brasil!" E Celso Furtado? "O maior economista do Brasil!"

Vocês não acreditarão, bisnetos e trinetos, mas nesse clima nacional e doméstico havia ainda espaços de paz para estudar com vistas ao vestibular, sem fazer cursinho, e para terminar o curso clássico. Na aula de despedida do professor Sales ele me indagou sobre meus planos para o futuro. Disse-lhe que pensava em fazer o curso de direito. "Você devia escrever", falou ele. "Ah sim, independente da faculdade que venha a cursar, tenho isso na cabeça", respondi. Grande e generoso professor Sales! Guardo esse breve diálogo final como os antigos monges guardavam as relíquias dos santos, numa caixinha dourada, a um canto das minhas memórias, com orgulho, porque ele acreditava em mim, mas também com pesar. "Escrever", entendido da forma como o entendi, teria exigido mais concentração e mais exclusividade a esse propósito do que fui capaz. A arte — é isso que quero dizer — implica renúncias para as quais me faltou coragem.

Penso na cômoda sem pregos produzida pelo paciente labor de meu avô. No seu ramo, modesto que tenha sido, ele excedeu. Faltou-me isso: retirar os pregos que na vida me ataram a medos, conveniências e convenções. Nunca mais vi o professor Sales. Outro seu ex-aluno, de turma alguns anos à frente da minha, hoje reputado crítico literário, ia visitá-lo em Santos, onde o velho mestre passava as férias. Imagino os dois a caminhar junto à praia e a falar de literatura, as pernas que suponho finas do Sales despontando do largo calção a lhe cobrir a barriga, e sinto inveja. No fim do ano passei no vestibular da Faculdade de Direito da Universidade de São Paulo e junto comigo Honório, Camilo, Teodoro e Valentim.

13. O negro de Lasar Segall

Uma gravura de Lasar Segall aguarda os visitantes à entrada de meu apartamento. Chama-se *Cabeça de negro* e prima pelo agudo contraste entre o preto e o branco. A cabeça, de perfil, e em forte tom de negro, contrasta com o fundo branco e os ligeiros traços, igualmente brancos, que delineiam a orelha, os olhos, o nariz e os grossos lábios da personagem. Ao pé do trabalho está assinado, a lápis: Lasar Segall, 1929. Há anos tenho essa gravura pendurada na parede, nos diversos endereços que ocupei. Ganhei-a da tia Talita, entre os anos 1969 e 1970, ela já à época viúva do tio Magno, irmão de meu pai. Um dia encontrei-a por acaso na avenida Vieira de Carvalho, entre a confeitaria Dulca e a Casa Ricardo. Recém--casado, eu morava na Vieira de Carvalho e acabara de sair para o trabalho; a tia morava ali perto, na rua Aurora, e voltava para casa. Foram umas poucas vezes que cruzei com ela na rua nesse período. Numa delas ela comentou que gostava de certo noticiário de rádio. "É escrito com *humour*", acrescentou. Uma das características dessa minha tia é que ela falava "*humour*", com "h" aspirado e acento na primeira sílaba, como os ingleses, e não "humor". Em outra manifestou a intenção de me entregar a gravura de Lasar Segall que me prometera e perguntou qual era exatamente o prédio daquela avenida em que eu morava. Eu não me lembrava da promessa, mas que bom que existia. Ao voltar para casa, naquele mesmo dia, o presente me esperava na portaria do prédio.

Tia Talita e tio Magno se constituíram nos solitários intelectuais da família — ele advogado e escritor bissexto, ela professora no Departamento de

Psicologia na USP. Magno, oito anos mais velho que meu pai, foi o segundo da irmandade de nove na qual meu pai e seu irmão gêmeo foram os caçulas. Já disse em outra parte que um tio lutara na revolução de 1932; era esse. Em 1932 tinha 21 anos e, pelos meus cálculos, cursava o terceiro ano da Faculdade de Direito do largo de São Francisco. A febre de paulistismo ocorrida naquele ano, a maior da história, pegou forte entre os estudantes, em primeiro lugar os de direito. Imagino meu tio, quase um menino, correndo às filas que no dia 9 de julho se formavam em vários pontos da cidade para acolher os voluntários à luta. Não precisou ir longe; na própria faculdade havia um posto de recrutamento. Imagino a preocupação de seus pais, ou quem sabe o orgulho, quando lhes confiou seu propósito; imagino a admiração de meu pai, aos treze anos, ao tomar conhecimento do ato de bravura do irmão.

É sintomático da intensidade maior da febre entre os estudantes de direito que outro irmão, apenas um ano mais novo, estudante de medicina, não tenha se alistado. A Faculdade de Direito até hoje celebra seu papel no episódio. Numa das colunas de seu pátio de feitio monástico há uma placa que lembra o episódio, ilustrada por uma quadra de Tobias Barreto: "Quando se ouve bater/ no corpo heroica pancada/ deixa-se a folha dobrada/ enquanto se vai morrer". Os livros sobre o período haveriam de ensinar-me que os jovens de "boas famílias" foram tão pressurosos em se apresentar à frente de batalha quanto em dela fugir aos primeiros sinais de fogo inimigo. Em suas memórias de combatente o escritor Orígenes Lessa conta que eram chamados de "pós de arroz" os integrantes da "tropa bisonha feita de médicos, advogados, estudantes, jornalistas, muitos completamente virgens em matéria de guerra".

A referência a essa nódoa é apenas uma digressão do sobrinho rabugento, sem nada de pessoal contra o tio. Não tenho a menor ideia de como ele se comportou, mesmo porque, infelizmente, jamais ouvi dele menção a respeito do assunto — mais uma das numerosas lacunas devidas a perguntas que eu deveria ter feito aos mais velhos e não fiz. Sei que ele "lutou em 1932", como se dizia, porque isso virou uma lenda na família, lembrada não sei quantas vezes por meus pais, tios e tias, assim como a funesta consequência de ele ter contraído tuberculose na empreitada. Tio Magno era "culto", lutou em 1932 e teve tuberculose: eis os três traços que o definiam nos anais familiares.

Tenho uma foto que o mostra entre os formandos da turma de 1929 do Lyceu Coração de Jesus, no qual fez o curso secundário. Como os outros alunos, enfileirados todos em retratinhos ovais, sob a égide, no alto, de um Jesus de coração exposto, ele veste um traje a rigor, o paletó preto sobre a camisa branca e a gravata-borboleta a rodear o colarinho dobrado para cima. O cabelo repartido para o lado, o nariz preeminente, a boca pequena que não mostra, mas esconde um sorriso, e um não sei quê no olhar, que se volta para o lado, me sugere um rapaz parecido comigo na mesma idade e me dá um susto: teria eu, vivendo à mesma época, também corrido para a fila dos voluntários? O jovem da foto não tem nada a ver com a figura que eu vim a conhecer, um senhor de seus 1,75 metro ou pouco mais, o corpo bem-proporcionado, os óculos de grossos aros. Sua altura o fazia grande ao lado de meu pai, dez centímetros menor (meu pai dizia que era baixo porque "teve de dividir" com o irmão gêmeo); a pele morena e as sobrancelhas grossas eram como as de meu pai e dos demais irmãos, e os cabelos negros eram agora puxados para trás.

Tio Magno e tia Talita casaram em 1937, ele com 26 anos, ela com 23. No ano seguinte lhes nasceu o filho único, Marcelo. A tia era baixinha, cabelos claros, finos e encaracolados, cortados curto, e óculos. Falava com impecável correção, sem medo de aplicar a gramática, o que em outras mulheres da família seria sinal de pedantismo, e vinha de uma família em que, ao contrário da nossa, pululavam os intelectuais; o irmão era pianista (estudou com Wanda Landowska, em Paris) e musicólogo, autor de obras sobre o assunto, professor do Conservatório Dramático e Musical de São Paulo e crítico de música erudita do jornal O Estado de S. Paulo; a irmã era professora de "História das Américas" e chegou a dar aulas em Paris. Ela própria, como professora na psicologia da USP, publicou uma pesquisa sobre as implicações psicanalíticas dos contos de fadas.

Mas a mais surpreendente característica de tia, até chocante, de tão inusitada em nosso pequeno círculo, é que ela se confessava ateia. Ateia! Podia alguém de nossa família, ainda mais uma mulher, não acreditar em Deus? Aliás podia alguém, fosse de que família fosse, ser ateu ou ateia? Foi a primeira pessoa com essa estranha característica de que tive notícia; e dela me inteirei graças a uma revelação de minha mãe contada em voz baixa, como um segredo. "Como assim, ateia!?", perguntei. "Ateia", respondeu minha mãe a sacudir os ombros, com ar resignado, a que se juntava um brilho nos olhos — o ar resignado por não haver remédio, que fazer?, e o brilho nos olhos por estar me introduzindo a um fato extraordinário, misto de atrevimento e de inacreditável, quase um desaforo.

Ironia de que vim a tomar conhecimento mais tarde é que o nome "Talita" tem origem numa expressão em aramaico posta nos lábios de Jesus ao ressuscitar uma jovem: "*Talita cumi*" (Menina, levanta), disse o Nazareno (Marcos, 5,41), e a jovem voltou à vida. Minha tia jamais acreditaria que tal prodígio tivesse ocorrido, mas isso não a afastava do interesse pela religião, ou pelas religiões, ou pela mitologia que elas encerram. "Talita no momento está lendo a Bíblia de cabo a rabo", contou-nos uma vez tio Magno, ele próprio surpreso pela avidez intelectual da mulher, e orgulhoso.

Morar na rua Aurora caracterizava outra singularidade desses tios, depois da esquisitice de gostar de livros e de estudos — e, no caso da tia, de ser ateia. A rua Aurora era na época sinônimo de "zona", e "zona", só isso, uma palavra só, o Brasil inteiro sabia o que era: a sede do meretrício. Na rua Aurora sucediam-se as mulheres de roupas atrevidas e excesso de pintura no rosto e os bares sombrios; era a sede suprema de uma prostituição chamada de "baixa", em oposição à "alta" que vigorava nos "inferninhos" da rua Major Sertório. Na minha juventude ali havia também o Cine Áurea, especializado em filmes pornográficos. Não que meus tios tivessem algo de libertino — acredito que muito pelo contrário —, mas era preciso peito para desprezar os mais respeitáveis Santa Cecília, Perdizes ou Jardins, por onde se espalhavam os demais parentes pelo lado paterno. Talvez se explique pela facilidade de deslocamento, numa cidade em que o comércio e os serviços, quase todos, concentravam-se no centro, a eles que nunca tiveram carro; e talvez seja necessário acrescentar que nos anos 1940-50 muitos intelectuais moravam no centro, aliás a vida intelectual morava no centro, consubstanciada no Masp, no MAM, na Cinemateca (os três então na rua Sete de Abril), na Biblioteca Municipal, nos cinemas da avenida São João e nas principais livrarias e galerias de arte. O apartamento deles ocupava o último dos quatro ou cinco andares de um prédio situado a alguns poucos metros da esquina da Vieira de Carvalho.

Estive três vezes no apartamento desses tios e — curioso — só na terceira vez na companhia de meu pai. Mesmo frequentando bem menos os parentes do lado paterno do que os do lado materno, não deixávamos de ir aos aniversários para os quais nos convidavam. Não no caso desses tios; eles não comemoravam aniversários. A primeira visita (as outras duas contarei mais adiante) ocorreu quando tinha dezessete anos e eles me convidaram para jantar; era uma deferência ao sobrinho que gostava de ler e até se metia a escrever. Ao entrar no apartamento, a primeira coisa a me capturar a atenção foi uma Vênus de Milo de mármore, em cima de uma estante baixa que, na sala longa, separava o ambiente "de jantar" do "de estar". A Vênus teria meio metro de altura e era branquinha como a original. Outras estantes baixas, de não mais que um metro e pouco de altura, encostavam-se às paredes e todas continham livros em suas prateleiras, sem prejuízo a que outros livros, empilhados, ocupassem também suas superfícies, ao lado de diferentes objetos de decoração. Disse que a sala era longa, mas isso não quer dizer que fosse grande. Também não oferecia muitos espaços livres; os móveis se espremiam uns aos outros. Ao nos sentarmos à mesa o tio disse: "Você tem fama de ser bom garfo". Era notória sua preocupação com a boa alimentação dos jovens, queria protegê-los dos perigos da tísica. A tia me perguntou se eu gostava de música clássica. Respondi que gostava dos *concertos de Brandenburgo*, da *Nona sinfonia*. "Ah, você gosta de músicas bem clássicas, mesmo", ela disse.

Eu tinha encaminhado aos tios alguns textos de minha pobre lavra; naquela noite, ao comentá-los, a primeira observação de tia Talita foi apontar num deles um erro de português. "Se você quer escrever, os cuidados com a correção devem vir em primeiro lugar." A tia era implacável. Quanto ao conteúdo dos textos, nenhum comentário; não deveriam mesmo merecê-lo. A reação mais próxima disso foi a tia ter achado graça do título *Série política internacional* que eu dera a dois poemetos (eu estava na fase da caderneta Groz-Beckert), um em que o secretário-geral da ONU ocupa a tribuna da assembleia e passa a cantar um blues — "acompanhado ao piano pelos pequenos países da América Central" —, outro em que um chanceler abre a boca e à sua revelia, em vez do programado discurso, saem-lhe as mais líricas palavras. Minha tia limitou-se ao título; não foi além, nem precisava. O que me ficou dessa visita foram esses breves momentos. Poucos anos depois foi a vez de os tios nos visitarem em casa. Mas, antes de falar desse encontro, preciso voltar ao contexto da época.

Jango, desde que incorporara os plenos poderes de um presidente da República, virara uma planta a dobrar de um lado e do outro segundo os ventos — melhor dizendo, os vendavais — de uma política de extremos. Balançava sob a pressão, à direita, do "derrubador de presidentes" Carlos Lacerda e, à esquerda, do incendiário cunhado Leonel Brizola, dois poderosos governadores, chefes de fila de suas respectivas facções. Jango, no meio, me lembraria uma personagem de tragédia, se de sua pessoa não exsudassem odores de comédia, como o do inveterado frequentador de bordéis que tinha a perna dura porque contraiu sífilis mas afirmava ter sido por causa de uma queda de cavalo. Na interpretação de Celso Furtado, em entrevista concedida a mim, em meu ofício de jornalista, ele atraiu o golpe, até se poderia dizer que o desejou, assombrado com a perspectiva de ao fim do mandato ter de entregar o poder a Lacerda, o homem que em sua concepção e segundo as palavras ditas a Furtado, "matou o dr. Getúlio".

Dirão os doutos que fazer repousar nas ações dos homens, esses seres insignificantes, os rumos da história é modo ingênuo de traduzi-la, em face dos movimentos tectônicos das transformações sociais e dos imperativos econômicos. Que historiadores, sociólogos e economistas façam bom proveito de tal advertência. Se Shakespeare a tivesse obedecido não teria escrito metade de sua obra. Há uma tragicomédia ao encalço de quem se atreve a subir ao palco da história. Jango, jogado ao meio da tempestade, foi o autor e o réu, o agente e a vítima de um desses cruciais momentos de escolhas que acometem a vida das nações. Hoje eu sei que ele era fraco e incompetente, carente de autoridade e pobre de caráter para lidar com a encruzilhada em que o destino o colocou. Mas, à época, que podíamos fazer? Nossos bons propósitos de justiça social nos alinhavam, a mim e meu círculo de amigos, aos defensores das reformas, e nós nos radicalizávamos na mesma medida em que o presidente imprimia velocidade à sua "fuga para a frente", para recorrer à pouco eufônica tradução literal da sonora *fuite en avant* dos franceses.

Meu amigo Álvaro, atento observador do que ia pelo Congresso, louvava a fluência e a combatividade de Almino Afonso, líder do governo na Câmara. Romeu, o dono do Chic Chá, que detrás do balcão tirava nosso chope (chocho, quase sempre), respondia com ceticismo: "Vem golpe aí". Valentim provocava: "Vem golpe sim e vai acabar essa mamata de explorar os frequentadores de bar. Isso aqui vai ser confiscado em nome do povo". Ao lado do Chic Chá havia uma clínica particular; Valentim fez amizade com médicos e enfermeiros e em certas noites de bebedeira obtinha deles o favor de dormir em leitos não ocupados pelos doentes. Ele era louco a esse ponto.

Minha casa era a arena onde eu, justiceiro, a golpes de pequenas e grandes provocações, terçava armas com o máximo baluarte local do status quo — a saber, meu pai. Uma manhã de domingo a que alguns íntimos costumavam aparecer para partilhar a caipirinha de antes do almoço em nosso "jardim de inverno" (como minha mãe chamava a sala envidraçada surgida com a reforma à entrada da casa), eu disse que, para mais completo panorama dos fenômenos históricos, eu preferia os historiadores marxistas. "Eles têm mais visão", argumentei. Estava presente um advogado nosso vizinho. "Eles são é uns visionários", disse. Meu pai deu um sorrisinho de triunfo para o meu lado. Na greve dos sargentos pus-me como seu defensor nas lides domésticas. "Não pode", dizia meu pai. "Isso é quebrar a hierarquia, uma coisa sagrada para os militares." Eu insistia que eram trabalhadores como outros quaisquer. "Não se pode suportar uma agitação tão grande, e o governo põe lenha na fogueira", insistia meu pai.

Nossas dissensões começavam a descambar para os sarcasmos e o alto tom de voz. Num outro domingo eu previ um futuro glorioso para as reformas, o país enfim devidamente ajustado para a construção de uma sociedade igualitária e solidária. Meu pai respondia que nenhum progresso poderia advir de um governo que não garantia a ordem e não segurava a inflação. Fomos num crescendo, eu dizendo que os ricos deveriam ser duramente taxados, quem sabe ter seus bens confiscados e os privilégios abolidos. Meu pai respondia com o fantasma da Rússia, em que as pessoas foram expulsas de suas casas e agora múltiplas famílias dividiam pequenos espaços. Eu disse que ninguém estava discutindo a Rússia e sim o Brasil, país em que multidões passavam fome, não tinham terra para cultivar e eram exploradas de forma cruel. E acrescentei, num paroxismo de petulância e desaforo, que só ele e seus amigos privilegiados não o percebiam. "Quem é você para dizer o que eu percebo e não percebo?", explodiu meu pai. "Você está me ofendendo?", perguntei, dobrando a insensata aposta no confronto sem volta. E repeti: "Você está me ofendendo?". Meu pai lançou mão da arma mais letal de seu arsenal: "Não quero mais você aqui em casa. Fora daqui". Dei-lhe as costas, saí para a rua meio zonzo, e tomei chorando o caminho da casa do Klaus, com quem tinha combinado de ir ao cinema.

Os olhos vermelhos de chorar, justifiquei-os ao amigo dizendo que era porque tinha tomado vinho. Não consegui prestar atenção no filme, que não lembro qual era. À noite eu e Klaus comemos um espetinho com farofa no Churrasqueto, no centro da cidade. Acompanhei-o até sua casa, depois perambulei pelas ruas e enfim, quando já era tarde, voltei para casa (para onde mais poderia ir?) e tranquei-me em meu quarto quando todos já dormiam. No dia seguinte, como de hábito, meu pai veio me acordar para ir ao colégio. Trazia um sorriso no rosto, sinal de que me estendia a bandeira branca e que tudo voltava às boas entre nós — ou "às más", como vinha ocorrendo, mas sob o mesmo teto. Nem eu nem ele tínhamos qualquer disposição para discutir a relação; nosso maior embate terminou como se não tivesse existido.

Ao virem jantar em casa, alguns meses depois — creio que no início de 1964 —, tio Magno e tia Talita me trouxeram de presente um álbum de desenhos de Portinari. Trata-se de uma caprichada edição da Editora Cultrix, com capa dura, na qual se destaca a assinatura do pintor contra o fundo branco, e prefácio de Carlos Drummond de Andrade; até hoje guardo-a com cuidado. Algumas das pranchas mandei emoldurar, e hoje decoram as paredes de meu quarto. Nelas o artista traduz visões da infância no interior de São Paulo — um grupo de desmatadores que, facões de punho, e em gestos "de impressionante movimento", como observou tia Talita, abre clareiras para a expansão dos cafezais ou canaviais; um triste funeral na roça, o pequeno caixão de criança levado por quatro homens cabisbaixos, seguidos de uma mãe desesperada e descabelada como a mulher da Guernica e um cachorro magro; um grupo de bois e vacas que encaram o observador com o característico jeito fixo e insistente.

Não dispensei aos tios, ao começo da visita, a mesma atenção. Em vez de permanecer na sala escolhi ficar na varanda, onde mantínhamos duas cadeiras de vime de formato arredondado em torno de uma mesinha também de vime, para acompanhar, em meu rádio Spica (o rádio "transistor", espécie da qual essa marca japonesa foi a pioneira, era uma coqueluche do momento), o final de um jogo de meu time no exterior. De vez em quando meu pai se aproximava para saber a quantas andava a partida. O futebol exercia, como providencial zona desmilitarizada, a função de oásis de convergência de pensamento e de interesses entre meu pai e eu. Frequentávamos juntos os estádios e nos demorávamos em conversas sobre o assunto, nas quais reinavam a harmonia e o entendimento.

Quando voltei à sala tio Magno contava a história de uma mulher que, de volta de excursão à Europa, depois de cansar a parentela de Coliseu para cá e torre Eiffel para lá, e torre de Londres e touradas em Madri e casa de fado

201

em Lisboa, terminava o relato com um suspiro, pausa e a confissão: "Ah, mas bom mesmo é a Lapa!". E o tio repetia, aos risos: "O bom mesmo é a Lapa!...". A palavra passou em seguida à tia e ela contou que por meses viu, da janela de seu apartamento, um cartaz que anunciava a próxima inauguração de um estabelecimento comercial chamado Sirváse. "*Sirváse*, vejam só!", repetiu. Era assim que lhe parecia ser o nome. Demorou até se dar conta de que o nome era Sirva-se, o pioneiro dessa modalidade de comércio, recém-surgida na cidade, chamada supermercado.

Ao passarmos da sala de visita, onde reinava na parede a jovem parisiense, sobre um fundo de rio Sena e torre Eiffel, à sala de jantar, sob o império das rosas exuberantes na parede que a dividia da copa, encetei com tia Talita uma conversa sobre cinema e lamentei que filmes estrangeiros começavam a ser lançados em versões dubladas. A tia ponderou que a dublagem, ao não desviar o olho para a legenda, tinha a vantagem de permitir a fruição da imagem sem interrupção. Enquanto sentávamos à mesa, para continuar com o tema das imagens, eu comentei com a tia meu encanto em retraçar, nas obras dos grandes mestres da pintura, os imaginários apoios geométricos, triângulos, quadrados, linhas diagonais, sobre os quais assentavam as figuras. Era uma descoberta que eu compartilhara com meu amigo Honório ao folhearmos, em dia recente, a coleção *Enciclopédia da civilização e da arte*, que meu pai ganhara de um cliente do cartório. A tia confessou por sua vez outra forma de fruição das obras de arte: fixar-se nos detalhes secundários dos afrescos e telas de múltiplas imagens. Tome-se o *Juízo Final* da capela Sistina, tome-se a *Escola de Atenas*, de Rafael: as figuras secundárias, que à primeira vista o olho mal percebe, "são, em si mesmas, obras-primas".

Tio Magno conhecia histórias do folclore político. Osvaldo Aranha costumava dizer, contou, que o Brasil era "um deserto de homens e ideias". Como, vitoriosa a revolução de 1930, lhe cobrassem a antiga afirmação, ele corrigiu-a: "O Brasil é um deserto de homens e ideias por onde passa a iluminada caravana do dr. Getúlio Vargas!". A fama de burro do ex-deputado, ex-governador e agora senador Benedito Valadares foi o tema da anedota seguinte. "Dizia-se que no Brasil há três tipos de rebanhos: muares, cavalares e valadares." Risos, pausa para um par de garfadas no estrogonofe, o prato por excelência para as visitas, e, em seguida, já que se falava de políticos e de política, "Que tempos os nossos, hein!?", lamentou o tio, e estava introduzido o tema, e eu caí direitinho na armadilha. "Não sei se vocês viram a entrevista do Prestes. Os comunistas são hoje a principal força no governo." E, voltando-se para mim: "Você viu o programa?".

O líder comunista havia sido longamente entrevistado no programa *Pinga Fogo*, da TV Tupi, um evento de imensa repercussão. "Vi uma parte, depois fui dormir. O programa durou mais de duas horas", respondi. "Ficou claro", retomou o tio, "que os comunistas estão integrados no governo. Isso não é preocupante?" Meu pai, em silêncio, olhava alternadamente para seu irmão e para mim, como quem se retira para deixar a cena aberta a dois contendores. "Não me parece que a revolução comunista seja o objetivo de um governo comandado por João Goulart", respondi. "Jango faz o jogo deles", retrucou meu tio. Outros assuntos dominaram a mesa. "Eu não sabia como o Magno conseguia ser tão bem informado", disse tia Talita. "Até entender que vinha da leitura do *Estado de S. Paulo*. Ele sabe da situação na Hungria, na Checoslováquia..."

Servida a sobremesa, o tio recomeçou: "Um jovem como você, que acabou de entrar na faculdade e tem todo um futuro pela frente, precisa tomar cuidado com a propaganda que tenta influenciá-lo". Eu disse que o Brasil era um país de muita injustiça, e que a reforma agrária prometida pelo governo era um primeiro passo para resgatar da pobreza a grande massa da população. "Um governo precisa ser sério, este não é. E se põe a serviço dos comunistas, na grande batalha que enfrentamos entre o mundo livre e os países da cortina de ferro", disse o tio. E disparou dados e fatos sobre os camponeses oprimidos, os intelectuais censurados, as tentativas de fuga para o Ocidente, o vergonhoso muro erguido no começo da década em Berlim e o fracasso da agricultura russa. "Você, que pretende escrever, não pode aceitar um regime que proíbe a liberdade de expressão", reforçou a tia.

O tio voltou à carga: "Este é um momento crucial para o Brasil. Estão querendo transformar o país em uma nova Cuba, e isso tem implicações que podem sair do controle. Imagine ocorrer no Brasil uma crise como a dos mísseis de Cuba". Arrisquei que não era admirador da União Soviética, mas a considerava um importante contrapeso ao predomínio americano no planeta. "Os Estados Unidos defendem a democracia", objetou a tia. "Sem liberdade não pode haver realização pessoal, não há escolhas, as pessoas viram autômatos manipulados pelo regime. Você leu *1984*, de George Orwell? Você leu *O zero e o infinito*, de Arthur Koestler?" O tio reforçou: "Há testemunhos até de gente de dentro da União Soviética, de pessoas e povos que vivem na pele os horrores do regime". Tentei dizer que, sob Kruschev, os controles haviam afrouxado, mas o que ofereci foi mais lenha para a fogueira de meus contendores. "O regime apenas se reciclou, vestiu uma máscara, que tenta afastá-lo dos crimes de Stálin", disse o tio. "Era uma imposição da história, e eles são espertos em manobras desse tipo. A repressão não acabou. Talvez não se manifeste de forma tão brutal, mas continua viva e fazendo vítimas."

Eu não ousava enfrentá-los no terreno que propunham. Tentei um desvio: "O que eu defendo é a justiça social, só isso". "Há muitas formas de defender a justiça social", respondeu o tio. "Mas há uma inaceitável, que é se pôr ao lado do comunismo. Acaba-se promovendo é a injustiça, a opressão, as prisões, as mortes." Observei que o presidente, longe de seguir a doutrina comunista, citava como fonte de inspiração os ensinamentos da Igreja, a encíclica *Master et magistra*. "A Igreja adotou um caminho perigoso", acusou a tia. O tio foi atrás: "Veja a postura desse arcebispo de São Paulo, veja o frei Josafá. São inocentes úteis". Meu pai também gostava da expressão "inocentes úteis", peça habitual do arsenal anticomunista.

A saraivada a que eu era submetido pelo casal de tios me abateu. O cotovelo direito sobre a mesa, pus-me a amparar a testa sobre a mão, e deixei de responder aos argumentos dos adversários. "Você está bem?", perguntou a tia. "Estou com dor de cabeça", respondi. "Deve ser enxaqueca", disse a tia. "Ele está assim é por causa do baile que está levando", tripudiou meu pai, com um sorriso. Eu estava é com raiva — de não ter conseguido reagir à altura, de não possuir recursos para enfrentar o debate tal qual me foi proposto, de ter sido submetido a um cerco inesperado de dois contra um e, sobretudo, da atitude de meu pai. Eu intuía agora que esse jantar fazia parte de uma trama; meu pai convocara o peso intelectual do tio e da tia para me dobrar. Fui dormir naquela noite sem dor de cabeça mas me sentindo pior do que se a tivesse. Nem a vitória de meu time no futebol, que de ordinário me embalava o sono, narcotizando-me devagarinho com a recriação mental das imagens dos lances ou com os sons triunfais dos locutores no rádio, dessa vez funcionou.

Tio Magno morreu no ano seguinte, aos 54 anos. Ao escrever isso, dou-me conta de como eram todos moços, em torno da mesa naquela noite, embora me parecessem tão velhos. O tio tinha 53 anos, a tia cinquenta, minha mãe 43. E meu pai, que se apavorava com a perspectiva de estar abrigando um comunista em casa, ainda por cima seu filho, meros 45. Faltava-lhe a consciência, coitado, de quão platônico comunista seria esse, mesmo que comunista fosse. Reenceno, mais de meio século depois, o conflito com meu pai naquele período, e vem-me à mente uma palavra que raramente escrevi, se é que alguma vez o fiz. "Remorso", eis a dura palavra. Pobre pai. O maior responsável pelos conflitos daquele período foi o filho, destrambelhado a ponto de querer começar a consertar o Brasil pela reforma da cabeça do pai, e baixo a ponto de permitir-se um nível de provocações que não ousaria fora de casa. Meu pai era uma pessoa desaparelhada para um filho daqueles; descorçoava ao sentir o mundo lá fora, com suas disputas políticas, sua imprevisibilidade e sua violência, abalar a redoma em que até então julgava ter mantido protegida a família. Seu ideal é que eu não me deixasse enredar pela política. "Diga que você não tem partido, que é apolítico", aconselhou-me uma vez. Tentava se aproximar de mim e não sabia como. "Sou seu amigo, quero ser seu melhor amigo", propôs, meio sem jeito, mais de uma vez. "Seu pai tem medo de você", me contou o primo Tomás, com certeza a ecoar o que ouvira do pai dele, irmão gêmeo e confidente do meu. O remorso vem da consciência de que naqueles anos fiz meu pai infeliz.

Meses depois do falecimento do tio, a tia me perguntou se eu gostaria de escolher, na biblioteca dele, os livros de meu interesse. Essa foi a segunda das três vezes em que estive no apartamento da rua Aurora. De novo, ao transpor a porta, a primeira coisa que vi foi a Vênus de Milo, com a diferença de que agora se erguia entre fileiras de livros dispostos com as lombadas para cima, de modo a facilitar a identificação.

Um item pouco abordado no rol das tristezas do mundo é a orfandade das bibliotecas. Falta-lhes aquele que conhecia como a palma da mão o segredo da organização (ou da desorganização) dos livros, e levava-os, com o amor e a autoridade de pai, da estante à mesa de trabalho, da estante à poltrona das leituras das horas de ócio, ou de uma estante a outra quando o atacava a necessidade ou o capricho de mudá-los de lugar. Em vida do dono a biblioteca pulsa com a energia que o dono lhe empresta, seja com o olhar, seja com o toque das mãos. Quando ele se vai a biblioteca regressa ao estado de puro objeto material, passível até de ser seccionado, abandonado, esquartejado ou alienado. Era até possível sentir nos livros do tio, agora dispostos de lado, em posição que lhes forçava a anatomia, o desarranjo físico de quem caiu doente de depressão; viam-se despojados tanto da dignidade da posição de pé, altivos, quando enfileirados na estante, quanto do descanso na horizontal, disponíveis ao manuseio, quando deitados numa mesa. A biblioteca órfã lembra o desconsolo do cão que perdeu o dono — e a comparação não é vã, quando se lembra que, para a pessoa de leituras, desempenha o papel de melhor e mais fiel amiga. No papel de melhor amiga a biblioteca nem precisa estar a todo momento a prestar seus serviços; alegra, conforta e dá segurança ao dono com sua simples presença.

"Não tem sentido manter todos esses livros", disse a tia. "Estou na idade em que já sei aqueles que nunca vou ler." Muitos dos livros do tio eram peças de teatro. Ele gostava do gênero e, a ser verdade o que ouvi uma vez na casa de minha avó — que uma peça de sua autoria fora premiada pela Academia Brasileira de Letras —, chegou a arriscar a mão na dramaturgia. Escolhi levar, entre outras, obras de Anouilh, Louis Verneuil, Henri de Montherlant, Armand Salacrou, Beaumarchais (*Le Mariage de Figaro*), Marivaux, Noël Coward e Luigi Pirandello, todas em francês, inclusive as peças dos dois últimos, autores de outras línguas. E de Bernard Shaw, que suponho o autor preferido do tio, incluí no pacote *Androcles and the Lion*, *Pygmalion* (em inglês) e, traduzido, *O homem e as armas*. Foi de tio Magno que ouvi pela primeira vez a célebre anedota da atriz que, ao propor casamento a Shaw, argumenta: "Nossos filhos serão uns privilegiados. Unirão sua inteligência com minha beleza!" — ao que Shaw contrapõe: "Mas e se ocorrer o contrário?".

Entre livros de outros gêneros, para me limitar a uns poucos, selecionei o *Diário* e as *Cartas* de Katherine Mansfield, os *Diários* de Goethe, em dois volumes, o maravilhoso *Trois Contes*, de Flaubert (edição da Bibliothèque Charpentier, Paris, 1924, comprado, como atesta o carimbo na folha de rosto, na Casa Esperança, Caxambu, MG) e *La fleur sombre*, de John Galsworthy, que incluo porque em seguida ao seu nome, escrito com caprichada letra, o tio datou-o de forma ilustrativa de como se fazia isso naqueles tempos: "16-v-935". "Fico feliz que você tenha escolhido tantos livros", disse a tia, ao nos despedirmos. "Assim eles continuarão a ser úteis para alguém." Sinto decepcioná-la, tia, mas muitos desses livros ainda esperam que eu lhes dê o favor da leitura; em todo caso foram úteis para dar volume à minha biblioteca, para me fazer recordar do tio a cada mudança de endereço, ou mesmo a cada mudança de uma estante a outra, e para compor estes dois últimos parágrafos.

Quando começou a tomar forma a ideia de escrever sobre tio Magno, ingressei na fase que pode ser intitulada "Em busca do tio perdido". Espicaçava-me a curiosidade em torno de sua produção intelectual. Parecia-me claro que seus interesses estavam antes na literatura — a dramaturgia em primeiro lugar — do que na advocacia que lhe dava o sustento. Atestavam-no os livros que tinha na biblioteca — nenhum de direito, pelo menos entre os expostos na sala. Eu estudava direito, na época; se existissem, e estivessem em outra parte da casa, imagino que a tia não deixaria de perguntar se me interessavam. Além da vaga referência de que tinha sido premiado pela Academia Brasileira de Letras por uma peça de teatro, também ouvira, na casa de minha avó, que publicara alguma coisa na revista *Anhembi*, idealizada e dirigida pelo jornalista e escritor Paulo Duarte, e em circulação entre 1950 e 1962. Eram pistas a explorar. Estava afastada a hipótese de recuperar os acervos do tio; mortos também a tia (em 1971) e o filho do casal (em 1980), a papelada da família tomou rumo incerto e não sabido.

Minha primeira busca foi pela suposta peça premiada — queria muito saber que diabos de texto o tio teria escrito. E ao deparar com um verbete em seu nome no *Dicionário de autores paulistas*, de Luís Correia de Melo (edição da Comissão do IV Centenário, 1954), acabei sabendo que escreveu pelo menos duas — *Velhice desvairada* e *A vida é uma só*. A primeira, como consta do citado dicionário, recebeu — confirma-se — prêmio da Academia Brasileira de Letras. Mais atiçou ainda minha curiosidade pela peça o título *Velhice desvairada*. Ecos do jovem Mário de Andrade transpostos, como galhofa, à idade provecta — o texto prometia! Cabia-me agora tentar localizá-lo, mas não fui feliz. Um membro da ABL com quem me correspondia verificou a meu pedido se os arquivos da instituição guardariam os originais da obra. Não guardavam. O tio era, em 1938, um jovem de 27 anos, à procura de abrir caminho na literatura. Diante da lástima de não ter conseguido recuperar o texto, a única velhice desvairada de que acabo podendo dar testemunho é a minha própria, a do sobrinho já para lá da idade do juízo em busca dos distantes rastros do tio.

Êxito maior tive na etapa seguinte das investigações — a busca, nas coleções da revista *Anhembi*, de colaborações do meu tio. O setor de periódicos da veneranda Biblioteca Mário de Andrade não me falhou; possuía a série completa e ao vasculhá-la achei dois textos do tio — "Macunaíma", de 1956, e "O barbante", de 1958. "O barbante" é do gênero crônica e do subgênero "comédia conjugal". A mulher abre, "sôfrega", o pacote com seu perfume e, depois de provar o conteúdo, "deixando no ar uma onda balsâmica", larga o barbante que o enfeixava na escrivaninha do marido. O marido, aturdido pela intromissão do corpo estranho "na confusão reinante entre livros e papéis", transfere-o para a vizinha penteadeira da mulher, mas, ao sentar-se à escrivaninha no dia seguinte, depara com a volta do barbante. Seguem-se novas rodadas em que o barbante é descartado mas reaparece, a contemplar o dono da escrivaninha "olimpicamente, como funcionário público reintegrado por sentença judicial olha o chefe da seção", e a desfrutar "a vitória que alcançara nessa luta de classes, saltando da cesta populista para a escrivaninha do bacharel cartola". Afinal vence a mulher, em sua insistência em que um barbante tão bom não pode ser descartado, pois "a verdade, até mesmo a eterna, vem, através dos séculos, sendo escrita e encadernada na língua das mulheres".

"Macunaíma" é um conto, cujo título se refere ao nome de um cãozinho vira-lata achado e trazido da rua por um menino que vive com a avó. Macunaíma revela-se um tipinho "sem nenhum caráter", rebelde a todas as disposições de limpeza impostas com severidade pela vovó, a começar pela de só fazer xixi em lugar inapropriado. O núcleo da história é a disputa entre as "filosofias" de Macunaíma, "trêfego como um príncipe, glutão como um Pantagruel-mirim", e da Vovó, "fomentadora impertinente da luta de classes, ou melhor, dos bípedes contra os quadrúpedes". Já ao chegar o cãozinho "travou aviltante conhecimento com o Neocid", que lhe extirpou as pulgas. Variadas peripécias depois, deparamos com um Macunaíma já velho, a conviver na casa com um seu descendente de terceira geração, o Macunaíma II. Ora, o novo Macunaíma é o oposto do anterior: faz xixi no lugar determinado, não rói a perna das cadeiras, não escapa pela vizinhança e volta cheio de pulgas. Em troca recebe mil mimos da Vovó. O velho Macunaíma morre de vergonha do bisneto e ao repassar sua trajetória conclui que "combatera o bom combate e fora integralmente um herói de muito, muitíssimo caráter". O novo Macunaíma, ao contrário, era "um boa-vida, uma coisinha à toa", e, ele sim, "um herói sem nenhum caráter".

Sobre "O barbante" não tenho a observar senão o estranhamento em ver tia Talita retratada no estereótipo da mulher "sôfrega" por seu perfume e a possuir como trincheira sua penteadeira, em oposição à escrivaninha do marido. Não é o que se espera de quem falava "*humour*", lecionava psicologia e leu a Bíblia de cabo a rabo, mas pode ser que a mulher da crônica não seja a tia Talita, ou seja a tia deformada pelas licenças literárias, tal como algumas vezes terei feito com os personagens que venho trazendo a estes capítulos. Sobre Macunaíma... bem aí, meu tio, temos contas a acertar. Primeiro, uma observação periférica: o senhor usa, num texto como no outro, a expressão "luta de classes". Nas duas vezes, claro, com ironia, mas não deixa de ser surpreendente em meu oponente no debate de 1964 o recurso a conceito tão intimamente vinculado à tradição marxista. Agora o principal: quer dizer, tio, que herói de caráter, "muito, muitíssimo caráter", segundo a moral da fábula embutida em seu conto, é o insubmisso com a ordem vigente? E que o que se conforma ao status quo, como o segundo Macunaíma, é um "coisinha à toa, um herói sem nenhum caráter"? Senti-me de alma lavada.

A terceira vez que estive no apartamento da rua Aurora foi quando morreu meu primo Marcelo, o filho de tio Magno e tia Talita. Marcelo sobreviveu nove anos à morte da mãe em crescente isolamento e agravamento de sua saúde. Em criança usava uma botinha que denunciava algum problema nas pernas, ou numa das pernas. Adulto, ele mancava, e a situação agravou-se uma vez que pulou um muro para assistir no ginásio do Pacaembu a uma luta de boxe. Ele nunca se casou. Com o agravamento da doença passou a necessitar de cuidados, e depois da morte da mãe quem os dispensou foi a empregada há muito tempo a serviço da família. Nos últimos anos, ele isolou-se no apartamento e mesmo se um parente lhe batesse à porta não a abria. No dia de sua morte, um domingo, eu estava em casa de meus pais quando um telefonema nos deu conta do sucedido. Acompanhei meu pai, a quem caberia tomar as providências fúnebres, até o apartamento e lá encontramos, além da empregada, uma meia dúzia de pessoas desconhecidas, entre as quais algumas pareciam parentes dela, e a mais destacada era um homem que mal nos cumprimentou.

Saberíamos nos dias seguintes que Marcelo instituíra como única herdeira a empregada, e foi assim que deslizaram para fora da família não só os imóveis que meu tio colecionara, para que os aluguéis garantissem a sobrevivência do filho inválido, mas também os móveis e os arquivos que poderiam documentar a produção intelectual do casal. Naquele dia percorri com os olhos a sala dominada pela presença das pessoas a nós estranhas, à procura da Vênus de Milo, e não a achei. Impossível saber que fim terá levado. Permanece soterrada sob a poeira dos tempos, e só um milagre como o que fez ressurgir à luz do dia o original hoje no Museu do Louvre a traria de volta. Não haverá esse milagre. Também soterrados, e até onde eu sei fora do alcance do labor arqueológico, estão as peças de teatro do tio, a Bíblia talvez anotada da tia, as fotos do casal, os diplomas (incluindo talvez o da premiação da Academia Brasileira de Letras). Não fosse eu a recuperá-la nestas linhas, estaria igualmente próxima de ser soterrada a própria memória da existência desse ramo extinto da família.

14. Rui e a deusa da Justiça

Cruzei com Rui Babosa numa lojinha do bairro de Santa Cecília em que entrei à procura de pilhas para o controle remoto da televisão. Foi um encontro fortuito, e a princípio contemplei com indiferença o rosto magro, a testa larga, o olhar introspectivo e o grosso bigode do baiano, do outro lado do balcão. A lojinha era daquelas sem um foco precípuo e onde reina um ambiente de desordem e de discutível asseio. Entre os artigos em oferta misturavam-se itens de papelaria, brinquedos, bibelôs chineses, flores de plástico, cartas de jogar, cartões-postais antigos e variados objetos usados. Rui Barbosa fazia par com a deusa da Justiça, os olhos vendados, uma espada cruzada no peito da qual pendiam os pratos da inevitável e enganadora balança, e ambos, moldados no que parecia ser ferro fundido, e apoiados em estruturas de mármore em forma de "L", configuravam um sólido e pesado apoio de livros, ideal para a mesa de um advogado. Fui embora com as pilhas no bolso, sem poupar um olhar de despedida ao célebre jurisconsulto, "o melhor dos brasileiros", como diziam os contemporâneos. Teria eu um Rui e uma deusa da Justiça sobre minha mesa de advogado, se advogado me tivesse tornado, como sinal de orgulho da profissão e submissão a seus símbolos?, pensei. Tio Magno preferiu uma Vênus de Milo. Imaginei-me numa magnífica mesa de mogno, sobre a qual os apoios manteriam de pé os doutos livros em uso, retirados de estantes em que brilhavam, entre outros volumes, a coleção da *Revista dos Tribunais* e a caudalosa obra de Pontes de Miranda.

Dias depois voltei à loja. Seria irônico, ou mesmo cômico como os disfarces num baile de máscaras, o advogado que nunca fui possuir peça tão emblemática da profissão. Rui Barbosa não estava mais à vista, e eu precisei me explicar: "Dias atrás vi sobre aquela prateleira um apoiador de livros etc.". O atendente, que não era outro senão o proprietário, como de costume em estabelecimento daquele porte, pediu-me para esperar e foi buscar nas catacumbas da loja, onde guardava as peças encalhadas, o objeto de meu desejo. Era um homem que tinha um bigode fino e usava suspensórios. "Quanto custa?", perguntei. Quando disse o preço, deve ter lido em meu rosto que eu o considerara barato. "Não adianta pedir mais, aí não vende", explicou, como se desculpando da figura de mau comerciante.

Dei-me conta ao sair de quanto não só Rui e a deusa da Justiça, como eu próprio, aquela loja, e seu dono, com seus suspensórios e seu bigodinho, ensaiávamos uma farsa. O proprietário original do par de apoios de livros os teria talvez recebido de presente de formatura, junto com o anel de rubi que até o fim da vida exibiria, sem se vergonhar. Eram adereços lógicos, naturais e enobrecedores da profissão. Eu levava nas mãos, adquirido a preço de banana, um objeto que, na minha mesa, caçoaria da carreira não trilhada. Desde aquele momento decidi que, para amenizar seus efeitos, usaria o Rui Barbosa e a deusa da Justiça divorciados um do outro, fazendo par, cada um, com apoios de ordem diferente. Assim faço até hoje, completando-os com meras armações metálicas que não representam coisa alguma, compradas na Tok&Stok. Fico mais tranquilo assim.

Desde que pisei no histórico prédio do largo de São Francisco que sedia a Faculdade de Direito da Universidade de São Paulo, no fatídico mês de março de 1964, sabia que não seria advogado, nem seguiria outra profissão jurídica. Por que então fui parar naquele lugar? A primeira resposta é: para agradar meu pai, que realmente se encheu de orgulho pelo filho estudante da mais admirada, segundo ele, das profissões. Outra resposta seria o natural encaminhamento para o direito, naquela época, para qualquer um que se sentisse inepto para a engenharia ou a medicina, as outras duas alternativas do trio de ouro de profissões nobres. A terceira é a busca de um substrato de formação humanística que em princípio o curso de direito oferece mesmo a quem não se propõe a abraçar uma profissão jurídica. E a quarta, a minha preferida, me foi dada por um dos professores, logo ao início do ano letivo: "Esta casa", disse ele, "é o desaguadouro das vocações indefinidas".

Deveria ter levantado o braço, oferecendo-me como exemplo vivo da justeza de seu argumento, ainda mais que a formulação, irretocável no fundo, ostentava alguma elegância na forma. "Desaguadouro" define bem o remanso para onde escoam jovens de uma certa classe social que necessitam tomar fôlego antes de arriscar-se ao mar bravio das ocupações competitivas e do empenho pela provisão do próprio sustento. "Vocações indefinidas" é uma linda denominação, generosa e eu diria até lírica, para o esquadrão que ingressa na vida adulta sem compromissos irrevogáveis ou tóxicas certezas.

Outros se teriam enchido de orgulho, ou de respeito, ou de temor, ao atravessar pela primeira vez os umbrais de uma das duas primeiras faculdades de direito do Brasil (a outra é a do Recife). Não foi o meu caso, mas era o que aquele prédio, do alto de sua postiça majestade e de sua jactância, parecia esperar de quem lhe cruzasse a porta. Uma instituição de 140 anos, sua idade na época, seria considerada na Europa uma menor de idade; mesmo nos Estados Unidos, onde a Universidade Harvard já existia havia duzentos anos quando nossa faculdade foi fundada, não haveria motivo para vanglória. No Brasil, que chegou atrasado às instituições de ensino superior, a "São Francisco", como a escola era e continua sendo identificada, exibia o que tínhamos de mais próximo à respeitabilidade avoenga da Ivy League dos Estados Unidos, constituída pelas mais antigas universidades daquele país, todas da aristocrática região da Nova Inglaterra. A Ivy League é assim chamada por causa da hera (*ivy*) com que os anos sacralizaram seus edifícios. Nosso edifício era calvo de hera, mas possuía as celebradas arcadas, a lhe caracterizarem tanto a face externa quanto os limites do pátio interno. "Arcadas" era (é) um outro nome da São Francisco, mais amoroso e preciosístico. Não é incomum que juristas, em seus livros, e ministros do Supremo Tribunal, em seus votos, refiram-se à escola como "Arcadas". O Centro Acadêmico XI de Agosto, entidade dos alunos, datava seus comunicados não de "São Paulo", nem mesmo de "Largo de São Francisco", mas de "Arcadas, mês tal, dia tal".

Curioso é que o prédio a invocar e inspirar tanta tradição não seja ele próprio tradicional. Ao inaugurar-se, em 1827, a "velha e sempre nova academia" (outro dos nomes carinhosos, e acho que agora já os esgotei) alojou-se no convento dos franciscanos, e nesse edifício, cuja origem remonta ao alvorecer da Colônia, permaneceu por mais de um século. Nos anos 1930 o antigo convento foi derrubado e substituído pelo edifício atual, e com isso chegamos à conclusão, para mim surpreendente, de que em minha época o edifício tinha meras três décadas. A modesta casa de meus avós maternos, na rua Vitorino Carmilo, era mais antiga. O prédio novo pousou na paisagem do largo de São Francisco como uma baleia num balé de cisnes. O antigo convento não foi exatamente o mesmo ao longo de seus três séculos — sofreu adaptações internas e atualizações na fachada —, mas preservou sempre o mesmo volume, compatível com as duas igrejas que lhe dão continuidade. O novo prédio, parrudo e grosseiro, reduziu as igrejas, testemunhas do passado colonial numa cidade que as possui tão poucas, à insignificância.

Eu não sabia nada disso na época, muito menos que quem determinou a derrubada do prédio antigo e sua substituição pelo atual foi José de Alcântara Machado, o então diretor da faculdade. Ora, Alcântara Machado, em paralelo à sua carreira de advogado e jurista, escreveu um clássico da história paulista, *Vida e morte do bandeirante*, no qual, com base em inventários e testamentos, reconstituiu os usos e costumes dos primeiros habitantes da então capitania. Eis-nos diante de uma contradição. No livro, e depois de pesquisar outros livros, ele trouxe de volta à vida o passado da cidade. Mas adotou procedimento inverso com o passado de pedra: impaciente com as paredes centenárias da instituição, foi o regente da orquestra de picaretas que as pôs abaixo.

As salas da faculdade constituíam-se em grandes auditórios, com um estrado à frente, onde se acomodavam Suas Excelências os professores, alguns deles reputados jurisconsultos, outros com passagens pela administração pública, e, para os alunos, fileiras de cadeiras a perder de vista. As turmas, com perto de cem alunos, faziam as vezes de plateia, num ambiente a que, para se igualar ao do teatro, só faltavam os aplausos. Ou melhor: não faltavam, pois os professores de retórica mais afiada e mais treinada expressão corporal recebiam, sim, aplausos. Era o caso do titular da cadeira "Introdução à Ciência do Direito", portador de nome ilustre e descendente de família com sucessivas gerações de juristas e políticos. Ele entrava na sala com ar contido, passos lentos, e, ao sentar-se à mesa, dava-se um minuto de concentração, as mãos juntas, os olhos baixos, enquanto aguardávamos em religioso silêncio. Dir-se-ia que repetia o ritual do nadador à beira da piscina, antes do tiro de largada; ou, mais propriamente, do ator a recolher-se em si mesmo e dizer "Merda" instantes antes de deixar a coxia. Disparava a falar em seguida e percorria argumentação com sinuosas idas e vindas, obediente a rigorosa lógica e recheada de figuras de linguagem, coroadas no fim com a bravura de um *gran finale*.

Lembro-me de uma aula em que começou com a procura das sociedades humanas por uma forma de convivência pacífica entre seus componentes, passou por numerosas tentativas e erros e desembocou no encontro de instrumento capaz de fornecer seguro parâmetro à regulação de diferentes costumes, crenças e interesses. Até aí o mestre ainda não anunciara que instrumento seria esse. No *gran finale* desfez o suspense ao concluir, com fervor apologético: "É... a norma jurídica!". Uma torrente de aplausos coroou a... aula?... palestra?... conferência? Ou "apresentação", "número", "performance"? Ninguém o interrompia, nem podia interromper, nem tinha cabimento fazê-lo. Dizia-se, mas isso pode ser fruto da maledicência, que o professor era gago, e que se acaso fosse distraído do texto ensaiado não encontraria o caminho de volta. Nisso se assemelharia a um dos mais famosos cantores da época, que também era gago e que, ao soltar a voz, torcia para que não viessem a perturbá-lo no caminho.

Esse professor não era o único a não poder ser interrompido. Essa era a regra da casa, a lei do *magister dixit*, da fala da cátedra. O ambiente reinante era o oposto da Faculdade de Filosofia, Ciências e Letras, em parte já instalada na Cidade Universitária, em parte ainda a ocupar a velha sede da rua Maria Antônia, onde a relação entre alunos e professores era de proximidade e de camaradagem. Eu a invejava. Outro dos nossos professores cuja fama ultrapassava as fronteiras da academia era o de "Teoria Geral do Estado". Já mencionei em outra parte um professor que censurava a atriz Romy Schneider, tão doce no papel de Sissi, por se ter rendido ao "pornográfico cinema franco- -italiano". Era esse. Descendente de barões do Império, seguia devotado ao regime monárquico, o que talvez explique o encanto por Sissi, a imperatriz. As preferências monárquicas não o impediram, porém, de ter desempenhado diversas funções — de deputado a secretário de Estado — na plebeia república vigente. Agora mesmo, além de nosso professor, figurava no secretariado do governo paulista.

O professor de "Teoria Geral do Estado" tinha em comum com o de "Introdução à Ciência do Direito" terem sido ambos, na mocidade, militantes da Ação Integralista Brasileira, o movimento que nos anos 1930 copiava no Brasil o fascismo triunfante na Europa, com a diferença de o segundo atravessar naquele momento uma guinada ideológica rumo à esquerda, enquanto o primeiro

215

permanecia basicamente apegado às crenças da juventude. Ex-integralistas e monarquistas era o que não faltava na faculdade, e a soma de uns e outros conformava o núcleo duro de um quadro docente majoritariamente conservador, quando não reacionário. O professor do "desaguadouro das vocações indefinidas", um socialista, era uma exceção, avis rara, naquele ambiente. A faculdade viria a fornecer à ditadura prestes a se instalar quadros que, com seu domínio da ciência do direito, contribuiriam para produzir um verniz de legalidade aos atos de força. Um deles incumbiu-se da redação do Ato Institucional nº 5, o mais feroz instrumento de arbítrio do período.

Assim como os amigos Teodoro, Camilo, Valentim e Honório, e os outros novos alunos, fui introduzido ao hábito de enrolar no pescoço uma gravata e cobrir as costas com um paletó ao sair de casa, manhã após manhã. Para nossos dezenove anos não era pouca novidade. A obrigatoriedade do paletó e da gravata constituía-se num dos traços distintivos de nossa faculdade, mas não se pense que por si só emprestaria à fração masculina do corpo discente (a feminina era tão ou mais numerosa) ares mais cerimoniosos ou mais garbosos. A imposição do traje não obedecia a exigências de alinho, esmero ou distinção. Pode ter sido assim em outras eras; velhas imagens do século XIX mostram os alunos, filhos de donos de engenhos de cana-de-açúcar ou de fazendas de café, a ostentar altas cartolas e bem talhadas bengalas, indispensáveis a quem cumpria o dever de propagandear sua superioridade de classe. Em nosso tempo a exigência do traje sobrevivia como um preceito da burocracia acadêmica.

Alguns talvez ainda caprichassem, enxergando nela uma promoção na tortuosa escalada de integração à vida adulta. Outros o fariam por já se identificarem como protoadvogados, faltando apenas o conhecimento das leis e uma afiada dialética para o desenvolvimento da argumentação. A regra geral, no entanto, era o descaso, em maior ou menor grau, para com o bom estado do terno, a adequada combinação entre paletó e calça, quando independentes um da outra, ou a escolha de camisa que não brigasse com a cor da gravata. Era corrente o improviso, como o do blusão de couro sobre a calça jeans de um colega que vim a conhecer já na faculdade e se tornou nosso amigo. Ao enrolar no pescoço uma gravata, ele se garantia.

Do edifício antigo, a relíquia que sobrou foi um túmulo, em torno do qual, para não o desfigurar, foi recortado um pequeno pátio, independente do pátio principal, no edifício novo. O túmulo, encimado por um obelisco e cercado de pequenas colunas em formato do bispo do jogo de xadrez, abriga os restos de Júlio Frank, alemão que foi professor nos primeiros anos da faculdade. Frank entrou para a sua história e para a sua lenda ao transplantar do país natal para nosso agreste meio a instituição da Burschenschaft, sociedade secreta destinada a reunir os alunos mais promissores, ou pelo menos os de imaginação mais suscetível ao feitiço das conspirações e das cabalas. Ao morrer, em 1841, Frank, sendo protestante, não pôde ser sepultado nem nas igrejas, onde era mais habitual fazê-lo, nem no cemitério dos Aflitos, o único da cidade, supervisionado pelas autoridades católicas. Daí que a faculdade, por pressão dos alunos, acabasse por emprestar-lhe um trecho de seu solo para o repouso eterno.

A existência de um túmulo, e ainda mais aquele túmulo, solene como o de um herói da pátria numa abadia inglesa, e implantado num recôndito recanto, é uma das maiores surpresas que aguarda o calouro na faculdade. Gostei daquele recanto, propício ao recolhimento em meio ao bulício das horas de intervalo entre as aulas. A Burschenschaft, reduzida ao apelido algo derrisório de "Bucha", ao que consta ainda existia; não posso jurar porque nunca me convidaram a participar dela, nem encontrei alguém capaz de quebrar o juramento de jamais confessar-se seu integrante. Tanto a Bucha como o túmulo faziam parte da "tradição" que se era convidado a respirar naquele ambiente, e ainda havia mais: o culto ao "território livre do largo de São Francisco", uma suposta imunidade da faculdade e de seu entorno contra interferências externas, as repressivas em especial.

As eventuais intenções de austeridade e altivez chocavam-se na sala de aula com o apelo sempre sedutor, quase sempre irresistível, da corrupção. A coleta de assinaturas nos livros de presença era realizada por dois bedéis, um iniciando o percurso no fundo da sala e o outro na frente. Ao correr as fileiras, recebiam não só assinatura mas dinheiro, escorregado em suas mãos ou enfiado nos bolsos, mais ou menos discretamente. Era prática amplamente compartilhada e sem provocar reação do mestre lá em cima do tablado, ou seja lá de quem fosse, um aluno assinar por outro, ausente, ou por outros, às vezes até vários outros, mediante pagamento. A contingência de assinar por vários outros obrigava o bedel a ficar em frente ao aluno durante um tempo desarrazoado, de pé, parado, o grosso livro aberto nas mãos, enquanto o "cliente" se dava ao trabalho de preencher os vários espaços correspondentes com as assinaturas sob seus cuidados; nem assim alguém, a começar do mestre, se importaria em investigar o que ocorria.

O intercâmbio entre bedéis corruptos e alunos corruptores configurava um padrão consolidado da vida sob as arcadas, cultivado com tanta certeza de impunidade que aos corruptores não se exigia cópia nem aproximada da assinatura a ser falsificada; podia ser qualquer rabisco; ninguém jamais iria conferir. Os bedéis ofereciam modalidades de pagamento que variavam do diário ao semanal e ao mensal. Utilizei-me com largueza do expediente, nas diferentes modalidades, em proveito seja próprio, seja dos amigos mais próximos. Em proveito próprio, foi-me útil em especial a partir do segundo ano, quando comecei a trabalhar; era uma facilidade que tornava o trem de vida mais flexível. A falsificação do livro de presença também se inscrevia na tradição acadêmica. Sua existência não causava sobressalto capaz de estremecer o túmulo de Júlio Frank.

Respirava-se na faculdade o clima de feroz luta política no país. A esquerda mantinha o poder no Centro Acadêmico XI de Agosto; alinhava-se com o governo Goulart e sua campanha pelas reformas. Não era menos organizada e barulhenta a minoria de estudantes reunida em torno da luta "contra o comunismo", cujo maior herói no plano nacional era o governador do estado da Guanabara, Carlos Lacerda. Este não tinha vez na programação de eventos do XI de Agosto, mas estrelas do governo e políticos afins eram convidados a dar palestras aos estudantes. Foi assim que uma noite recebemos com entusiasmo o governador de Pernambuco, Miguel Arraes, no Salão Nobre do prédio. Tão repleto estava o piso inferior que eu e meus amigos só conseguimos lugar nos balcões superiores, e mesmo assim tivemos de nos ajeitar de pé. Arraes não se identificava com Goulart, mas era um dos líderes da esquerda; rivalizava com Leonel Brizola, ex-governador do Rio Grande do Sul, na condição de líderes desse campo independentes do governo federal.

O ambiente era de euforia, a vitória parecia ao alcance da mão. Como pensar o contrário se tanta gente boa reunia-se com o mesmo propósito, se tanto fervor embalava nossa brava juventude? Cantava-se: "Arraes, Arraes/ Vamos fazer revolução/ Nosso líder é você, Arraes/ Nossa arma a união". Quase escrevi "cantávamos", mas preferi "cantava-se" porque apenas entreabrir os lábios, ou sussurrar algumas sílabas, deve ter sido minha opção, como tantas outras vezes em ocasiões similares. Participar de coros nunca foi o meu forte. Sei que é um grave defeito, revela egoísmo, falta de solidariedade e de comunhão com o semelhante, mas que fazer? Sofro do mal, ao que eu saiba ainda não merecedor de um nome da parte dos estudiosos das patologias humanas, da voz travada ao coro das multidões. Envergonhado, confesso: nunca consegui, nos estádios, aderir ao coro da torcida do meu time. Constrangem-me até coro de parabéns e de pique-pique, sem falar de cantoria do Hino Nacional. Sou portador da síndrome da relutância em aderir às explosões das turbas exteriorizadas na modalidade sonora. Mesmo mudo, no entanto, sou capaz de emocionar-me até as lágrimas, seja com o coro por uma causa, seja com o Hino Nacional numa vitória em olimpíada. Não foi diferente naquele dia. "Arraes, Arraes/ Vamos fazer revolução..."

Hoje o "vamos fazer revolução", com a simplicidade de quem convida a um fim de semana na praia, soa tão delirante quanto "vamos fazer um passeio à Lua", mas espelhava a febre de uma geração. Naquela noite saímos com a convicção de que, irmanados, determinados, fortes, havíamos cumprido mais uma etapa, rumo a um vitorioso desfecho. Que desfecho? Tínhamos, naquele ominoso mês de março, um país encalacrado entre duas forças que, no limite de exasperação, não tinham mais como recuar; era matar ou morrer. O *Estadão*, para minha irritação, chamava as forças em confronto de "democratas" (a direita) e "totalitários" (a esquerda). No dia 13, Jango estrelou o Comício da Central do Brasil, que reuniu uma massa de políticos, sindicalistas e estudantes no Rio de Janeiro. No dia 19, massa ainda maior realizou em São Paulo a passeata entre a praça da República e a praça da Sé a que se deu o nome de "Marcha da Família com Deus pela Liberdade". Ríamos, no Chic Chá, da hipócrita coligação entre a carolice, a hipocrisia de governadores com longa folha corrida nos anais da corrupção, como o paulista Ademar de Barros, e os detentores da riqueza nacional, mas o sucesso da passeata era mau sinal. Valentim provocava o Romeu, o dono do bar: "Acho que era você que eu vi numa foto da marcha, com um terço na mão, não era?". Romeu respondia, com um olhar enviesado: "Você vai ver no que vai dar isso...".

Não havia mais espaço para a política parlamentar. Descia-se para o embate das manifestações nas ruas, só poucos graus acima, em som e fúria, do combate armado. Fazia-se evidente que estava próximo o "desfecho". E o que queria dizer "desfecho", na circunstância, era golpe; a dúvida era saber qual lado teria força e coragem bastantes para dar o primeiro passo. No embalo do entusiasmo que se seguiu ao comício da Central, o XI de Agosto convidou João Pinheiro Neto, responsável pela Superintendência da Reforma Agrária (Supra), para uma palestra na faculdade, no dia 16. Como titular do órgão encarregado da mais alardeada das "reformas de base", a mais execrada pela oposição, Pinheiro Neto estava no olho do furacão. Ao chegar à faculdade, um piquete de estudantes direitistas barrou-lhe a entrada. Os estudantes adversários reagiram e seguiu-se uma pancadaria ainda mais animada — e dolorida — quando chegou a polícia. Frustrou-se a aguardada palestra, e ainda por cima a polícia, a mando do governador Ademar de Barros, continuou a ocupar nos dias seguintes o largo de São Francisco. De uma só cajadada intimidava-se a militância em favor do governo federal e desacreditava-se o mito do "território livre".

Não fui à faculdade nessa noite; Valentim foi e me narrou o medo que lhe deram as bombas da polícia. Fugiu correndo e teve o paletó rasgado quando um dos fortões da direita tentou agarrá-lo. Para Valentim, que já deparara com o sujeito nos corredores da faculdade, tratava-se de um militante do CCC, Comando de Caça aos Comunistas, grupo violento surgido entre estudantes da São Francisco e do Mackenzie. Até barulho de disparo de metralhadora ouviu-se. No dia seguinte o convidado era o ministro da Justiça, Abelardo Jurema, e dessa vez eu fui. O largo de São Francisco continuava ocupado pela polícia, que bloqueava a entrada principal da faculdade, e o ingresso se fez pelos fundos, na rua Riachuelo. Para entrar tinha-se de mostrar documento e ser submetido a revista por uma tropa do XI de Agosto. Temiam-se os infiltrados, e tentava-se evitar a repetição do sururu do dia anterior. A noite foi calma, no entanto; o palestrante, um dos mais inflamados propagandistas das bandeiras janguistas, houve por bem comportar-se como técnico e exceto no final, quando lançou uns tantos brados para animar a plateia, limitou-se ao tema das reformas dos códigos, a "reforma de base" de sua jurisdição.

Os dias seguintes foram de greve na faculdade, em protesto pela presença da polícia no largo de São Francisco. Com greve ou sem greve, aqueles eram dias de improvável aproveitamento nos estudos. De minha parte, aquelas primeiras semanas de ano letivo haviam sido mais de faltas do que de presença nas aulas. Vivia uma fase de "espírito em férias", de relaxamento e despreocupação com os estudos, depois do ano de ansiedades que fora o do vestibular.

Quando comparecia, um dos prazeres era, ao fim das aulas, lá pelo meio-dia, ir com os amigos ao Carvalho, dono de uma bodega sem mesas que oferecia sucos e batidas, na rua São Bento. Lá, de pé, junto ao balcão de mármore, ou na calçada, quando já lotado o exíguo espaço, nos entupíamos das batidas, oferecidas em diferentes sabores. Em seguida era tomar o ônibus na praça do Patriarca, almoçar e, vencido pelo álcool, deitar e dormir um bom par de horas.

O espírito em férias se fez sentir também nas relações com meu pai. O ambiente no país seria propício a novas rodadas de enfrentamento, mas em casa reinava a trégua, sem provocações de minha parte e com meu pai rendido ao orgulho pelo filho estudante de direito. Assistimos juntos ao pronunciamento em que o governador Ademar de Barros disse na TV — seria na ocasião do comício da Central ou talvez já em dias bem próximos ao golpe — que os paulistas podiam ficar sossegados. "Eu, da minha parte, dormirei tranquilo. Já borrifei de água benta o Palácio dos Campos Elíseos e conto com a proteção de Nossa Senhora Aparecida." A água benta, informou a pândega personagem, destinada a formar com os governadores de Minas e da Guanabara o trio da articulação civil do golpe, nunca lhe faltava. "Quando vou a Aparecida, trago-a em galões." Ri da história da água benta em galões; meu pai, que fora ademarista mas não era mais, sorriu. Ademar de Barros era, no perfil corpulento, com destaque para uma barriga em permanente conflito com as calças, e na voz anasalada, feita de encomenda para facilitar a vida dos imitadores em programas de rádio, o político latino-americano da caricatura. Tinha uma amante à qual atribuiu o apelido de dr. Rui: era o nome com que ele a identificava ao lhe mandar recados e com o qual ela lhe respondia. Na Marcha da Família com Deus pela Liberdade, puxou a fila, ar contrito, um rosário na mão. Somoza não faria melhor, na Nicarágua, nem Trujillo na República Dominicana.

Se eram dias de distância dos estudos, o mesmo não ocorria na produção poética. Cumprido o sono da tarde, e antes da saída, à noite, para o Chic Chá, o cinema, o teatro ou algum evento político, eu fazia como Bilac recomenda aos poetas, no soneto que aprendi com o velho professor Sales: "trabalha, e teima, e lima, e sofre, e sua". Um dos produtos do período que iria até o fim da faculdade começava assim:

Uma ave, se abatida em pleno voo,
no espaço deixa um ângulo, cujo vértice,

é o instante em que se chocam ela e a bala;
cujos lados são a linha de seu voo
e o plano vertical de sua queda.

Cito esse poema, chamado "Ave e ângulo", porque ele seria publicado no Suplemento Literário de *O Estado de S. Paulo*, graças à intercessão de um amigo. Foi meu primeiro texto publicado — e logo um poema! —, para minha grande felicidade, enquanto durou (pouco). Mas não ouso transcrevê-lo todo porque a continuação é sofrível. Deu-se comigo caso inverso ao de Otto Lara Resende, que compôs um inspirado decassílabo, para fecho de ouro de um soneto — "E entrego o corpo lasso à cama fria" — mas nunca foi capaz de preencher os outros treze versos. Posso me vangloriar da dupla vantagem de 1) pelo menos ter começado meu poema do começo e 2) ter composto não um solitário verso, e sim uma estrofe inteira, mas o fato é que, como Otto, empaquei. Ao longo dos anos, até bem recentemente, tentei dar ao poema um final condizente com o começo, mas fracassei. Se a algum improvável leitor destas linhas ocorrer uma sugestão, "cartas para a redação", como se dizia na imprensa de outrora.

Dia 29 de março foi domingo de Páscoa. Não estou seguro se a essa época ainda mantínhamos o costume de passar a data, assim como o Natal, com a família materna, na casa dos pais do primo Antônio, na avenida Pompeia. Durante toda a minha infância e adolescência foi assim. As pessoas iam chegando e diziam umas às outras: "Feliz Páscoa". Tenho diante de mim a imagem de tia Donatela a despontar ao lado de tio Luís, ela mais alta do que ele, e nos cumprimentar com o "Feliz Páscoa". Ela nunca falhava. Na infância da minha mãe, à comemoração da Páscoa seguia-se, na tradição italiana, a da Pascoela, no domingo seguinte. Creio que dizer "Feliz Pascoela" era então dispensável, mas, se fosse o caso, que diferença! Sete dias depois o país era outro; inversos se mostravam os humores, remendados os projetos e as fantasias.

Na segunda-feira, 30, desocupado o largo de São Francisco e encerrada a greve dos estudantes, houve aulas, mas aulas dentro do possível, tantas eram a boataria e o nervosismo reinantes. No Rio de Janeiro as coisas ferviam. Os sargentos da Marinha, em greve, encenavam aquele que viria a ser o último mafuá do atormentado governo Goulart. No dia seguinte, 31, notícias de movimentos de tropas em Minas Gerais somavam-se ao exótico boato de que o governo estadual, comandado pelo banqueiro Magalhães Pinto, portador de uma calva lustrosa como a lua cheia e eternizado, para ficar nos fenômenos celestes, pela imagem de que a política é como as nuvens (num momento mostra-se de um jeito, no momento seguinte de outro), declarara sua independência. Deixava de obedecer ao governo da União. À noite já não havia dúvidas de que algo se movia nos quartéis, mas para nós, no Chic Chá, as nuvens continuavam em movimento e a parada não estava decidida. Apostava-se na resistência do comandante do II Exército (a unidade estacionada em São Paulo), general Amaury Kruel, que fora ministro da Guerra de Jango e com quem, dizia-se, mantinha uma amizade pessoal.

Naqueles dias inaugurava-se entre os brasileiros interessados em política o que viria a ser uma prática obrigatória, nas semanas, meses e anos seguintes: conhecer o nome dos generais e tentar adivinhar-lhes as tendências. Fomos dormir naquela noite com as esperanças penduradas em Kruel, descrito, senão como leal a Jango, pelo menos como um "oficial legalista", mas amanhecemos no dia seguinte com a notícia de que o "legalista" aderira aos revoltosos. Ao meu pai, o primeiro a levantar-se na casa, cabia acordar-me para ir à escola. Ao entreabrir a porta de meu quarto, naquela quinta-feira, informou: "Acabou, está tudo resolvido, tudo encerrado". Não o fez com um sorriso, vivíamos uma fase de respeitosa paz, mas em tom em que se percebia o alívio do espectador de filme ao deparar com o desfecho para o qual torcera. Não precisei de mais nada para entender de que lado se tinha dado o desfecho. Saberia pelo rádio, no café da manhã, que Jango fugira e o Congresso o declarara deposto durante a madrugada.

Os franceses chamam de "Journée des dupes" — "Jornada dos otários" — o episódio em que a rainha-mãe, Maria de Médicis, é derrotada pelas manhas do cardeal Richelieu. Quem acreditou em João Goulart em março de 1964 embarcou na versão brasileira de jornada dos otários. Em nenhum dos momentos em que poderia ter reagido com firmeza contra a sanha dos adversários ele o fez. O famoso "dispositivo militar", que o garantiria contra o levante armado, desmoronou, em boa medida, por sua irresolução. As horas finais foram patéticas, o presidente a fugir do Rio de Janeiro a Brasília, de lá a Porto Alegre, de Porto Alegre a suas fazendas na fronteira, e enfim ao Uruguai. Dileto filho político de Getúlio Vargas, nas últimas semanas tinha à frente, como Hamlet, o fantasma do pai. Março de 1964 repetia agosto de 1954, o mês mais trágico de sua vida. O cerco se fechava contra ele como se fechou contra a figura paterna putativa, dez anos antes. O pai rompeu-o com o ardil extremo do suicídio, e Jango leu sua "carta-testamento" à beira do túmulo, desabando em seguida em choro convulso sobre o caixão.

Que lhe dizia agora o fantasma do pai? A ninguém é lícito, nem a um fantasma, exigir suicídio. Mas rogar uma saída com honra, isso pode, e é até o mínimo que se exige. Os relatos, nos anos seguintes, dão conta de uma figura paralisada como o príncipe da Dinamarca, de feições transtornadas, a ingerir seguidas pílulas de Pervitin, a "bolinha" milagrosa da época, para aguentar o tranco. A única decisão que tomou, a de marcar presença na assembleia dos sargentos rebelados na Marinha, no dia 30, em solidariedade aos grevistas, selou sua sorte. Em nome da preservação da ordem e da hierarquia, os militares ainda recalcitrantes aderiram ao golpe. Quem naquele dia gritou "Manda a brasa, presidente", brado mais invocado nas manifestações pelas reformas de base, garantiu lugar de honra no trem dos otários. Jango não imitou o adorado pai no gesto do suicídio; preferiu suicidar seu governo.

Na tarde da quinta-feira Teodoro veio me apanhar em casa para uma circulada pela cidade em seu Dauphine branco (ou seria cinza-claro?), o qual tinha como marca registrada o exterior encardido e o banco traseiro entupido de papéis e livros. Os relatos eram de que o presidente do XI de Agosto estava sumido e os estudantes de direita haviam tomado suas instalações. Falava-se de prisões e buscas em endereços ligados à esquerda. Logo que despontei no portão, Teodoro me fez com os dedos gestos de "Não, não". Não o quê? Aproximei-me e, antes que entrasse no carro, ele ordenou, de seu posto ao volante:

— Vai trocar essa blusa! Você não sabe como a coisa está por aí...

Eu vestia uma blusa vermelha; não me dera conta, na minha inocência, de que na nova ordem essa cor estava proibida.

Não sei se em fins de 1964 ou inícios de 1965, eu e Teodoro fomos ao encontro de "Sergei", aluno dos últimos anos da faculdade, ou talvez até já formado, mas que continuava a frequentar suas instalações para reuniões políticas e a caça de novos talentos entre os alunos recém-admitidos. Sergei era o apelido que lhe dávamos; o nome era Sérgio; militante do Partido Comunista

Brasileiro, incluiu-nos entre os novos talentos a atrair o seu faro. O encontro foi num botequim do largo de Santa Cecília e a certa altura a conversa recaiu sobre Shakespeare. Sergei acabava de dizer que não existe essa coisa de natureza humana, de atributos universais e imutáveis na marcha da humanidade. Não existe homem fora da história — fora dos constrangimentos econômicos, sociais e políticos que o cercam. Mas então, objetei, como explicar que as peças de Shakespeare descrevam paixões humanas tal qual as percebemos até hoje? Teodoro me apoiou. Sergei usou o melhor de seu materialismo dialético e foi tão persuasivo que concordamos com um segundo encontro, agora na minha casa, ao qual Camilo também compareceu. Foi recebido na salinha da mesa de pernas cortadas.

Aderir ou não ao Partidão (nome que se prestava a intenções tanto carinhosas quanto depreciativas) ou similar na esquerda ("similar" é ironia: outras agremiações, quando não eram inimigas figadais da veneranda pioneira de matriz soviética, eram inimigas entre si) constituía-se em questão inescapável no ambiente universitário. O que era verdade para um jovem brasileiro nos anos 1960 era-o ainda mais, pelas circunstâncias históricas e tradições revolucionárias locais, para um jovem universitário francês, ao alvorecer dos anos 1950. Encontrei num livro de memórias do historiador Paul Veyne justificativas que cabem aos jovens brasileiros de minha geração. Ao jovem Veyne inquietavam as desigualdades sociais, mas não estava convencido de que a melhor receita para combatê-las fosse a do então poderoso Partido Comunista Francês. Ainda assim, ingressou no partido. Era uma questão "de bem ou de mal, de moral, de altruísmo", escreve Veyne. "Ter a carteira do PCF era participar da cruzada do meu tempo!", era ganhar o direito "de ser feliz com boa consciência", de aderir "ao lado certo, o dos futuros fuzilados". Eu participei das reuniões sabendo que, por múltiplas razões, não aderiria. Não acreditar na apregoada justa linha do partido, ele próprio sacudido pelo terremoto da denúncia do stalinismo promovida por Nikita Kruschev era uma delas. Submeter-se à sua estrita disciplina e obrigar-se cumprir as tarefas ditadas por seus hierarcas era outra. Acresce que acreditar na bem-aventurança do amor universal concomitante ao fim da história e à sociedade sem classes equivalia a voltar a embeber-se de fé religiosa, mal me livrara daquela que me atormentara na infância. Enfim havia os riscos de militar num partido de esquerda sob o regime repressor que se instalara no país, o que nos compelia a um cruel debate íntimo. Não militar seria fugir das responsabilidades históricas que se impunham. Ter medo, medo físico, medo de apanhar, de ser preso, de pôr a vida em risco, seria covardia.

Hoje acho de uma pretensão sem tamanho um pirralho recém-ingressado na faculdade atribuir-se responsabilidades históricas e muito compreensível que se tenha medo, medo físico, na carne, de um regime opressor. Na época a muitos de nós tanto o medo quanto a fuga às supostas responsabilidades provocavam vergonha, ainda mais que de todo lado nos chegavam notícias — umas seguras, outras especulativas — de amigos ou conhecidos que haviam feito a opção de enfrentar o regime. Se para mim e para Teodoro as reuniões com Sergei não resultaram em adesão, o mesmo não ocorreu com Camilo. Ele foi o primeiro de nós a se casar e também o primeiro, ao que me consta, a aderir a um partido de contestação ao regime. É coisa incongruente: o conformismo do casamento burguês combinado, ou descombinado, à aventura da militância clandestina contra o governo.

Numa noite de setembro de 1966, fizemos, eu e Teodoro, nossa primeira visita ao jovem casal. A casa era um primor de ordem e cuidados, tudo no seu devido lugar, os móveis sóbrios a atestar a adesão a uma paz doméstica conservadora, e o casal parecia, segundo anotei em diários que mantive na época, "absolutamente opiado pela situação conjugal". A certa altura Teodoro acomodou seus cem quilos sobre o sofá novinho em folha e provocou indignação da jovem esposa. "Olha quem está sentado em meu sofá, eu não tinha reparado ainda!" Teodoro movimentou os quadris, fazendo o sofá mexer levemente. "Aii!", protestou a dona da casa. "Mas ele está resistindo bem", disse Teodoro, a disfarçar o constrangimento, antes de, sem chamar muita atenção, abandonar o posto. Saímos todos juntos para jantar num restaurante. Entramos no elevador, a jovem esposa inclusive, mas não o jovem marido. "O Camilo não vai?", perguntei. "Vai sim", disse ela. "Acho que não", provocou Teodoro. O marido demorava, eu a segurar aberta a porta do elevador. "Acho que ele vai ficar", disse Teodoro. A esposa continuou a defender seu ponto de vista, mas já sem a mesma convicção. Logo ficou aliviada: Camilo demorara-se apenas para apanhar a carteira.

Conto essa história para ressaltar o paradoxo de o querido amigo comunista ser o mais apegado aos ritos familiares, mas não resisto a acrescentar o final que lhe emprestei, tal qual registrado no diário: "Por um lapso de tempo, achei que o Camilo demorara para dar um tiro na cabeça". Devia ter na lembrança o Steiner, de *A doce vida*, de Fellini, a personagem aparentemente tão serena, de vida tão regrada, tão dedicada à família, e que um dia mata a mulher e os filhos e se mata. Foi uma invocação descabida: o Camilo estava muito feliz e eu devia é estar com inveja dele. Permito-me avançar no tempo e registrar que esse meu amigo, ao longo da vida, teve mais três casamentos além desse, ele que até linhas atrás pintei como tão respeitoso às convenções burguesas. Se meu amigo figurasse numa ficção, seria considerado uma personagem complexa, não um simplório estereótipo.

Mil novecentos e sessenta e cinco foi o ano de meu ingresso na vida profissional. Primeiro houve uma tentativa falhada. Como eu queria trabalhar em jornal, meu pai lembrou que um de seus irmãos mais velhos tinha se aparentado pelo casamento com a família Mesquita, do jornal *O Estado de S. Paulo*. Meu tio, que era médico, dispôs-se a receber-me e lá fui eu encontrá-lo em seu consultório. Esse tio distinguia-se por uma simpatia contida e formal. Minha mãe contava que, quando menina, na rua Vitorino Carmilo, e ele já mocinho, ela e as amigas cruzavam a rua, ao vê-lo despontar, só para observá-lo tirar o chapéu para cumprimentá-las, com toda a cerimônia. Também gostava de contar casos de sua profissão. Um seu colega obstetra nunca falhava em adivinhar o sexo dos bebês das pacientes. Dizia a elas: "É menino, vou até anotar para não esquecer" — e anotava "menina", guardando o papel na gaveta sem mostrá-lo. Estava assim cercado dos dois lados.

O tio me recebeu envolvido no jaleco branco de trabalho e fez-me uma preleção sobre o *Estado* e a família Mesquita, ambos "intransigentemente democratas". Entendi. Minha fama de comunista, na alarmada família paterna, tornava-o cauteloso. Queria ao mesmo tempo convidar-me a ser mais razoável em minhas opções políticas e prevenir-se contra o vexame de recomendar um comunista ao venerando diretor de jornal. Passava longe do conhecimento do bom tio a existência de numerosos comunistas naquela redação, inclusive na equipe que redigia os editoriais ("Se me mandam escrever sobre Jesus Cristo, eu pergunto se é a favor ou contra", dizia um deles), e com pleno conhecimento do chefe, até sob sua proteção ("Não se metam com meus comunistas!", dizia-se que ele dizia).

O tio fez a intermediação e o passo seguinte foi me apresentar à redação do jornal, no belo prédio da esquina entre as ruas Major Quedinho e Consolação, com painel de Di Cavalcanti e um letreiro que estampava as notícias do dia na fachada. Tinha agora à minha frente ninguém menos do que o dr. Júlio de Mesquita Filho, que, sem perder tempo, depois de cordial menção a meu tio, conduziu-me ao secretário de redação, a terceira maior autoridade da operação jornalística da empresa, a quem incumbiu de ouvir meu pleito. O secretário me disse que na redação não havia vaga, talvez houvesse na revisão, e anotou meu nome e telefone. A gestão não deu em nada e compreendi que não poderia ser diferente ao deparar com uma história do imperador Francisco José, da Áustria. Certa vez o imperador foi procurado por uma senhora que queria livrar o filho de prestar o serviço militar. "Hummm", disse o imperador, embaraçado. Hesitou, deu tratos à bola, travou. Enfim perguntou: "A senhora não conhece um sargento?". Assim na Áustria, assim na redação dos jornais; um sargento, ou mesmo um soldado, na redação, poderiam ser mais úteis — e fui procurar logo o general!

Eu queria trabalhar em jornal, mas acabei me contentando com uma rádio. Nossa família era amiga da família de um alto funcionário da rádio Bandeirantes; não se tratava de um imperador, nem de um general — digamos um coronel, e dessa vez funcionou. Eis-me integrado aos Titulares da Notícia, nome da equipe jornalística da emissora, cujos boletins, dos quais passei a ser um dos redatores, abriam-se com uma gravação do raro canto do uirapuru, a remeter-nos aos mistérios das profundezas amazônicas. "O canto do uirapuru exige... [pausa]... si-lên-cio", dizia o locutor, com gravidade. Seguia-se o estrondo de uma banda marcial — e estávamos no ar. Não completou um ano minha permanência na Bandeirantes: não era bem o que eu queria, e saí alegando que ia me concentrar nos estudos para o exame do Itamaraty.

A diplomacia continuava entre minhas cogitações. Nesse mesmo ano de 1965, numa viagem ao Rio de Janeiro, incluí uma visita ao cursinho de preparação ao vestibular do Instituto Rio Branco, em busca de informações. Honório me acompanhou, na que se constituiu em minha segunda viagem de avião (sim, minhas netas, não fui como vocês, que voaram desde bebês) — a primeira havia sido a Salvador, em julho de 1963, para visitar as amigas baianas. No aeroporto de Congonhas, à espera do embarque e embalado pelo clima cosmopolita de chegadas e partidas, disse ao Honório que gostaria de abraçar um "ofício ou bazar" de que as viagens fizessem parte. Ora, esse "ofício ou bazar" (a citação é de João Cabral de Melo Neto, *Morte e vida severina*) podia ser a diplomacia. No cursinho que visitamos no Rio apanhei diversos materiais impressos, inclusive a cópia das provas a que os candidatos se haviam submetido o ano anterior. Lembro-me do tema da redação em francês: "*Le diplomate est un homme cultivé*". Muito chique e estimulante.

Nas idas ao Rio, essa como outras naqueles anos, eu tinha acesso a um mundo que me fascinava, mais criativo e estimulante do que em São Paulo. A cidade deixara de ser a capital nacional, mas ainda exercia a sedução de centro do que ocorria de mais interessante e relevante no país. No Rio nasceram a Bossa Nova e o Cinema Novo. A cidade reunia os principais escritores do país, e nela eram editados os jornais mais influentes e mais bem-feitos, o *Jornal do Brasil*, o *Correio da Manhã*, a *Última Hora*. Mais um pouco e surgiria o *Pasquim*. O Rio era a capital daquele clima de vigoroso, entusiasmado e até festivo desafio à nova ordem das coisas que caracterizou a fase inicial da ditadura.

Nessa viagem com Honório ficamos hospedados no apartamento de um seu conterrâneo de São José do Rio Preto, ora fazendo faculdade na ex-capital federal. Tocamos a campainha e nos recepcionou não o rosto do morador e sim uma perna — uma perna a esticar-se, nua, pelo vão da porta entreaberta, como perna de vedete de teatro de revista a insinuar-se entre as cortinas, só que com ossatura rija e saliente, tendente ao retilíneo e eivada de pilosidade, a denunciar, sem possibilidade de erro, o pertencimento a indivíduo do sexo masculino. Aquela solitária perna teve em mim o efeito de cartão de apresentação do Delcinho, o amigo do Honório que a partir daquele momento seria também meu amigo. Com tal manobra ele indicava encontrar-se em companhia de uma dama, envolvido em atividade de natureza íntima, e que portanto fizéssemos o favor de dar algumas voltas no quarteirão e retornar mais tarde.

Nos dias seguintes o Delcinho nos guiaria ao Beco das Garrafas e ao Zicartola, lugares para ouvir o melhor da música popular brasileira, e, dizendo-se um precoce "saudosista", também ao Maracanã. para assistir ao jogo comemorativo dos 25 anos da final da Copa do Mundo de 1950, estrelado pelos mesmos jogadores brasileiros e uruguaios do confronto original. As atrações do Rio deixavam São Paulo longe. Em outra viagem, ainda na companhia do Delcinho e do Honório, assistiríamos a uma representação a céu aberto de *Memórias de um sargento de milícias* no condizente cenário do largo do Boticário. A poucos metros de nós, na arquibancada improvisada, sentava-se o adaptador da obra para o teatro, Millôr Fernandes.

Certo dia o Honório, que trabalhava na rádio Eldorado como um de seus sóbrios locutores, me falou de uma vaga na redação e perguntou se ela me interessava. A Eldorado, do grupo do *O Estado de S. Paulo*, era o oposto da Bandeirantes; tão discreta quanto a outra era espalhafatosa, com lugar para a música clássica e sem lugar para os jingles (os locutores liam os anúncios no mesmo tom suave com que apresentavam as atrações musicais e liam as notícias). Fiquei na Eldorado pelo restante da faculdade e um pouco além, e de lá saí para a imprensa escrita. Estava determinado — *alea jacta est* — meu destino no jornalismo, às custas da alternativa Itamaraty. E assim morreu mais uma das possibilidades que, enquanto a bala estava guardada no revólver, "miúda pérola na concha, uterina", ainda se abriam à minha frente — a de me fazer um Rio Branco redivivo, no exercício das artes e artimanhas diplomáticas ou, melhor ainda, ganhar vivências e horas vagas que me permitiriam construir obra equiparável à de um João Cabral, quem sabe até a de um Guimarães Rosa.

15. Uma caneta e um porta-moedas

Uma caneta, um porta-moedas: meus avôs. Guardo-os na mesma gaveta. A caneta pertenceu a meu avô paterno, o tabelião; é dourada, da prestigiosa marca Sheaffer's (*made in USA*) e tem gravadas as iniciais dele e uma data: "18-2-1958". É caneta-tinteiro; as vulgares canetas esferográficas mal faziam sua entrada no mercado, à época, e mesmo que já disponíveis não seriam dignas de meu avô. Não ornariam com a liturgia da prodigiosa assinatura que reconhece e dá fé. Meu avô deve tê-la ganhado de presente (talvez dos funcionários, é típico presente de funcionários), ninguém se abalaria a gravar nome e data numa caneta adquirida por iniciativa própria. Meu avô tinha então 77 anos e usou pouco a caneta: morreria em novembro daquele ano, um mês antes de completar 78. A caneta-tinteiro foi a sucessora da pena que precisava ser molhada na tinta a cada breve intervalo. Com um reservatório de tinta embutido em seu bojo, ela veio a superar esse incômodo. Meu avô deve ter usado, aliás, só pode ter usado a pena, nos primeiros anos de carreira. Eu nunca a usei, mas no curso primário ocupávamos carteiras que ainda ostentavam na superfície um orifício redondo, para encaixe do tinteiro. Quem me deu a Sheaffer's foi um primo distante, cujo pai também trabalhara no cartório. O primo achou que, mais do que ele, um sobrinho-neto, eu, sendo neto, merecia ficar com a relíquia. Sou-lhe grato e aqui o registro para o caso de um dia ele vir a pousar os olhos nestas linhas.

O porta-moedas, uma das mais modestas peças de carregar no bolso, irmã pobre da carteira de dinheiro, indica, em face da Sheaffer's, a distância entre um avô e outro. Mas talvez tenha representado para meu avô algo mais do que uma ninharia utilitária, pois é *"made in Italy"*. A peça continua sendo modesta, até vulgar em seu material que imita o couro, mas carregar no bolso um artigo produzido por mãos italianas pode, para alguém desterrado da Itália aos sete anos para nunca mais voltar, causar algum fiapo de emoção. O porta-moedas é do tipo que se abre em dois: um compartimento onde ficam recolhidas as moedas, escondidas, e outro para onde escorregam, expondo--se, na hora de escolher qual ou quais utilizar. Muito simples, engenhoso e prático. Eu apostaria que lhe foi trazido da Itália por tia Donatela, a única das filhas que viajava. A mim, quem o repassou, anos depois da morte do avô, foi tia Elisa, a mais boazinha, mais carinhosa e mais ingênua das tias. "Você quer? Foi do vovô", me disse ela, com o objeto na mão. Respondi que sim, apanhei-o, examinei uma face e outra, seu interior e seu exterior, e comentei: "Não vou usar nunca!". "Não!?", espantou-se a tia; ela era fácil de se espantar. Achou que eu o tivesse julgado feio, brega, ou de alguma forma indigno de ser exibido. Seus olhinhos, a fitar-me lá de baixo — ela era muito baixinha —, procuravam elucidar a contradição: se ele quis ficar com o porta-moedas, por que não usá-lo? Respondi: "Para não estragá-lo, nem perdê-lo". Ela sorriu e fez um carinho em meu rosto, doce tia.

Começo pelos avôs porque este será o último capítulo deste livro. No fim é sempre bom voltar ao começo. *"In my beginning is my end/* [...] *In my end is my beginning"*, escreveu o poeta Eliot. Não que se trate de meu fim, espero ardentemente que não, mas o fim de umas páginas de memórias que pretendem se ater aos anos de formação. Escolhi 1968, ano emblemático para o Brasil, para o mundo e para minha história pessoal, para encerrá-las. Um dos meus avôs, o tabelião, morreu dez anos antes, aos 78 anos, e o outro, o marceneiro, dez anos depois, aos 96. Dou-me conta de uma inesperada simetria, entre os dez anos antes e os dez anos depois, e vejo aí mais uma razão para me apresentar escoltado pela dupla de avôs, um com a caneta Sheaffer's, o outro com o porta-moedas.

O 1968 de que falarei é em sentido lato; ou, por outra, um 1968 "bitola larga", como ouvi de um colecionador de livros sobre a Revolução de 1930, a justificar o critério de que se valeu, abrangendo períodos e temas em aparência distantes do evento central. Um livro famoso chamou 1968 de "o ano que não terminou". Vou além e acrescento que foi também o ano que não começou.

Quer dizer, não começou na data indicada no calendário, nem começou para todos no mesmo dia, mês e ano. Num conhecido poema, o inglês Philip Larkin escreveu: "O intercurso sexual começou/ em mil novecentos de sessenta e três/ (consideravelmente tarde para mim)/ entre o fim da censura a Lady Chatterley/ e o primeiro LP dos Beatles". Era o 1968 dele que nascia, cinco anos antes do calendário.

Meu 1968 pode ter começado em 1965, na estreia do show *Opinião* em São Paulo, ou num encontro ocorrido na Semana Santa de 1967 no átrio da igreja do Carmo, em Ouro Preto. O show *Opinião* integrou a catarse libertadora que paradoxalmente floresceu nos primeiros anos após o golpe de 1964. Como éramos felizes em contestar a arbitrariedade e a violência e exaltar o justo e o bom, a um tempo em que a ditadura, envergonhada de si mesma (como diz o título de outro livro famoso), não havia ainda afiado as garras. Numa certa noite vi-me a dar carona no meu Fusca, do Chic Chá a um hotel do centro, a uma trupe que incluía Maria Bethânia, a adolescente que com voz de heroico clamor na escuridão, insolente nariz e maravilhosa raiva, instigava o carcará a pegar-matar-comer. Como éramos poderosos, como arrastávamos ao ridículo os milicos usurpadores, e como nos sentíamos irmanados, artistas e plateia, nas noites insurretas do Teatro de Arena! No átrio da igreja do Carmo começou para mim a revelação, similar à de Philip Larkin, de que o intercurso sexual havia sido inaugurado. E assim percorri duas vertentes, a da contestação política e a da libertação sexual, de que 1968 é símbolo.

Preciso ir devagar. Há muitas espécies de 1968 e a minha não é a mais desabrida, tem os freios da timidez e da continência. Fiquei na inveja dos amigos que moravam numa comunidade e tinham como parceira uma futura famosa atriz que atravessava a casa nua para ir ao chuveiro. Também passou longe de minha garoazinha a exuberância de conhecidos que, por tocar violão, liderar passeatas estudantis ou possuir reservas de sobra de autoconfiança, mal conseguiam dar conta da chuva de namoradas. Mas tive meu quinhão, e a Semana Santa de 1967 em Ouro Preto, com meu primo Tomás, merece ser lembrada para prová-lo. Na manhã em que fomos visitar a igreja do Carmo, eu e o primo conhecemos duas meninas, a morena Neca e a loura Betina. De onde vocês são? São Paulo. Ah, nós também. As meninas saíam da igreja, nós chegávamos, a conversa engrenou e elas concordaram em entrar de novo para nos acompanhar.

Neca se formara em biologia pela USP, parecia séria e compenetrada e tinha dois anos a mais do que eu. Enquanto circulávamos entre as talhas do Aleijadinho e os azulejos portugueses, encaixamos, eu com a Neca e o primo com a Betina. Neca me contou de aulas que estava dando numa escola das Perdizes. "Eu moro lá", disse eu. "E eu em Pinheiros, perto da rua Fradique Coutinho." Neca falava pouco e tinha um olhar triste, mas ao sair da igreja abriu um bonito sorriso de reencontro com o sol, que me invadiu e me iluminou; sugeri que nos sentássemos na escadaria em frente para continuar a conversa. Disse a ela que estudava direito e trabalhava numa rádio, mas que o que queria mesmo era ser escritor. Na escadaria continuávamos a formar os mesmos pares, eu com Neca, o primo com Betina, até nos despedir e combinar novo encontro à noite, na praça Tiradentes.

Dessa noite me ficaram duas coisas, uma secundária, outra principal. A secundária era a cantoria de uma mesa três ou quatro distante da nossa, de uma estudantada que entoou de Noel e Ary Barroso a Tom Jobim e Carlos Lira. A música popular brasileira de diversas eras conhecia o que era um inesperado apogeu, no contexto de um mundo tomado pela febre dos Beatles e do rock. Havia um substrato político no fenômeno; a música brasileira resgatava a alma do país enquanto o rock representava o imperialismo, o colonialismo e o "entreguismo". Está claro que o fenômeno tinha seus pilares na esquerda. Dois anos antes, numa cantoria semelhante em Paraty — as cidades históricas ofereciam adequado cenário para expansões nacional-musicais —, eu tivera a surpresa de ouvir um refrão inventado por meu amigo Honório: "Todo país tem o seu osso/ Nós temos presidente sem pescoço". O presidente sem pescoço, informo a quem não está familiarizado com o período, era Castello Branco.

A versão brasileira do rock, abrigada no movimento chamado Jovem Guarda, merecia tratamento implacável. Era alienação em estado puro, e portanto conveniente ao regime, enquanto a música brasileira, mesmo nas letras mais líricas, mais inofensivas, representava a resistência. As cantorias, por toda parte, tinham em comum se adensarem com novas adesões e ganharem volume quando alguém puxava uma marcha-rancho. "Já vem raiando a madrugada/ Acorda, que lindo", cantavam agora nossos vizinhos. "Parece que a marcha-rancho tem algo a mais", disse eu. "Irmana mais, exalta mais os brasileiros." Neca opinou que seria por causa do andamento lento e bem marcado. "Mas também depende do momento", acrescentou. "Marcha-rancho é para cantar

234

todo mundo sentado e comportado. Quando todo mundo está bêbado, é a vez das marchinhas de carnaval."

Mais um pouco e a animada mesa vizinha atacou "As pastorinhas", as imbatíveis pastorinhas, em qualquer cantoria que se preze. O primo e Betina tinham se retirado para dar uma circulada pela praça, eu aproveitei o ensejo e dei um beijo na boca da pastora morena, da cor de Madalena, que tinha ao meu lado — e que boa surpresa, que beijo, com que sofreguidão, arfante e gulosa, ela retribuiu. Meses antes eu tivera um caso com uma loura que ao beijar não abria a boca e, não bastasse, balançava a cabeça, ao esfregar os lábios nos meus, como num exercício para fortalecer os músculos da boca. Trocamos outros beijos naquela noite, nos apertamos e nos esfregamos junto à porta do hotel delas, e, ao nos despedir, combinamos de na volta a São Paulo dar carona às moças no carro do primo.

Com Neca eu tive, aos 22 anos ("consideravelmente tarde para mim"), a evidência prática, inequívoca e inquestionável de que as mulheres também têm desejo. Eis o milagre de 1968! Elas também gostam! Não são bibelôs castrados no modelo da Virgem Maria que nos fizeram crer. Gostam mais que as putas, sem dúvida, que nunca vi se esvaírem de suspiros e soluços quando beijadas e apertadas. Um romance de Ian McEwan retrata um casal no embaraço da noite de núpcias, nervosos, cheios de silêncios, indecisos, parceiros na construção de um clima perfeito para o desastre que compartilharão entre os lençóis. Eram ambos virgens e o ano era 1962. Tiveram o azar de se apaixonar na hora errada, antes que um 1968 alvorecesse em suas almas.

Na volta a São Paulo eu e Neca nos alojamos no banco de trás e mal nos demos conta das paisagens que se sucediam na janela ou do trânsito na rodovia Fernão Dias. Tantos eram os beijos, aos quais eu acrescentava uma mão nos seios, e apostava em seguida numa mão nas coxas, à qual ela respondia me pegando na barriga, depois mais embaixo, que o primo se incomodou. "Você vai continuar tirando sarro a viagem inteira?", perguntou, irritado, numa parada para reabastecimento do carro. O primo estava sendo injusto; em geral era mais bem-sucedido do que eu com as meninas e em ocasiões anteriores ele é que ficara com elas, e eu chupando o dedo. A irritação vinha, creio, de ele e Betina não terem engrenado.

Em sua continuidade, em São Paulo, o namoro com Neca revelou uma grave carência — a de uma casa, ou quarto, ou solitária cama, ou qualquer outro equipamento que nos garantisse a privacidade. O problema era comum a muitos casais do período; por mais que vivêssemos sob os eflúvios de 1968, estávamos distantes do tempo em que os pais das meninas encarariam como natural a filha receber o namorado no quarto. Tampouco estávamos na época da oferta abundante de motéis nos arredores da cidade, e mesmo se já estivéssemos não era sempre que eu dispunha do carro da família, e menos ainda de dinheiro para arcar com a despesa. "Se morássemos junto, não precisaríamos ficar nos agarrando tanto, em busca de segurança", disse ela uma vez. Isso está registrado num diário, que mantive entre julho de 1966 e março de 1968, com muitos vazios entre esses meses.

Não durou muito, por minha culpa, o namoro. O mesmo diário registra uma conversa em que ela disse considerar "sério, puro e gostoso" o nosso caso. "Concordei, reservando uma parte de dúvida", prossegue o diário. A questão é que eu não me pus inteiro na relação. "Quando a abraço, e beijo, e mexo, aí digo que gosto dela e gosto de fato", confesso ao diário: resta implícito que em outras ocasiões eu não gostava, e a questão central é que eu não a achava bonita. Não que fosse feia, mas não era bonita. Espero que Neca, se ainda estiver neste mundo, não venha a ler esta página; é insultuoso dizer a uma mulher que não é bonita. "Mereço uma mulher linda, linda, linda", escrevi, inchado de pretensão e empáfia, na entrada do diário do dia 24 de abril.

Sem namorada, voltei a cogitar Maria, com as indecisões de sempre — terei a coragem de me declarar, arriscarei desta vez uma aposta, mesmo com o alto risco de perder? Ela agora cursava a Faculdade de Direito, eu tinha mais oportunidades de cruzar com ela, e quem sabe... De repente o mundo deu uma reviravolta e no dia 20 de junho eu escrevi: "Conheço a mulher e o amor. No dia 24 de abril, ao dizer — mereço uma mulher linda, linda — eu não sabia que estava no período final de sua gestação. Pouco mais de um mês depois me nascia Vera". Tão extraordinário fato ocorreu numa noite de fim de maio de 1967, no meio da sinuosa descida da rua Engenheiro Edgar Egídio de Souza.

Vera era uma linda morena, olhos e cabelos negros, um perfil que no futuro eu compararia às lindas andaluzas com quem cruzei nas ruas de Sevilha, vendendo flores como Sarita Montiel em "La Violetera" ou dirigindo o trânsito nos cruzamentos, com o uniforme de guardinhas, um apito na boca e um bastão na mão. Ela tinha estudado no Rio Branco e eu a conhecia de vista; também sabia que em sua turma fora uma das preferidas do professor Sales. Passei a conhecê-la de verdade quando foi namorada do primo Antônio. Na época tive mononucleose e o casal foi me visitar.

Nesse dia falamos do filme *Agonia e êxtase*, que narra as atribulações de Michelangelo às voltas com o insensato trabalho de pintar a Capela Sistina, então em cartaz. Chamei a atenção para o contraste entre o corpo mole como de boneco de inflar e ao mesmo tempo musculoso como de atleta olímpico do Adão da Criação. Comentamos a escultura do Davi, cujo olhar me pareceu resoluto e a ela indeciso, mas o que me ocupava a mente era "Que sorte, a do primo!" — uma namorada bonita e inteligente. Ela falou de um amigo que era crítico literário. "Mais um poeta frustrado", atalhei. Ela contestou que, segundo esse amigo, é preciso superar uma fase adolescente para alguém saber se é mesmo poeta. Senti o golpe. Não que ela o tivesse lançado contra mim, na verdade nem sabia de minhas incursões pela poesia, mas o senti como um sinal de alerta a soar dentro de mim: teria eu superado a fase imatura que tanto engana os poetas juvenis?

Eu, como confidente do primo, soube que o fim do namoro com Vera foi de sofrimento para ele. Ela estudava psicologia na PUC e sua turma na faculdade reunia-se com frequência nos fins de semana. Fui convidado a participar dessas reuniões a pretexto de que havia uma colega de Vera que queria me conhecer e me juntei ao grupo, primeiro ainda em companhia do primo, depois, quando o namoro dele terminou, sem ele. O namorico com a colega que queria me conhecer durou pouco, mas eu ainda fui convidado para a reunião seguinte e nessa ocasião fiquei durante quase todo o tempo ao lado de Vera; era o lógico a fazer, tratava-se da pessoa a mim mais próxima naquele ambiente e estávamos ambos carentes de parceiros.

A certa altura nos refugiamos num sofá mais isolado das outras pessoas. Conversamos sobre vários assuntos, o convite de uma professora para que ela fosse sua assistente, a diferença entre seus professores, tão próximos dos alunos, e os meus na Faculdade de Direito, e a certa altura o assunto recaiu em meu frustrado namoro com a colega que queria me conhecer. Aproveitei a oportunidade e o clima de intimidade entre nós naquela noite e lhe disse, em tom mais baixo ainda do que o que já vínhamos empregando: "Eu queria era namorar você". Estávamos com os braços muito próximos e ela apertou minha mão. Tomei da mão dela e a beijei. Continuamos juntos até o fim da reunião e me ofereci para levá-la até sua casa. Então...

O engenheiro Edgar Egídio de Souza foi, a serviço da Light, o responsável pela construção da primeira usina hidrelétrica de São Paulo, no rio Tietê, trecho do município de Santana de Parnaíba. A rua Engenheiro Edgar Egídio de Souza conduz da avenida Higienópolis à avenida Pacaembu e, se à direita de quem desce alinhava ricas casas (hoje os prédios as substituíram), à esquerda, no que deveria ser apenas um barranco, apresentava (e apresenta ainda) um espaço de gramado e árvores, entremeado por uma escadaria para quem faz o trajeto a pé. Antes desse nome a rua chamava-se Paulo Eiró, homenagem a um poeta paulista de triste destino, e à época mais gente ainda identificava a rua como Paulo Eiró do que como Edgar Egídio de Souza. Não mais; hoje o engenheiro que morreu na glória de um feito pioneiro aplastou o poeta, que morreu louco.

Quando descíamos a Edgar Egídio de Souza, parei o carro para demorarmos mais um tempo no passeio e Vera veio mais para o meu lado. Eu disse: "Espera, preciso falar com Antônio". Achei que devia uma satisfação ao primo, antes de passar à ação com sua ex-namorada; esperava uma espécie de consentimento. Vera não me ouviu, chegou mais perto ainda e me beijou e eu a beijei, e nos apertamos no aperto do Fusca, e nos pegamos, e ela foi fundo, afinal era 1968, as mulheres não tinham mais medo de tomar a iniciativa, não temiam ser chamadas de galinhas, e assim, com o carro estacionado do lado das casas da Edgar Egídio de Souza, na penumbra de um trecho de parca iluminação e no ambiente deserto de um começo de madrugada, conhecemos um início de gala, o nervosismo da estreia engolido pelo desejo e pela paixão, e como foi bom, e como é bom, quando se junta o amor e o sexo, e se ama uma pessoa tão bonita quanto ela me parecia entre o jogo de sombras em que distinguia seu rosto.

Adeus, solidão, adeus, ânsia de procurar a mulher salvadora, adeus, angústia entre os degraus da branca escada de mármore da casa da Fernandes Torres, no meio da qual tantas vezes eu me quedava, indeciso — saio para a noite? volto para o meu quarto? —, sendo que sair para a noite significava mais uma aposta no milagre de enfim encontrar a sonhada namorada e voltar ao quarto seria evitar o que sabia de antemão se tornaria mais uma noite de frustração. Vera foi a primeira namorada que eu trouxe para dentro de casa; tornou-se uma namorada oficial, conhecida de meus pais, só faltava o carimbo e a firma reconhecida, e se alguém os exigisse meu pai estaria disponível para fornecê--los. Mais namorado oficial ainda me tornei eu na casa dela, porque era de preferência lá que nos encontrávamos, e nos demorávamos no sofá da sala, algumas vezes com as demais pessoas da casa ausentes, e então, ardentes, céleres e temerosos de ser flagrados, era ali mesmo que nos saíamos do jeito que desse. A falta de um lugar sossegado, tal qual no tempo da Neca, nos assolava.

Vera tinha lido há pouco e me recomendava o livro *Sparkenbroke*, de Charles Morgan, e gostava do nome Nietotcheka Niezvânova, de uma novela de Dostoiévski, que pronunciava a caprichar com gosto nos insistentes "to", "tche", "nie". Um dos filmes de François Truffaut termina com o casalzinho de jovens se prometendo dali em diante ensinar coisas um ao outro e para começar o namorado explica à namorada que é preciso pôr uma torrada em cima da outra, antes de passar-lhe a manteiga, caso contrário ela quebrará sob a pressão da faca. Eu ensinei a Vera que, quando a caneta Bic falha, aquecendo-a com a chama de um fósforo contra seu bico a tinta se solta e ela volta a funcionar. Vera me ensinou que ao procurar um livro na biblioteca deve-se, para melhor resultado, acompanhar a busca com o dedo a correr na fileira de lombadas. Vera tinha o tique, que me encantava, de avançar ligeiramente o queixo, no intervalo das falas. Junto ao pulso possuía um ossinho pontudo que eu gostava de acariciar.

A anotação "Conheço a mulher, e o amor etc.", que fiz no diário, foi como um apressado registro, de um evento de cerca de um mês antes, impaciente e displicente no cuidado com a letra, jogado na página sem explicar as circunstâncias de um tão capital encontro, tanto que tive de reconstituí-lo de memória. Foi o último registro do ano, e isso me parece significar que agora eu tinha mais o que fazer do que despejar desejos e angústias nas páginas de um caderno. Se mais diário não houve, em 1967, houve a anotação de um sonho, no dia 19 de setembro. Por seu mistério, seus cômicos absurdos, sua alegria e seu terror, transcrevo-o:

Geraldo estava com um livro na mão. Aproximei-me e consegui ler na primeira página a dedicatória: "Para o Geraldo, lembrança do W. C.". Embaixo havia um desenho: dois semicírculos, com um traço horizontal no meio. Mais abaixo, a assinatura de quem oferecia o livro — Tibério. Foi então que eu e Geraldo lembramos que Tibério tinha morrido; resolvemos ir ao enterro. Era no cemitério da Lapa [no dia anterior o pai de um amigo fora enterrado no cemitério da Lapa e eu achei isso triste]. Mas o cemitério em que Tibério seria enterrado era estranho:

pequeno, do tamanho de um quarto, todo aberto aos ares. As pessoas que assistiam ao enterro estavam separadas do lugar onde se enterrava por uma espécie de aquário, em que nadavam peixes. Eram muitos; carpas, pensamos de início. E começamos a homenagear o morto. A homenagem consistia em jogar os peixes para onde estava o morto. Começado o ritual, percebi que não eram carpas, mas sardinhas. E percebi também que mais fácil do que jogar os peixes, um a um, era acertar um chute em um deles. (O aquário, ou antes o pequeno fosso, como se afigurava agora, era baixo, à altura dos pés.) Quando o peixe acertado pelo chute voava, um bando de outros peixes o seguia. É que, para onde ia a "monitora", como a chamei, um bando de outros peixes seguia. Quando descobri que havia uma monitora para cada grupo de sardinhas, tornou-se claro para mim que a organização dos escoteiros era baseada na das sardinhas. Geraldo riu do meu método dos chutes. Nesse momento alguém disse, não sei se um de nós ou da família de Tibério: "Esse morreu sem trabalhar". O cemitério, ainda que formalmente fosse o da Lapa, ficava perto da casa do meu avô, na rua Vitorino Carmilo, no local onde havia a estação dos bondes. Há um corte. Já deixei o cemitério, agora estou na minha casa, no meu quarto. Descubro um livro — talvez também dedicado por Tibério — que está fora do lugar. Levo um susto. Pensei então que tinha medo do sobrenatural e saí correndo, fui dormir no quarto de meus pais, acho que embaixo da cama. Acordei — e fiquei espantado de não estar no quarto de meus pais, estava bem na minha cama. Meu desesperar foi forçado: eu descobrira que estava sonhando e era um sonho pavoroso, de terror. Dissera então: isso está me enchendo o saco, e dobrara o corpo para a frente, tentando me levantar. Só que não tinha dobrado o corpo nada, porque quando acordei estava muito deitado. Antes de acordar vi vários desenhos desconexos, com predominância de linhas retas. Tinha plena consciência de que me esforçava por acordar. Até cheguei a dizer: acordar forçado faz mal.

Não sei quem são Geraldo e Tibério; talvez disfarces para ocultar os nomes reais, como venho fazendo nestas páginas. Volto ao diário de 1966-7 para pescar assuntos outros que não os amores. A capa do caderno tem uma citação de Borges: "*Según se sabe, esta mudable vida puede, entre tantas cosas, ser muy bella*". Esta frase, na verdade dois versos do poema "La Luna", até hoje me encanta. A ideia central — a de que a vida é bela — é banal; possui um âmago poético gasto pelo uso. O segredo está em preceder o luminoso instante de encantamento com a vida dos prosaicos "*según se sabe*" e "*entre tantas cosas*". O "*según se sabe*", com seu ranço pedagógico, é frequente em peças de argumentação como tese acadêmica, arrazoado de advogado ou editorial de jornal. O "*entre tantas cosas*" relativiza a afirmação central e a reduz à realidade das coisas ao abrir o infinito leque de feições que pode assumir a vida: rica, pobre, cômica, trágica, vibrante, tediosa, e, inclusive, feia. Assim escoltado pela rigidez da prosa ensaística, o "a vida é bela" recupera o viço da primeira infância. Resplandece como joia recuperada de um cofre sujo.

No dia 8 de agosto de 1966, registrei: "Leituras atuais: Salinger, *Retrato do artista quando jovem*, um poeta novo, morto e bom, Mário Faustino, comecei hoje Virginia Wolf, *Mrs. Dalloway*". O Salinger a que me refiro não era mais o de Holden Caulfield, mas o da família Glass — Seymour, Buddy, Franny, Zooey. Pena que não tenha registrado as leituras com mais frequência. Em outra página anotei um ensinamento do francês Joubert: "A arte de escrever bem resulta de uma facilidade natural aliada a uma dificuldade adquirida". Esta continua sendo a melhor definição que conheço sobre o assunto e, por isso, tal qual os versos de Borges, até hoje vivo a citá-la, para mim mesmo ou para os outros. Há linhas grudadas tão forte no cérebro que conservam o mesmo viço meio século depois. Em contrapartida há duas citações das *Antimemórias*, de Malraux, de que não me lembrava e não mais me comovem, talvez porque de lá para cá se banalizaram, se é que já não fossem banais: "A arte é o túmulo da morte" e "É possível que o homem valha mais pelo aprofundamento de suas perguntas do que pelas respostas". O diário não registra, mas esse período foi também de dura luta para vencer *O capital*, de Marx, valor de uso, valor de troca, e mais-valia, e capital, e acumulação primitiva, tanto mais difícil quanto sem o charme de um grupo de estudos da rua Maria Antônia.

Mil novecentos e sessenta e oito em estrito senso começou no mundo com a ofensiva do Tet, no Vietnã, e em meu quarto com uma agenda em forma de bloco com pequenas folhas de treze por 10,5 centímetros para cada dia, pousada em minha escrivaninha. Nelas passei a escrever breves anotações. No dia 21 de janeiro anotei: "Este domingo teve uma noite feroz em que eu me atirava aos braços da amada à procura de abrigo contra todos os perigos". Dia 23: "As línguas são difíceis de aprender. É difícil a consciência, difícil a política, a ciência política. Difícil é o comércio. Comerciar com outros requer braços, palavras, coração afiado. Meu coração tem pouca prática de comércio". Dia

25: "Foi um dia de sol, com passeio a Santos, em companhia de Vera. A vida na redação da rádio foi sacudida, ontem à noite, por rumores de crise política". Dia 26: "No Brasil, a situação é assim: Exército de prontidão, rumores de cisão entre os militares: ao mesmo tempo, tensão pelo discurso oposicionista de Carlos Lacerda, amanhã". Dia 27: "Lacerda fala, policiamento grande em SP, Exército de prontidão, vão representantes da censura à rádio. Que pena, foi meu dia de folga... *Ah, les évenements ne m'ennnuyent pas encore!*" (Paródia de Paul Valéry, que se dizia entediado com os "*évenements*" — os acontecimentos.) Dia 28: "Como domingo passado, a noite é de tristeza, presságio. Refugio-me ainda uma vez nos braços da amada, como a amo...".

No dia 1º de fevereiro a ofensiva combinada do Exército norte-vietnamita e dos guerrilheiros do Vietcongue contra posições americanas, desencadeada no dia do Tet (o início do ano vietnamita), me alcançou em deslocamento pela cidade. Anotei: "Viajo num táxi cujo motorista, animado com as vitórias do Vietcongue, diz que tudo fará pela vitória socialista no Brasil, apesar de seus cinquenta anos". Aparentemente impressionado pelo despontar de um tardio revolucionário ao volante, acrescento: "Pretendo até escrever alguma coisa baseada no episódio". Não escrevi. Dia 3 de fevereiro: "Como é doce o amor, com a amada...". Dia 4: "Eu e Vera sonhamos: surgiu a ideia de estudarmos em Genebra". No dia 7 registro uma citação de Kafka: "Não pense em nada do que acabo de te dizer" e no dia 6 volto ao Vietnã: "Pequenos nomes que foram se incorporando a uma geografia íntima, e poderiam até render um poema, à maneira de Unamuno com os nomes das cidades espanholas: Long-Vei, Khe-Sanh, Hué. Haiphong, Mecong, Hanói, Saigon". No dia 28 aparece uma surpresa: "Um despertar jurídico... Estudo com curiosidade. Particularmente o direito internacional". Era meu último ano na faculdade. Minha turma fez o curso entre dois anos emblemáticos na vida brasileira, 1964 e 1968. O tal "despertar jurídico" veio tarde e não durou. Pena. Perdi a oportunidade de enriquecer a coleção de brocardos latinos de que tanto gostava (e gosto ainda): "*Jus est ars boni et aequi*", "*Pacta sunt servanda*", "*In dubio pro reo*", "*Mater certa, pater incertus*", "*Nulla poena sine lege*", "*Ubi sucietas, ibi jus*".

No mês de março a agitação estudantil, que vinha num crescendo, chegou ao ponto de fervura com a invasão pela polícia, no Rio de Janeiro, do restaurante Calabouço, mantido pela UNE, e a morte do estudante Edson Luís, de dezoito anos. Viveu-se na maior parte de 1968 um regime de meios-tons. O braço repressor mantinha-se alerta para as eventualidades mas havia espaços para a oposição, mesmo no Congresso de modelo apertado pelo bipartidarismo Arena-MDB. Bem ou mal agora havia uma Constituição, promulgada pelos militares no ano anterior. A UNE e as demais organizações estudantis estavam proscritas, mas subsistia um caldo de cultura que abria brechas aos estudantes.

Foi aproveitando-se delas que, dos comícios-relâmpagos às escaramuças contra a polícia e o Exército, o movimento estudantil avançou para um protagonismo que fez de seus líderes figuras nacionais. Eram tempos em que se conheciam os militares — a começar do presidente da República, Costa e Silva, mas também Lira Tavares, ministro do Exército, Jaime Portela, chefe da Casa Militar, Siseno Sarmento, comandante do I Exército — e, tanto quanto os militares, conheciam-se os comandantes estudantis, como Luís Travassos, presidente da UNE, José Dirceu, da União Estadual dos Estudantes, em São Paulo, e sobretudo Vladimir Palmeira, da União Metropolitana dos Estudantes, que congregava os cariocas. Eram nomes que eu guardava na ponta da língua, quanto mais não fosse porque faziam parte da minha rotina como redator dos noticiários da rádio.

O Calabouço, no bairro do Flamengo, era alvo de uma manifestação pelo fim de suas obras, que se arrastavam indefinidamente, quando foi invadido pela polícia. Edson Luís, estudante pobre, emigrado do Pará, estava lá, como em todos os dias, apenas por um prato de comida barato. Seu corpo, levado pelos estudantes para um concorrido velório na sede da Assembleia Legislativa do estado da Guanabara (hoje sede da Câmara dos Vereadores do Rio de Janeiro), foi de lá conduzido ao cemitério São João Batista numa passeata que parou o Rio de Janeiro, o protesto dos estudantes reforçado pela adesão de outros setores da sociedade.

O abalo seguinte foi global — o maio dos estudantes franceses —, e eis que o jovem que então um dia fui transmuda-se em ensaísta político. Encontro na "caixa" (o baú de velhos e até há pouco esquecidos guardados) cinco páginas datilografadas em que se alternam a surpresa e o encantamento, a perplexidade e as dificuldades de interpretação da extraordinária novidade. Transcrevo o primeiro parágrafo:

Chegam notícias de Paris. A fórmula é clássica, ao longo dos séculos sempre têm chegado notícias de Paris. As notícias são de um movimento de estudantes, que extravasa a universidade, domina os trabalhadores, toma conta da França. Como os demais, o movimento dos estudantes tem slogans. Um dos mais notáveis é este — "Até que o último capitalista desapareça, enforcado nas tripas do último burocrata stalinista". Outro é formulado à semelhança dos sonhos do romantismo e dos desvarios dos surrealistas como Breton e Artaud: "Esta noite a imaginação tomou conta do poder". Este terceiro revela os paradoxos do racionalismo: "É proibido proibir". Os slogans acompanham as escaramuças revolucionárias: os estudantes tomam a Sorbonne e instituem ali sua "universidade crítica". Invadem o teatro de Jean-Louis Barrault, que levava peça de Ionesco, e dizem que o teatro precisa se adaptar à revolução. Paralelamente, os operários vão tomando as fábricas. Os jornalistas rebelam-se contra a diretriz oficial da Radio-Télévision Française. O Festival de Cinema de Cannes é interrompido, os cineastas dizem que é preciso reformar as estruturas do certame. Entre eles estão Jean-Luc Godard, liderando, François Truffaut, Louis Malle, Claude Lelouch, Alain Resnais.

Segue-se a tentativa de capturar o sentido da revolta estudantil. Tomando por base a condenação conjunta do capitalista e do burocrata stalinista, o ensaísta amador chega à conclusão de que o movimento assinala a superação tanto da Revolução Francesa quanto da Revolução Russa. O problema é determinar em nome de quê. A nova revolução não seria por igualdade de direitos, como a francesa, nem por igualdade econômica, como a russa. Estaria em curso uma "revolução cultural", que iria além, mas cujo programa se apresentava em aberto. Uma das pistas do que se pretendia estaria na "universidade crítica", instalada pelos estudantes na Sorbonne ocupada. Que bicho seria esse? O texto explica: "A universidade crítica insere-se dentro da 'tática processo' de que se ouve falar. Os debates de um dia serão a crítica dos debates do dia anterior. Estar sempre em movimento, não permitir que a universidade se estratifique, eis o propósito da universidade crítica. Arrisco-me a dizer que, da universidade, a crítica deverá passar aos demais setores, e inclusive o regime político e o regime econômico estariam sujeitos à 'tática processo'".

Seguem-se tentativas por ensaio e erro, perguntas lançadas ao léu ("O que fará a revolução cultural, uma vez no poder?"), linhas apagadas com um correr de "x" em cima, como se fazia na época da datilografia, parágrafos anulados por um risco a lápis. Não acho que o ensaísta pretendesse publicar seu trabalho; o que queria era organizar as ideias. Pode-se dizer, com condescendência, que em alguns momentos chegou perto, mas fracassou no conjunto, tanto que se as duas primeiras das cinco folhas apresentam-se em ordem, as demais se perdem numa floresta de rasuras e raciocínios abandonados mal se esboçam. O que salva o autor é que a mesma inconclusão ocupava as mentes dos protagonistas do movimento. O enorme desejo de mudar as coisas encontrou seu limite na enorme dificuldade de definir como fazê-lo e o que pôr no lugar. Ao fim e ao cabo o maio em Paris resultou em nada e em tudo, nada de mudança de regime, portanto nem de longe comparável às revoluções Francesa e Russa, e tudo de um sonho que, mais que qualquer outro evento, contribuiu para a mística a aureolar o ano de 1968. Combinam-se nas reações ao episódio francês o maravilhamento pela audácia dos estudantes e a frustração na tentativa de capturar-lhe o significado profundo. A mesma combinação permeia o texto mal-ajambrado do nosso ensaísta e, nesse sentido, ele espelha não só o que se passava na cabeça do jovem autor. Era um retrato a quente da temporada.

Entre onze e onze e meia da noite do dia 20 de junho de 1968, uma quinta-feira, saí da rádio apressado. O compromisso era apanhar Vera em sua casa e encontrar os amigos no Biarritz, um bar da rua Bela Cintra. O Biarritz era em nossa turma o sucessor do Chic Chá, e nossa turma era, por sua vez, uma versão renovada da antiga, agora com mais casais do que com gente solteira, inclusive casais casados. Pedi a Vera que fosse sem sutiã. O levante contra o sutiã configura uma das mais caras bandeiras do feminismo versão 1968, mas no caso tinha o propósito de jogar pimenta no desejo, só por sabê-lo ausente e mesmo que nem desse para notar sua falta sob a blusa. Ao cruzar a avenida Rebouças, a bordo de meu Fusca... buumm! (entra balão de história em quadrinho). Um carro que subia alcançou o meu no meio da travessia. O Fusca, como um animal ferido, estremeceu, corcoveou, relinchou, urrou, ganiu, baliu, bamboleou de um lado para o outro, escorregou, deslizou, serpenteou e dançou uma louca dança, impulsionado a uma vida própria, libertada do meu comando, em luta ele também pela sobrevivência. O volante entre minhas mãos era peça tão inútil quanto o leme de navio naufragado. Enfim parou, com a frente voltada para o lado inverso ao qual deveria se dirigir.

Respirei fundo, olhei para o lado... e tive a terrível visão do banco no qual vinha a companheira vazio. Saí do carro alucinado, gritando "Veeera, Veeera, Veeera....". Já disse em outra página que tenho dificuldade em gritar palavras de ordem em passeatas e até em cantar o Parabéns em aniversário. O grito dessa vez saiu tão desinibido, a céu aberto, no meio da rua, e tão forte, e tão estridente, como jamais, antes ou depois, em minha vida. Por alguns bárbaros segundos eu não sabia onde ela estava — se oculta atrás do carro, se refugiada na calçada, se desaparecida no ar. Veeera, Veeera... Fui encontrá-la estatelada no meio da avenida, o sangue a lhe jorrar da cabeça, no exato momento em que o motorista do outro carro partia furioso em minha direção. "Calma, não está vendo o que aconteceu?", disse-lhe, apontando para o corpo desfalecido no asfalto. Carros passavam lentamente, seus ocupantes a esticar a cabeça para contemplar o desastre. Um pequeno grupo de gente a pé — àquela hora havia escassas pessoas na rua — fez uma roda em torno dos carros severamente amassados e da vítima entre eles. Em pouco tempo chegou uma ambulância e Vera foi removida para o Hospital das Clínicas.

Seguiu-se longa madrugada no pátio à frente do pronto-socorro do hospital. Nossos pais foram chamados. Vera, conduzida às salas de emergência, sumira de nossas vistas. Restava-nos o angustioso plantão ao relento, na noite fria, ou abrigados dentro dos carros. Escassas notícias nos vinham de quando em quando. O estado da paciente era gravíssimo. Estava sendo operada. Era rezar — ou torcer — para que escapasse dessa. A certa altura vi-me no banco de trás do carro dos pais da Vera, com minha mãe, que conversava com a mãe dela, sentada no banco da frente. Cansado, me recostei, e pousei a cabeça nas pernas de minha mãe. Era como na casa de minha avó, sobre as duas cadeiras encostadas uma à outra, mas sem a certeza de segurança daqueles dias, muito pelo contrário, nem a deliciosa sensação de embalar no cada vez mais distante murmúrio da conversa entre minha mãe e as tias.

O choque se dera num cruzamento que não existe mais, substituído por um complexo de túneis e viadutos. Eu apanhara Vera na avenida Sumaré, subira até a Dr. Arnaldo e minutos depois avançara para cruzar a avenida Rebouças e pegar a alameda Santos do lado oposto. Lembrei que ao deixar a rádio, e antes de pegar o carro, dera uma passada no bar da rua Major Quedinho, onde se encontravam dois colegas de trabalho aos quais tinha de dar um recado. Dei um gole na caipirinha de um deles, um gole só, ínfimo. Naquele tempo poucos se importavam com a influência do álcool na condição do motorista. Não se falava nisso, tampouco havia campanhas a respeito e muito menos lei e pena a quem a desobservasse. Mesmo assim me perguntava, e continuaria a perguntar nos anos seguintes, se aquele pequeno gole, tomado em jejum, não teria tido o efeito de atrapalhar-me a capacidade de calcular a relação entre distância e velocidade. Ou a causa teria sido a pressa de chegar a um compromisso a que estávamos atrasados?

O mundo me tinha aprontado uma cilada e eu provava do absurdo da tragédia que desaba sem aviso, um corte abrupto no tempo, a assinalar para sempre um antes e um depois. Escapa à compreensão uma virada tão brusca na ordem das coisas, tudo antes tão nos eixos, tão pacífico e previsível e de súbito esse "tudo", que abrange nossa segurança, nossa confiança em nós mesmos e nossos conceitos mais básicos, bascula e vira de frente para trás, como meu Fusca. Tanto quanto o raio em céu azul do desastre no cruzamento da Rebouças, me causava estupefação a bonomia alienada da hora que o antecedeu. Como pude vir até aqui tão distraído, tão desligado e tão despreparado para os ardis do destino? Como pude me deixar surpreender?

O minuto anterior à tragédia, não só essa, mas as grandes tragédias públicas — as catástrofes naturais, o assassinato de notáveis líderes mundiais — é para mim um minuto de espanto. O presidente Kennedy e sua bonita mulher, ela vestida toda de rosa, afundados no fofo conforto de uma limusine aberta, os sorrisos a não lhes deixar os lábios, avançam entre as multidões entusiasmadas de Dallas, Texas, às 12h30 do dia 22 de novembro de 1963, quando.... As crianças de uma escola em Hiroshima chegam para mais um dia de aula, dirigem-se a seus lugares, depositam os livros nas carteiras, a professora entra na sala, são 8h30 da manhã do dia 6 de agosto de 1945, quando... O sol já marca presença nas vidraças do Palácio do Catete, os participantes da reunião ministerial que se arrastara por toda a noite já foram embora, o presidente está recolhido aos seus aposentos, o relógio marca 8h35 do dia 24 de agosto de 1954, quando...

Uma perversidade irônica caracteriza a banalidade inocente do instante que precede a tragédia. Eu chego ao cruzamento da Dr. Arnaldo com a Rebouças, talvez tenha perguntado a Vera como fora seu dia na faculdade, talvez ela me tenha perguntado se eu estaria de plantão na rádio no fim de semana quando... Ao amanhecer, chegou-nos a notícia de que a operação tinha sido bem-sucedida e que o que tinha de ser feito fora feito. Agora era com a paciente; sua reação é que determinaria a possibilidade de sobrevivência. Uma funcionária veio entregar à mãe de Vera as roupas da filha e a mãe sentiu falta do sutiã. "Acho que perderam o sutiã", queixou-se.

Vera continuou em coma por uma semana. Seguimos de plantão no pátio do pronto-socorro e ali recebíamos visitas de familiares e amigos. Álvaro, Valentim, Honório, Teodoro, Camilo e outros me traziam notícias do mundo exterior. A agitação estudantil prosseguia, o Centro XI de Agosto ocupara as instalações da faculdade. Na quarta-feira, 26, realizou-se no Rio a passeata chamada "dos Cem Mil", com muito barulho, muitas personalidades, muita festa, e o chão aos pés do regime nos pareceu fender-se como sob o efeito de um terremoto. Naquele dia começava a haver razões de otimismo no pátio do HC. Vera se mexia, dava sinais de que poderia acordar. Numa conversa com Camilo expus nova razão para não aprovar a luta armada contra o regime de que se começava a falar. "Eu vi o que é a violência. Vi minha namorada no asfalto, vi o sangue..." Um tio veio emprestar solidariedade e me perguntou: "Mas... Você não trava as portas do carro?". Estávamos longe dos cintos de segurança, que nem sequer existiam nos carros, mas travas havia, e eu não me esquecia de acioná-las. O primo Antônio, que estava ao lado, sentado na murada baixa que delimita o pátio, sussurrou: "Esse cara é um escroto".

Vera acordou sem saber de nada do que aconteceu. Também se confundia com as palavras; dizia "ponta" quando queria dizer "pão", e "pão" quando queria dizer "pente". Com esforço e ajuda da fonoaudiologia, livrou-se do entrave; mais duradouro foi o problema no nervo óptico que provocou ligeiro desalinhamento entre as vistas, e nunca se soube se tinham relação com o acidente a instabilidade emocional e as esporádicas convulsões que veio a sofrer nos meses e anos seguintes. No dia 20 de julho a polícia invadiu a Faculdade de Direito e terminou com a ocupação dos estudantes. No dia 2 de outubro aconteceu a famosa batalha da rua Maria Antônia, entre estudantes da filosofia da USP, de um lado da rua, e os do Mackenzie, em conluio com agentes da polícia, do outro, no qual morreu outro estudante, José Carlos Guimarães, de novo um secundarista.

Dez dias depois eu e Vera, então já apta para a vida social, estávamos numa festa de estudantes quando começou a circular o rumor, logo confirmado, de que havia caído o congresso clandestino da UNE num sítio em Ibiúna. Todos nós na festa sabíamos do congresso "clandestino", como a polícia não saberia? No dia 16 o professor Rocha Barros — este é o nome daquele que classificava a Faculdade de Direito como "desaguadouro das vocações indefinidas" — atravessou o largo de São Francisco, ao terminar sua aula no curso noturno, e dirigiu-se ao restaurante Franciscano, do outro lado, para comprar cigarros.

248

Estava junto ao caixa quando se aproximou um grupo de estudantes, um deles a gritar: "Professor comunista filho da puta". Alguém aplicou-lhe uma rasteira, ele caiu e seguiram-se os pontapés em suas costas, no abdome, nos braços, nos genitais, até que outros estudantes acorreram em socorro do mestre, uma menina gritou, e o grupo agressor fugiu, não sem antes tentar mascarar a covardia com risadas de sarcasmo. Ajudado, Rocha Barros ergueu-se, tomou um táxi e foi para casa. O Comando de Caça aos Comunistas atacara outra vez. Em julho ele irrompera no Teatro Galpão e agredira a trupe que encenava a peça *Roda Viva*; na batalha da Maria Antônia formara ao lado dos mackenzistas.

Em 17 de novembro eu li no jornal que tinha ganhado o Prêmio Estímulo do governo do estado, reservado a estreantes, com uma coletânea de poemas. Foi minha segunda e última glória na esfera das musas (a primeira, de que já falei, fora a publicação de um poema no Suplemento Literário do *Estadão*). Um "Prêmio Desestímulo" veio quando Teodoro, com a melhor das intenções, perguntou: "Como vai sua produção poética, de inspiração cabralina?" e eu me dei conta de que não conseguira fixar uma voz própria. Por culpa de João Cabral minha carreira no Parnaso definhava. Em 9 de dezembro, fisicamente fragilizado e, mais ainda, abalado emocionalmente, o professor Rocha Barros morreu de infarto, aos 59 anos. No dia 13 de dezembro o governo brasileiro baixou o Ato Institucional nº 5. Era uma sexta-feira 13 e o "institucional" do título involucrava a macabra ironia de que a medida veio para acabar com as instituições garantidoras da democracia e da liberdade. A ditadura a partir de agora seria sem-vergonha.

Quando terminei a leitura de *A montanha mágica*, em maio de 1967 (a data está rabiscada na última página de meu exemplar), saí à rua como embriagado. Era noite e na luz dos postes eu distinguia uma névoa fantasmagórica; minha sensação era de supressão da realidade, de mágica transformação do sentimento do mundo. "Felicidade, Hans Castorp, filho enfermiço e cândido da vida! Tua história terminou", escreve Thomas Mann (na tradução de Herbert Caro). Deparamos naquelas últimas linhas com a personagem a combater na Grande Guerra, cuja eclosão em 1914 finalmente o arrancou de sete anos de uma suspensão do tempo, num sanatório de doentes do pulmão. "Adeus — para a vida e para a morte! Tens poucas probabilidades a teu favor."

Hans Castorp é da geração de meus avôs, que de certa forma tiveram mais sorte; as circunstâncias os pouparam de arrastar-se pela lama ao som das bombas para se deslocar de uma trincheira a outra. Mil novecentos e sessenta e oito não assinalou uma tragédia do porte da Primeira Guerra Mundial, mas teve sua parcela de infortúnios. Foi o ano em que tudo o que se fez se desfez. O maio da euforia libertária na França teve por desfecho uma passeata ainda maior em favor da ordem e em apoio ao governo do general De Gaulle. O movimento pelos direitos civis nos Estados Unidos desembocou no assassínio de Martin Luther King. A Primavera de Praga, durante a qual se quis provar a viabilidade de um "socialismo com face humana", encerrou-se com a invasão da Checoslováquia pelos tanques soviéticos, no dia 20 de agosto. O Brasil foi da euforia das passeatas ao AI-5. O microcosmo de minha história pessoal abrigou o amor e a brutalidade, a deslumbrante experiência de compartilhar a intimidade com uma mulher e o assombro do sumiço da companheira do banco do passageiro. Em antecipação ao jogo de avanço e recuo, conquista e perda, luz e treva, meu sonho de setembro 1967 começava com o alegre ritual de chutar peixes para espantar a morte e termina com o terror que me impele a correr para debaixo da cama de meus pais.

Mil novecentos e sessenta e oito foi um ano *mirabilis* e *terribilis* ao mesmo tempo. "Tanta ternura. Mas tanta violência" é o último verso da "Balada (em memória de um poeta suicida)", de Mário Faustino. A *montanha mágica* foi um dos livros que mais me marcou. A certa altura, faz anos, mandei encadernar com um tecido azul meu exemplar, da velha Editora Globo. Fiz bem: conservar a edição em que primeiro se leu um livro é condição para tentar recuperar a emoção original, ao revisitá-lo. "Queremos narrar a vida de Hans Castorp não por ele, a quem o leitor em breve conhecerá como um jovem singelo, ainda que simpático, mas por amor a essa narrativa, que nos parece em alto grau digna de ser relatada", escreve Thomas Mann no prólogo. Não me atrevo a dizer que minha narrativa foi digna de ser relatada; talvez ganhe algum interesse nas linhas em que a envolvo num tempo e numa circunstância que transcendem a personagem central. O que me encoraja nas palavras do grande escritor, sem ousar chegar-lhe aos pés, é a sugestão de que um "jovem singelo" pode valer uma narrativa.

Epílogo

Santo Agostinho, numa famosa passagem, afirma que só sabe o que é o tempo quando não lhe perguntam. O sétimo capítulo de *A montanha mágica*, romance em que o tempo tem papel de protagonista, começa com a indagação seguinte: "Pode-se narrar o tempo, o próprio tempo, o tempo como tal e em si?". O próprio Thomas Mann responde que não. "Uma história que rezasse: 'O tempo decorria, escoava-se, seguia o seu curso', e assim por diante, nenhuma pessoa sã poderia considerar história." A narrativa precisa de fatos. Uma vez encadeados os fatos, a narrativa "dá um conteúdo ao tempo", "enche-o de uma forma decente", "assinala-o" e faz com que "tenha algum valor próprio". Assinalá-lo com fatos é uma tentativa de driblar o mistério do tempo. O autor alemão prossegue enumerando os fatos da narrativa que o ocupa. Já nós damos sentido ao tempo organizando os fatos de nossa história pessoal ou familiar, da história do nosso país ou do mundo, elaborando retrospectivas do ano ou comparando os fatos de um ano e outro. Os anos se transmudam nos fatos contidos dentro deles: 1939 é o ano do início da Segunda Guerra Mundial, 1942 é o ano do casamento de meus pais, 1944 é o ano em que nasci, 1954 é o ano do suicídio de Getúlio Vargas.

Em *À sombra das raparigas em flor*, segundo dos sete volumes de *Em busca do tempo perdido*, Marcel Proust faz o narrador da história enviar uma carta de Ano-Novo a Gilberte, garota pela qual estava enamorado, anunciando o propósito de deixar de lado as decepções do ano velho em favor de "uma amizade nova, tão sólida que ninguém a destruiria". O dia 1º de janeiro chegou com um vento suave e úmido. Prossegue o narrador: "Aquele tempo me era conhecido; tive a sensação e o pressentimento de que aquele dia do Ano-Novo não era um dia diferente dos demais, não era o primeiro de um mundo novo em que eu poderia, com sorte, refazer minha amizade com Gilberte como no tempo da Criação, como se não existisse o passado [...]". Conclusões: os anos "não são separados uns dos outros por uma fossa"; e o dia do Ano-Novo "não sabia que o chamávamos de dia do Ano-Novo". Tanto que ao crepúsculo, junto com o vento tão conhecido que soprava na avenida Champs-Elysées, reapareceu "a matéria eterna e comum, a umidade familiar, a ignorante fluidez dos antigos dias".

Um inglês em visita ao Brasil me disse uma vez achar curioso que em português a mesma palavra designava tempo no sentido de clima ("*weather*") e no sentido de duração, de passagem das horas ("*time*"). O mesmo ocorre em francês e nas demais línguas latinas. No trecho invocado Proust dá como prova de que o tempo (passagem das horas) não mudara, apesar de o calendário anunciar o Ano-Novo, sinais exteriores como o vento e a umidade familiares (tempo, no sentido de clima). Confundir um sentido da palavra com o outro é recurso que tenta dar materialidade ao que é invisível, impalpável, insípido e inodoro. O sol, o vento, o calor ou o frio, atributos do tempo no sentido de clima, como que vestem o fantasma imperceptível que é o tempo no sentido de duração. O tempo perde seu assustador mistério quando revestido de sol, vento ou chuva, qualidades cujos efeitos podem ser observados e sentidos na pele.

Nossas ilusões com o tempo revelam-se por inteiro no evento a que chamamos Réveillon. Assistimos à queima dos fogos, tomamos champanhe, trocamos abraços, dizemos "Feliz Ano-Novo". Os mais entusiasmados aderem ao coro da contagem regressiva: dez, nove, oito, sete, seis... e ao toque da meia-noite há gente com lágrimas nos olhos. É a emoção da virada, da ultrapassagem, da volta ao marco zero, do recomeço, de se encontrar no exato ponto em que começa o futuro. Claro que, como o narrador de Proust, logo se percebe que é tudo mentira e depois de uma noite maldormida por causa da vigília e do excesso das bebidas e das comidas, acorda-se imerso no mesmo e cansado mundo, cada coisa em seu devido lugar — as aflições, as obrigações, as doenças, os amores, a falta de amores, as chateações e as alegrias. Mas somos incorrigíveis. Assim como já fizemos infinitas vezes no passado, na virada para o próximo ano repetiremos a dose. Não é o pequeno detalhe de saber que não funciona, que não há recomeço, que nos fará mudar um ritual para o qual nos programaram desde sempre.

Contar o tempo é uma grande ilusão, como todos sabemos, mas — e se não contássemos? Estaríamos como num deserto, todo plano, só areia, e sem estrelas no céu. Não é que, numa situação dessas, não se ache o caminho; é que não há caminho. Contar o tempo é o estratagema mais ardiloso já concebido pelos homens. A natureza ajudou, ao fazer os dias se sucederem às noites e o Sol e a Lua cumprirem trajetórias previsíveis. Com base nesses escassos dados os homens fizeram do tempo uma pista de corrida que se mede, depois se demarca, depois se divide em partes a serem vencidas uma a uma. Em outras palavras, perpetraram a grande proeza de transformar o tempo em espaço. O estratagema equivale a tornar visível o invisível, a dar forma ao que é informe, a conferir descontinuidade ao que é contínuo. Ou seja: é uma mágica, pela qual se transforma a coisa em seu contrário. Equivale a, do vento, produzir-se uma construção de complexa arquitetura.

Estamos diante da mãe de todas as façanhas: tomou-se de algo que não se pode ver nem pegar e se o transformou em objeto tão concreto e assentado no espaço como um arquivo de escritório. Inventaram-se gavetas para esse arquivo — 1920, 1940, 1950... O interior de cada gaveta foi por sua vez subdividido em escaninhos chamados janeiro, fevereiro, março... e pronto, estavam criados espaços nos quais ancorar a memória e fixar a agenda do futuro. Sem tais âncoras, nem a memória teria um amparo para se desenvolver nem o futuro o teria para ser planejado. Sem uma memória confiável nem uma plataforma para a agenda do futuro, a inteligência encontraria insuperáveis dificuldades para prosperar.

Se a imagem do arquivo não convence, fique-se com outra, mais óbvia — a do calendário. O tempo, este ente assustadoramente impalpável e elusivo, nele aparece singelamente traduzido em papel, como se tivesse sido decifrado e dominado. "Dominado" é bem a palavra; é a que se usa contra os inimigos, e o tempo é um inimigo. Sua especialidade é provocar desgaste e envelhecimento. No limite, mata. E é um inimigo ladino, nesse seu jeito de não se deixar ver nem apalpar, sorrateiro, em sua inconsistência, como um fantasma. No calendário — vingança! —, ei-lo capturado e trancafiado como o passarinho na gaiola ou o gênio na lâmpada. Ou, para recorrer a imagem ainda mais óbvia, ei-lo, quando submetido à contagem que lhe impomos, aprisionado no âmago dessa maquininha esperta e fiel a que chamamos relógio.

Domar o inimigo é o mais capcioso dos efeitos da contagem do tempo. Mantê-lo domesticado dentro do calendário ou do relógio significa que, agora, mandamos nós. As vozes que na noite de cada 31 de dezembro entoam a contagem regressiva comandam o andamento do tempo como um jóquei o cavalo. Ao chegar a meia-noite, fica estabelecido que acaba de ser superada uma fração da pista de corrida, e num átimo se passa para a seguinte. É uma perfeita e sincronizada operação no corpo do inimigo subjugado.

Todos conhecem o fim desta história. O tempo sempre vence. É ele quem, impassível como nunca deixou de ser, mais dia menos dia vai abater, uma a uma, as pessoas que imaginam comandá-lo. E no entanto resistimos. Uma forma de fazê-lo é escrever um livro de memórias. Sai-se em busca do tempo como quem dá uma súbita meia-volta na estrada e se propõe a recolher a poeira deixada no caminho. Ou quem dá marcha à ré no barco e se propõe a recapturar o rastro que deixou no mar. A tarefa é arriscada e de resultados imprecisos, pois a poeira é miúda, o rastro, feito de espuma, e ambos, da mesma essência impalpável do ar e do vento. Em um instante a poeira se assentará na terra e o rastro do navio desaparecerá nas águas, ambos como um tesouro para sempre perdido.

ESTA OBRA FOI COMPOSTA PELA ABREU'S SYSTEM EM INES LIGHT
E IMPRESSA EM OFSETE PELA LIS GRÁFICA SOBRE PAPEL PÓLEN SOFT
DA SUZANO S.A. PARA A EDITORA SCHWARCZ EM OUTUBRO DE 2021

A marca FSC® é a garantia de que a madeira utilizada na fabricação do papel deste livro provém de florestas que foram gerenciadas de maneira ambientalmente correta, socialmente justa e economicamente viável, além de outras fontes de origem controlada.